Understanding
the History of China
from a Global Perspective

# 全球史下看中国 1

# 从人类演化到四大河文明

翁启宇 —— 著

图书在版编目(CIP)数据

全球史下看中国.1,从人类演化到四大河文明 / 翁启宇著 .— 上海：上海社会科学院出版社，2021
 ISBN 978-7-5520-3371-7

Ⅰ.①全… Ⅱ.①翁… Ⅲ.①世界史—上古史②中国历史—古代史 Ⅳ.①K1

中国版本图书馆 CIP 数据核字(2020)第 216527 号

## 全球史下看中国 1 从人类演化到四大河文明

| 著　　者：翁启宇
| 特约编辑：孙　洁
| 责任编辑：王　勤
| 封面设计：陆红强
| 出版发行：上海社会科学院出版社
|  　　　　上海顺昌路 622 号　邮编 200025
|  　　　　电话总机 021-63315947　销售热线 021-53063735
|  　　　　https://cbs.sass.org.cn　E-mail：sassp@sassp.cn
| 照　　排：南京理工出版信息技术有限公司
| 印　　刷：上海市崇明县裕安印刷厂
| 开　　本：890 毫米×1240 毫米　1/32
| 印　　张：8.375
| 字　　数：216 千
| 版　　次：2021 年 3 月第 1 版　2025 年 3 月第 4 次印刷

ISBN 978-7-5520-3371-7/K·583　　　　　　　　定价：49.80 元

版权所有　翻印必究

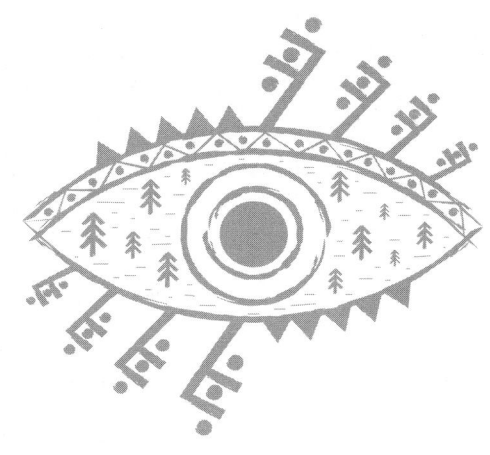

　　以往历史研究的一大缺陷,就是把民族国家作为历史研究的一般范围,这大大限制了历史学家的眼界。事实上,没有一个国家能够独立地说明自身的历史问题。应该把历史现象放到更大的范围内加以比较和考察。

——［英］汤因比,《历史研究》
（Arnold Joseph Toynbee,1889—1975）

# 总 序

这是一部全球史,也就是说这是一部讲述全球各文明而不是某一国家或地区文明的历史;是一部以全球为舞台,展现世界各文明发展与交流的历史。同时这也是一部以中国历史为主线的全球史,中国历史及中国与世界的联系与对比,将是这部全球史的重点内容,全球史上的各个时期也将对照中国历史上的各时期进行划分。

## 一、创作这部全球史的目的

人类共处在同一个世界,故任何文明的发展都不是孤立的,而是在与其他文明的碰撞、交融中发展演变的。一个国家的重大历史事件,需放到同时期世界历史背景下才能更好地分析其成因和影响。同样,中国历史也是世界历史的一部分,不可能完全分割出来。以往国内的许多历史书都习惯将中国史和世界史分开,将世界历史的内容隔在"中国史"之外,而"世界史"则更多是指"中国以外的世界历史",进而造成对中国历史与世界历史解读上的脱节,读过世界史不知道外国同时期对应的是中国哪个朝代,世界各国之间的历史事件发生的先后顺序同样无法一目了然,更难以了解同时期中国与世界的互动与影响。事实上,中国历史的发展离不开世界,世界历史的发展也离不开中国,只有将中国史与世界史联系起来,才能更清楚地了解中国历史与世界历史的进程。

人类的历史证明,文明交流对国家发展至关重要,一个国家就算再大,其资源和人力也是有限的,只有通过和世界各国更多地交流,才能获得更多相互学习和帮助的机会;大体上,能有效吸取其他文明成果的地区更可能成为相对发达的地区,而在古代,相对与世隔绝的美洲、澳洲、撒哈拉以南非洲等地区在近代交通发达之前就是相对落后的地区。世界上最原始的部落也大多是那些长期与世隔绝的小部落。

随着人类通信设备和交通工具的不断进步,曾经"无尽"的世界变成现在的地球村,全球化的浪潮已经势不可当,任何拒绝与世界接轨的国家都将被世界孤立进而淘汰。在世界全球化、中国走向世界的今天,以全人类历史发展为研究对象的全球史已然兴起,以中国历史为主线来研究全球史也显得更有意义。

## 二、中华文明在世界历史中的位置

一部全球史自然是包括世界历史上各个时期、各个地区的国家与文明的历史。中华文明作为延续至今的古老文明,在世界历史舞台上长期扮演重要的角色,参与了人类文明史各个阶段的发展进程。在世界历史这个舞台上,先后登场的国家与文明多到难以计数,中华文明是第一批登场的。古埃及、古巴比伦、古希腊、古罗马等都曾经与其站在同一时期的历史舞台上,但它们最终都一一退场,唯独中华文明贯穿了这部全球史的始终。

## 三、这部全球史的结构

《全球通史》的作者斯塔夫里阿诺斯认为,全球史的"研究重点应该放在那些具有世界性影响的运动之上[①]"。霍华德·斯波德克的《全球通史：从公元前500万年至今天》则以体现各个历史时段的全球趋势为主题进行分篇，以把握人类发展的大势。本书则将侧重于通过全球各文明的发展进程展现人类文明由地域性向全球性发展的趋势。

各文明在发展过程中会呈现出传播性与扩张性，随着各文明的传播、扩张与交通、通信工具的进步，原本相对孤立的地域文明开始不断相互交流、碰撞甚至融合。本书将从最初的地域性文明入手，具体叙述各文明的发展、扩张、交流与融合，通过军事、外交、贸易、技术传播、文化交流等具体历史事件，将原本零散的世界各国文明联结起来，展现出各文明从孤立走向联系、从分散走向整体、从地域走向全球的进程。

---

① 斯塔夫里阿诺斯：《全球通史》，吴象婴、梁赤民译，上海社会科学院出版社1999年版，第56页。

# 引言

  这部全球史将以全球为舞台，以时间为轴线，记录各文明由地域走向全球的进程。开篇第一卷，各文明更多地呈现出地域性的特点，主要体现为文明从当地最早的聚落扩展到整个地区。那么，最早的一批地域性文明有哪些；这些文明为何出现在这里？它们之间有何关联；有哪些相同点，又有哪些不同的地域特征？它们的命运又将如何？中华文明的地域特征又将对当地的历史产生哪些重要影响？

  这一时期，人类最早的一批文明将登上全球历史的舞台，世界文明史由此开启。

# 目录

## 总序
## 引言

## 第一章
# 世界史前史
（约公元前 6000 年以前）

第一节　世界历史地理 ································· 002
第二节　人类演化史 ································· 007
一、猿人时代　008
二、智人时代　014
三、四大人种　021
四、人类演化年代表　024
第三节　从采集者到生产者 ···························· 026
一、中石器时代文化　026
二、新月沃地的农牧业革命　030
三、中国的农业革命　033
四、新石器时代的手工业革命　035
五、铜石并用时代　038
历史大事件对照表　042

# 第二章

# 大河流域的兴起

（公元前 6000—前 2900 年）

## 第一节 两河流域 ············································································ 044
- 一、两河流域的史前文化　　045
- 二、"王权从天而降"　　049
- 三、女神的荣光　　053
- 四、文明的摇篮　　058
- 五、青铜时代　　064
- 六、最早的大洪水传说　　067

## 第二节 尼罗河流域 ········································································ 072
- 一、尼罗河的赠礼　　072
- 二、古埃及前王朝　　075
- 三、上下埃及之王　　082
- 四、古埃及第一王朝　　087
- 五、古埃及第二王朝　　093

## 第三节 中国的大河流域与上古传说 ·················································· 096
- 一、从创世神话到三皇五帝　　096
- 二、神农氏传说　　104
- 三、黄河流域　　107
- 四、长江流域与辽河流域　　113

## 第四节 印度河流域与欧洲史前文化 ·················································· 118
- 一、印度河流域　　118
- 二、农业在欧洲的扩张　　121
- 三、欧洲大陆的铜石并用文化　　127
- 四、印欧游牧民来袭与基克拉迪青铜文化　　130

## 第五节 各大河流域总论 ·································································· 135
- 历史大事件对照表　　138

# 第三章

# 炎黄部落与人类早期文明的发展

（公元前2900—前2300年）

| | |
|---|---|
| 第一节　苏美尔早王朝 | 142 |
| 一、圣城尼普尔 | 142 |
| 二、基什之王 | 144 |
| 三、伊南娜与乌鲁克王杜姆兹 | 147 |
| 四、英雄的祖先 | 149 |
| 五、乌尔第一王朝 | 153 |
| 第二节　埃及古王国时期 | 158 |
| 一、金字塔时代的开始 | 159 |
| 二、吉萨三大金字塔 | 163 |
| 三、太阳神的国度 | 167 |
| 四、埃及古王国的对外扩张 | 170 |
| 第三节　两河流域的统一与印度河文明 | 173 |
| 一、拉格什与温马之争 | 173 |
| 二、天下四方之王——萨尔贡 | 180 |
| 三、阿卡德强大的神——纳拉姆辛 | 186 |
| 四、印度河文明 | 189 |
| 第四节　炎黄部落时代的传说与考古遗址 | 196 |
| 一、长江流域的古城遗址 | 196 |
| 二、黄河流域的炎黄部落 | 198 |
| 三、金天氏少昊 | 202 |
| 四、颛顼与帝喾 | 204 |
| 第五节　有关炎黄部落传说的猜想 | 206 |
| 历史大事件对照表 | 209 |

# 第四章

# 四大河流域文明时代的终结

（公元前 2300—前 2000 年）

第一节　尧舜禹时期 ......... 212
　一、唐尧时代 ......... 212
　二、舜禹时代 ......... 215
　三、中国史前第一大城 ......... 220
　四、印欧人东迁与青铜之路 ......... 221
第二节　埃及古王国与苏美尔文明的终结 ......... 228
　一、埃及古王国的崩溃 ......... 228
　二、拉格什之神——古地亚 ......... 232
　三、苏美尔复兴 ......... 234
　四、最后的盛世 ......... 237
　五、苏美尔文明的灭亡 ......... 239
第三节　结　语 ......... 242
历史大事件对照表 ......... 248

主要参考文献 ......... 249

# 第一章
# 世界史前史
## （约公元前 6000 年以前）

　　世界史前史可以被比作一棵枝杈繁茂的参天编年巨树，其根基可最终追溯至五六百万年前，当人类最早的先辈从我们现如今最亲近的类猿亲属——黑猩猩的祖先当中分离出来的那个至关重要的时刻。

——［美］布赖恩·费根，《世界史前史》

人类文明兴起之前长达500多万年的人类历史，是人类历史上最漫长的一段时期，同时也是我们最缺乏了解的一段时期，如今人类只能通过考古等手段来试图认知这段历史。在这漫长的时期里，人类实现了两大突破：其一是人猿分离，人类的祖先与其他猿类分离开来，并逐渐迁移到世界各地发展，形成不同的种族；其二是农牧业革命，使原始社会的人类从依靠采集、狩猎的采集者转变为发展农牧业的生产者。故人类的进化与农牧业革命这两大历史进程，将是本章要讲述的两大主题。

## 第一节　世界历史地理

> 讨论文明，便是讨论空间、陆地及其轮廓、气候、植物、动物等有利的自然条件。
>
> ——［法］费尔南·布罗代尔，《文明史：人类五千年文明的传承与交流》

正所谓"一方水土养一方人"，地理环境作为人类赖以生存发展的基础，对历史发展进程有非常大的影响，也正是地理上的隔绝将人类文明分割开来，使不同的地理区域形成不同的文明体系。

地球上的陆地分为亚洲、欧洲、非洲、北美洲、南美洲、大洋洲、南极洲这七大洲。其中亚洲、欧洲和非洲联成一体被称为"旧大陆"，北美洲和南美洲联成一体被称为"新大陆"。与亚欧非大陆相比，美洲大陆不仅面积要小得多，而且其南北狭长的地形使其交通不像亚欧非大陆那样方便，因此在海洋时代到来之前，美洲大陆的文明要远远落后于亚欧非大陆的文明。而亚欧非大陆上的文明史也将是大航海时代到来之前世界古代史的重点。

亚欧非大陆在地理上以撒哈拉沙漠为界，分为撒哈拉沙漠以北的亚

旧大陆与新大陆

欧大陆——北非地区，及撒哈拉沙漠以南的非洲地区，之所以将北非与非洲其他地区分割开来，是因为在历史上北非与亚欧大陆的联系，远比撒哈拉沙漠以南地区的联系要紧密得多。撒哈拉沙漠这一难以逾越的天然屏障，南部非洲缺乏海湾及内海、过于平直的海岸线，以及热带疾病和复杂的非洲内陆地形，将撒哈拉沙漠以南的非洲地区与非洲北部地区分隔开来。北非地区自古以来与亚欧地区联成一体，其地主要人种为

撒哈拉沙漠

亚欧非大陆在地理上以撒哈拉沙漠为界，分为撒哈拉沙漠以北的亚欧大陆——北非地区，及撒哈拉沙漠以南的非洲地区。

白种人,而撒哈拉沙漠以南的非洲则是黑种人的世界。因此,本书中的"亚欧大陆"一词,通常也包括北非地区。

亚欧大陆是世界上面积最大、人口最多的一块大陆,其面积超过5000万平方公里,占陆地总面积的三分之一以上,其人口更是占到世界人口的约十分之九(1900年以前),而且比起南北走向的美洲大陆与撒哈拉以南的非洲地区,东西走向的亚欧大陆由于地理气候等因素更有利于农作物的生长及商品、技术和文化的传播,使得亚欧大陆上的民族彼此之间都能更快获取邻近民族的文明成果。因此自新石器时代以来,这里一直是世界历史的核心地区。

亚欧大陆的地势四周低,中部高,全洲的中心是地处中亚东南部、中国的最西端,横跨塔吉克斯坦、中国和阿富汗三国的帕米尔高原。帕米尔在塔吉克语中是"世界屋脊"之意,高原海拔4000—7700米,其平均海拔比青藏高原还高,中国古代称之为"葱岭",也有学者考证得出中国传说中的天柱不周山就是帕米尔高原。

帕米尔高原是地球上两条巨大山带(阿尔卑斯—喜马拉雅山带和帕

雪峰林立、高耸入云的帕米尔高原

米尔—楚科奇山带）的山结，也是亚洲主要山脉的汇集处。以帕米尔高原为中心向四周延伸出天山山脉、昆仑山脉、喜马拉雅山脉、兴都库什山脉、喀喇昆仑山脉等一系列高大山脉，将东亚、南亚、西亚、中亚分隔开，使这些地区形成不同的文明体系。其中帕米尔高原以东是以中国文明为中心的东亚地区，以西是深受中东文明影响的西亚与中亚地区，从帕米尔高原衍生出的喜马拉雅山脉与兴都库什山脉则将以印度文明为中心的南亚地区，分别与东亚和西亚分割开来。而中国的黄河—长江中下游地区、美索不达米亚平原、印度河流域也正是亚洲文明的三大发源地。

欧洲与亚洲同属亚欧大陆，共处在亚欧板块上，却被分为两个大洲，但从自然地理或世界历史的角度看，直接将亚欧大陆划分为亚洲与欧洲两大区域是不行的。在地图上可以直接看出，欧洲其实是亚洲伸向海洋的一个半岛，其面积不到亚洲的四分之一，欧洲东部和亚洲的分界线乌拉尔山脉—乌拉尔河其平均海拔与通常水深分别仅为500—1200米和3—

伊斯坦布尔——横跨亚欧两洲的城市

4米，其所能造成的地理隔绝远不能与高耸入云的帕米尔高原、喜马拉雅山脉、兴都库什山脉等西亚、东亚、南亚的分界线相提并论。至于亚洲西部与欧洲的分界线博斯普鲁斯海峡更是亚欧大陆上的交通要道，博斯普鲁斯海峡的两岸不仅属于同一个国家，也属于同一个城市——伊斯坦布尔，这也是世界上唯一跨越两座大洲的都市。事实上欧洲与中西亚地区在历史上的联系，也远比中西亚与东亚地区的联系更紧密。

正如东方文明不能等同于亚洲文明一样，西方文明也不能等同于欧洲文明，因为西方文明不仅最初的源头在西亚北非地区，而且其诸多构成要素，比如基督教、自然哲学、欧式几何等也都来自这里。虽然如今西亚北非与欧洲分属中东与西方两大不同的文明体系，但在历史上西亚北非的地中海沿岸与欧洲共同组成了古典时代的西方文明。在古代史中，同在地中海沿岸的西亚、北非、欧洲虽分属三洲，但三者又构成统一的整体，而近代史中将欧洲文明与亚非文明划分开来，则是建立在近代欧洲崛起，乃至西方人"欧洲中心论"的视角上。西方人最初按照距离西欧地理位置的远近将东方划分成：近东（东南欧巴尔干与东地中海沿岸的亚非国家），中东（伊朗等西亚腹地国家），远东（中国、日本等亚洲东部地区）。而所谓的近东最初还包括希腊在内的巴尔干半岛上的欧洲国家，希腊也曾被西欧人视为东方国家，但这并不意味着近东的希腊与远东的中国能归属同一个东方文明体系。如今"近东"一词基本不再使用，原属近东的希腊等巴尔干半岛国家已被归入西方，而近东的地中海沿岸的西亚和北非国家则划归中东。但正如不能脱离曾经的"东方国家"希腊来谈论西方文明一样，在人类历史的大部分时间段里，也不能脱离西亚北非的地中海沿岸地区来论述西方文明，更不能将欧洲文明视为可与亚洲文明并立的文明，笔者认为应将亚欧大陆划分为以中东文明为中心的西亚北非地区、以西方文明为中心的欧洲地区、以中国文明为中心的东亚地区、以印度文明为中心的南亚地区以及深受中国文明、

物产丰富的非洲大草原

印度文明影响的东南亚地区,还有以游牧文明为主的亚欧大陆中部草原文明区域这六大历史文明区域,而人类的古代文明史大体上就是这六大文明区域的发展、演变、交流与碰撞的历史。

至于撒哈拉沙漠以南的非洲,虽然在人类文明史上并不占有突出地位,但在采集、狩猎时代,非洲大草原拥有人类最理想的生活环境,那里气候温和,物产丰富,很容易获取足够的动物产品和植物果实作为食物,即使缺衣少穿,也无生存之忧,直到今天非洲仍然是狩猎者的天堂,开阔平坦的大草原也便于生活在非洲草原上的居民的交流。非洲大草原在人类进化史上的地位是无与伦比的。正如美洲大陆相对于亚欧大陆是所谓的"新大陆",在人类史的初期,亚欧大陆也是相对于非洲大陆的"新大陆",人类历史将从最早的"旧大陆"非洲开始。

## 第二节　人类演化史

物竞天择,适者生存。

——严复,《天演论》

## 一、猿人时代

开始直立行走的南方古猿

根据遗传变异原理,生物基因在繁殖时会发生可遗传的变异,随着不断变异,一个共同祖先的后代将会变得各不相同,最后形成不同的物种。一个新的物种形成大致要经过三个阶段:(一)可遗传变异产生;(二)变异个体成功适应自然并使相应变异基因在群体里扩散并取代原有的基因,形成变异种群;(三)变异种群由于地理生态隔离逐渐形成亚种,如再进一步形成了生殖隔离[①],也就是亲缘关系接近的类群之间在自然条件下不能交配,或者即使能交配也不能产生后代或不能产生可育性后代[②],亚种就演化成了新物种。

遗传变异的典型例子就是对狗的选育,人类通过人工选育的方法,按照不同功能对狗进行配种,其中最重要的方法就是保持纯种,避免不同种狗类杂交,这相当于人为造成物种隔离,从而让少数变异基因流传下来,形成现在猎犬、牧羊犬、雪橇犬、斗犬等多种类型,最终使狗变成了外形多样的动物。而生活在世界各地的人类也因遗传变异与地理生态隔离,形成不同的人种。但从生物分类学上来说,他们同属于一个物种,拥有一个共同的人类祖先,因为他们之间并不存在生殖隔离。而黑

---

[①] 生殖隔离分为季节隔离、生理隔离、形态隔离和行为隔离等受精前的生殖隔离,与杂种不活、杂种不育和杂种衰败等受精后的生殖隔离。其实质是种群因长期的地理隔离阻碍了基因交流导致种群基因库产生较大差别,进而使种群间的基因不能自由交流。
[②] 就像是马和驴交配虽然能生出骡子,但骡子是高度不育的。

猩猩虽然与人类的基因相似度高达98.77%，同属类人猿亚目，但因为两者分化的时间太长，已经出现了生殖隔离，所以黑猩猩哪怕以后演化得比人更有智慧，也不属于人类，因为存在生殖隔离。

按照现代生物学界最常用的"界门纲目科属种"七分法，人类属于动物界—脊索动物门—哺乳纲—灵长目—类人猿亚目—人科—人属—智人种。现存与人类关系最亲密的灵长类动物就是类人猿亚目生物，分为长臂猿、红毛猩猩、大猩猩、黑猩猩四大类人猿。猿和猴的最大区别就是体形更大，且没有尾巴。与人类血缘最近的类人猿黑猩猩生活在非洲，而非洲也同样发现了种类最多和最古老的古人类化石。

目前已知的最早的人类是距今大约550万年前生活在非洲的南方古猿，南方古猿因最早发现于非洲南部而得名。东非埃塞俄比亚的国宝化石"露西"是目前保存较完整的成年南方古猿化石，号称"人类祖母"。虽然被划为人类，但是将化石复原之后就会发现，它们分明还是尖嘴猴腮、浑身长毛的猩猩，就连脑容量也和黑猩猩相仿；唯一不同的是，南方古猿已经脱离森林走向草原生活。这一举动是人和猩猩分化的重要标志，古人类学家认为这群离开森林的猿类最终成为人类的祖先，而继续留在森林里的古猿则演化成黑猩猩。

当人类的祖先从森林走向草原时，面对他们所不熟悉的自然环境，以及拥有尖牙利爪的大型猫科和犬科动物时，这一过程必然是十分悲壮而惨烈的。有些学者认为，这一时期的人类有很大概率演化成一种半猿半犬或半猿半猫体形的动物，如狒狒。狒狒是唯一适应丛林外生活的猴科动物，它们长着一副像狗一样的裸露口鼻，奔跑速度最快可达每小时56公里，能像野犬一样捕杀猎物，其又尖又长的獠牙让狮子都畏惧三分，公狒狒英勇好斗，甚至敢与花豹和母狮单挑，是灵长类走出丛林后成功演化的典范。

然而人类祖先南方古猿走了一条和狒狒完全不同的演化路线——使

用工具。猿猴在树上时，手忙着攀爬和进食，当在地上行走或坐下时，就可以使用工具，如狒狒就经常用石头猎取蝎子为食。南方古猿则更进一步，它们通过直立行走，解放了双手，从而使用天然工具捕捉小动物。直立行走和使用工具是从猿到人的重要一步，尽管这最初的一步不是十分奏效，事实证明，南方古猿的狩猎技术令人不敢恭维，从洞穴积存可知，它们很大程度上是扮演食用其他肉食动物残余腐肉的清道夫角色；但是脚的直立和手的进化影响到大脑的开发，使人类最终完成从使用天然工具到制作工具的飞跃，从此人类远远超过了自己的旁系亲属猩猩和狒狒，成了文明的缔造者。

南方古猿之后，约250万年前，东非出现了最早制造和保存（不是使用）工具的猿人，被称为能人，意为"巧手之人"。从外形上很难区分南方古猿和能人的差别，它们体重都约40公斤，身高都在130厘米左右，都浑身长毛，能两足行走。之所以称能人为人，南方古猿为猿，就在于能人会制造和保存工具。制造和保存工具是人类和其他动物的主要区别，其他动物如黑猩猩也会为了觅食或其他目的制造和使用工具，不过它们制造工具是靠本能，或是为了直观的目的，它们不能为可能发生的事情提前准备工具，也不会随时把工具带在身边，如黑猩猩很少能把它们使用的小棍子或者石头带出几米之外。与它们不同，能人不仅能像黑猩猩那样即兴而作，随机利用就近能取得的工具，而且能提前制造并保留工具，以备将来之用。

制造和保存工具的出现标志着旧石器时代的开始。旧石器也就是打制石器，锤石技术是最早的旧石器生产技术，就是用鹅卵石等较硬的石头击打敲碎其他石块，形成一些锋利的棱角和切片。这些有棱角的石片最主要的用途就是切肉，人类没有强壮的犬齿和颌骨，这些尖锐的石头就成了必不可少的替代工具，这种石器工艺最早发现于东非坦桑尼亚奥杜韦峡谷，是奥杜韦文化石器工艺的代表。

到约200万年前,一种新品种的人类——直立人——开始取代能人。直立人属于晚期猿人,从直立人这个名字就可知他们直立行走的能力要比能人更强。虽然南方古猿和能人都已经能够直立行走,但是他们走起路来就像蹒跚学步的小孩,摇摇晃晃,重心不稳。这是因为他们和其他灵长类动物一样都是上肢比下肢发达,而直立人下肢骨骼明显比上肢粗硕,其下肢结构与现代人类已经基本无异。直立人的脚也已经完全进化成现代人的形状,与手的形态迥然不同,完全为行走而生。虽然直立人的头颅还是猿的模样,但是其脑容量(900—1200毫升)比之前的早期猿人大一倍,相当于现代人(1300—1600毫升)的三分之二。

两足行走和脑容量的扩大让直立人能更好地使用双手并进行发明创造。非洲早期的直立人被称为匠人,他们形成了比奥杜韦石器文化更先进的阿舍利石器文化,阿舍利石器先用硬锤打击,再使用骨头和硬木等软锤来加工,其典型代表阿舍利型手斧的左右两边和正反两面基本对称,是人类历史上第一种两面打制、加工精细的重型工具。这种手斧既可用来切削、挖掘、狩猎,还可用来制造其他工具。此外,直立人还懂

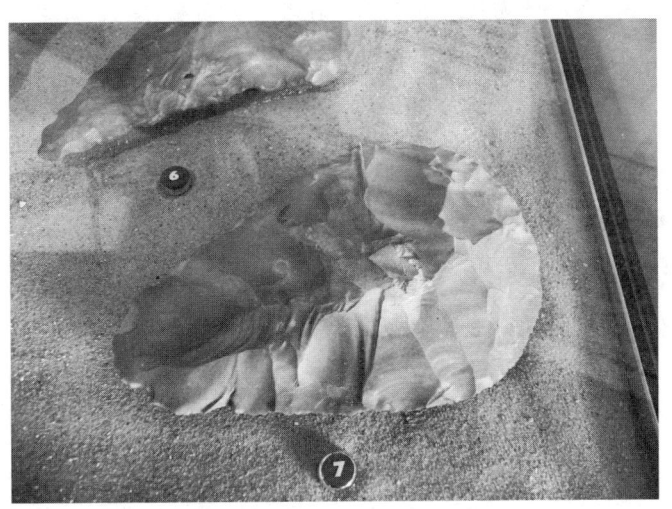

直立人制作的阿舍利型手斧

得利用天然火种，这对人类的发展产生了根本而深远的影响，火的使用使大量过去不能食用或难以消化的食物被加工为熟食，从而大大增加了食物来源。火带来的光明增强了人类抵御野兽的能力，方便人类在夜晚和黑暗处活动。火带来的温暖，使直立人能够冲出过去难以离开的非洲地区①，流动到全球各地。如今，直立人之前的人类化石基本仅见于非洲，而直立人的化石在亚欧非三洲都有发现，中国最早发现的一批古人类化石，如云南元谋人、陕西蓝田人和北京猿人，也都同属直立人种。

到此，亚欧非三洲都有了直立人的踪迹，那么现存人类是否就是从这些直立人进化而来的呢？"人类多地区进化说"就认为：直立人从非洲扩展到世界其他大陆以后，再分别进化为现代的非洲黑种人、亚洲黄种人、大洋洲棕种人和欧洲白种人。

不过从繁殖角度上讲，直立人早在200万—180万年前就已离开非洲大陆，如果各地区人类这么早就开始独立演化，那么如此长时间的物种隔绝会导致今日东亚人和欧洲人、非洲人之间繁殖后代的困难。中国科学院古脊椎动物与古人类研究所的吴新智院士是"人类多地区进化说"的支持者，他认为各地猿人的演化不是完全独立的，而是存在杂交混血，至于中国境内的人类，则是以当地的直立人连续进化为主，附带外来人种杂交为辅，从而使中国人与其他人群能维系在同一个物种内，没有出现生殖隔离。吴新智院士还通过比较北京猿人和现代人的骨骼特征，发现70%的中国人在头骨上有3个特征和北京猿人是一致的，并由此论证北京猿人是大多数中国人的祖先，但他的学生刘武去非洲考察时，却发现有30%的东非人在这3个头骨特征上也和北京猿人相一致。

---

① 现研究多认为身材高大、肌肉发达的晚期猿人直立人是第一种离开非洲的人类，不过也有学者认为直立人之前的早期猿人可能就已经离开非洲，澳洲国立大学2017年4月发表有关人类进化史的最新研究，认为在印尼弗洛勒斯洞穴发现的弗洛勒斯人，又名"霍比特人"，是早于175万年前离开非洲的人类，跟被视为最早人种的能人或源自同一祖先。有学者推测弗洛勒斯人最晚于1.8万年前还生活于印度尼西亚的弗洛勒斯岛地区，从时间上看他们曾和现代人共处。而据弗洛勒斯岛当地居民称，最后一批弗洛勒斯人是在几百年前被他们捕获后用火活活烧死的，至今在印度尼西亚还流传着小矮人的传说。

蒙古乌兰巴托的国家历史博物馆内的古人类模型

由此可见，不能仅从几个简单形态上的相似来论证"人类多地区进化说"，因为中国人身上只有极少数特征与北京猿人相似，而绝大部分特征都与其他地区人种相同。

如果不是因为达尔文提出进化论，相信没有人会认为亚洲人和直立人的亲缘关系会比亚洲人和欧洲人的亲缘关系更近，因为他们生理上的巨大差别一目了然。但实际上认为亚洲人和直立人的亲缘关系更近的观点，正是对达尔文进化论的误解，许多人误以为猿人都会朝着相同的方向进化，生活在各地的直立人是通过进化变得相似的。然而物种进化的基本条件——遗传基因突变——是随机性的，同样，虽然人类被定义为高级动物，但物种进化

进化论的提出者达尔文

也绝非动物进化成人，人类不是进化的目的，而是基因随机突变加自然选择的偶然产物，无论是演化出翅膀，还是双手，都是随机加自然选择的结果。物种之间亲缘度越小，差别就会越大，现代人与直立人的身体构造有巨大差异，而现代四大人种的生理特征高度相似，只是肤色、发色、五官稍有差别，直立人还不会说话，约十几万年前从现存人种中最早分化出去的科伊桑人学习语言还有发音障碍，但四大人种之间则完全可以互相学习语言。人类的血型具有遗传性，黄种人内部的血型各不相同，但是这些不同血型都可以在黑人和白人身上找到，同血型就可互相输血，而现代人绝对不可能和直立人互相输血，因为直立人在约20万年前就已灭绝，而现代人类的4种血型中最古老的O型血，其形成的时间在4万至6万年之间，这些都证明了现存四大人种间的亲缘关系远远大于各地直立人间的亲缘关系，世界各地的直立人绝对不会不约而同地演化成现代人类。目前科学家已通过基因检测等方法证明现代人类全都是非洲智人的后代①。

## 二、智人时代

"智人"的全称是"智慧的人"，从名称就可知道智人比直立人拥有更高的智慧，这是人类进化的最后一个阶段，现存的人类都属于智人种。海德堡人被认为是智人的祖先，他们在大约70万年前从非洲直立人——匠人演化而来，主要分布在非洲和欧洲；与同时期的北京猿人相比，海德堡人已经基本褪去体毛，他们的大脑容量达1100—1400毫升，远高于直立人（900—1200毫升），更高的智慧让他们能够制作更先进的工具。海德堡人成功为工具安装了木柄，制成了人类最早的长柄工具——矛。已知最早的矛出土于50万年前的南非，是由木柄和锋利石

---

① 柯越海、宿兵等：《Y染色体遗传学证据支持现代中国人起源于非洲》，《科学通报》2001年第5期。

刃组成的原始武器。矛除了扩大攻击距离外,还可以投射,便于猎杀猎物,是人类工具的巨大进步。

在距今约55万年前,非洲海德堡人分化为南、北两支,南支的海德堡人留在非洲,演化出罗德西亚人等新种;北支的海德堡人则再度走出非洲,并分化为东、西两支,其中的东支后来抵达中亚与远东地区,演化成丹尼索瓦人。丹尼索瓦人因在西伯利亚南部阿尔泰山脉的

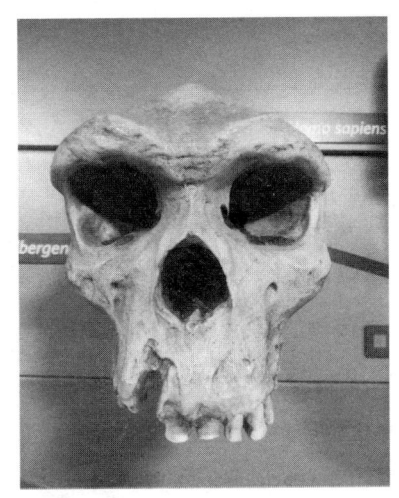

海德堡人头骨

丹尼索瓦洞发现而得名,在中国发现的早期智人,如陕西大荔人、辽宁金牛山人、广东马坝人、山西丁村人和许家窑人等,体质特征介于直立人和早期智人之间,但更多的特征与早期智人相同,因此有学者认为他们可能是丹尼索瓦人等早期智人与中国境内的直立人杂交的产物;而据中国科学院地球环境研究所敖红课题组研究发现,山西许家窑人和西伯利亚的丹尼索瓦人具有相似的牙齿特征,他们由此推断许家窑人可能就是生活在中国境内的早期丹尼索瓦人。

由于化石稀少且不完整,目前对早期智人与亚洲直立人有无杂交尚无定论,更糟糕的是由于10万—5万年前全球气候进入第四纪冰川期,这一时期除非洲等热带地区以外,包括中国在内的其他地区的绝大多数生物都遭遇了生存危机,史称"冰河时代物种大灭绝",中国境内古人类的数量也因此剧减,古人类和现代人之间甚至出现了化石断层。目前在中国境内尚未发现10万—5万年间的人类化石,其中所有属于古人类的化石都有10万年以上的历史,年代距离最接近的是在河南省许昌市发现的距今约12.5万—10.5万年的"许昌人"头盖骨,而现代人类

的化石大多距今不到4万年（大多数在3万—1万年间），当然目前仍不能完全排除有少量中国本土的古人类在第四纪冰川期幸存下来的可能性，因为由海德堡人的西支演化而来的欧洲尼安德特人就并未因冰河时代的严寒而灭亡。

尼安德特人因发现于欧洲德国尼安德特河谷而得名，由于他们的化石多发现于亚欧大陆山脉和谷底的洞穴中，所以又叫穴居人。尼安德特人是早期智人（古人）的典型代表，他们的遗迹遍布整个欧洲和西亚。他们所创造出的莫斯特文化是旧石器中期文化的最典型代表，其特征是使用修理石核技术，修理后的石核打下的石片不需加工就可当作工具使用，大大提高了石器制作效率，这标志着旧石器中期阶段的开始。尼安德特人已经能够说话，他们懂得使用粗制的骨针缝制衣服以御寒，用动物骨牙串成垂饰，用赤铁矿和氧化锰染色创造艺术品，用水晶制造奢侈品，还是最早懂得埋葬死者的人种。在尼安德特人居住的洞穴与棚屋内还发现了人工取火的痕迹，从利用自然火、保存火种，到学会人工取火是人类智慧的一大飞跃，要知道，直到今天，非洲的俾格米人、印度的

居住在洞穴中的尼安德特人

安达曼人仍然不会人工取火。尼安德特人的脑容量平均在1250—1750毫升，甚至比现代人的脑容量（1300—1600毫升）还大，不过这并不意味着他们比现代人更聪明，因为他们的脑容量扩张的部分主要掌管视觉的领域，而不是和智能领域相关的脑前额叶部分。

作为冰河时期人类品种中的完美适应者，尼安德特人的历史几乎贯穿了整个冰河时期，但随着来自非洲的晚期智人（新人）进入亚欧大陆，尼安德特人的数量开始锐减，最终完全融入晚期智人之中。

晚期智人是由留在非洲的早期智人演化而成的，目前已知的世界上年代最为久远的晚期智人遗存是在东非埃塞俄比亚南部奥莫河谷发现的距今约20万年的人类化石，晚期智人在体质上已经和现代人基本没有区别，我们现代人就属于晚期智人种。

晚期智人与尼安德特人是否发生过混种繁衍，一直是人类学研究的热门议题，尼安德特人是现代人类在进化学上最近的亲族，与现代人的祖先分化的时间可能不超过50万年，所以两者之间应该不存在生殖隔离。2010年5月7日出版的《科学》杂志公布了尼安德特人约60%基因组的序列图，由德国马克斯·普朗克进化人类学研究所科学家斯万特·帕博领导的国际科学家团队将尼安德特人的基因同现代人的基因组进行比较后发现，除非洲人外的现代人与尼安德特人拥有1%—4%的共同基因，这表明，现代人的祖先或许曾与尼安德特人在小范围内发生过杂交。2012年，科学家们又对生活在中亚与远东地区的丹尼索瓦人的基因组进行测序，其结果表明，现代美拉尼西亚人及澳大利亚原住民的基因组中有多至3%—6%来自丹尼索瓦人。由此可知，虽然从物种上看，尼安德特人、丹尼索瓦人等早期智人已不存在，但是他们的血脉仍然得以流传下来。

晚期智人创造了旧石器晚期文化，开始的标志是东非遗址出土的标准石器和第一件保存完好的首饰（鸵鸟蛋壳做的珠子项链）。从能人开始制造最早的石器工具起，人类进入了旧石器时代，在其早期长达200多万年的时间里，人类工具的改进是十分缓慢的，工具的改进是伴随人类体质进化而发生的。早期工具的落后，导致人类狩猎能力有限，依然以采集所得为最主要的食物来源。到了晚期智人阶段，人类技术不再和体质挂钩，人类历史由此进入全新阶段。这一时期人们懂得用易于成形的骨头制作鱼钩、骨针等骨器，用猛犸象的长牙和肋骨搭成屋架，然后盖上猛犸皮建成猛犸象小屋。石器制作技术有了新的发展，有柄的复合工具和武器大量出现，磨制石器的方法也在这时出现，此外还出现了鱼叉、标枪、梭镖投掷器、投矛器、弓箭等新工具，以及用来结网、做钓鱼线的绳子，狗也被人类驯化用来狩猎。随着狩猎工具的改进，人类不但能捕捉小动物，还能组织起大规模的狩猎团体，捕杀猛犸、犀牛、野牛、野猪等肉多而危险的动物，狩猎时代到来了。

丹麦奥胡斯大学的研究人员在对冰河世纪末期全球已知的所有大型动物（体重超过10千克）的灭绝模式进行分析后指出，擅长狩猎的现代人类是冰河时代末期全球性物种大灭绝的重要原因。诚然气候的突变也是这时期部分物种灭亡的原因之一，但奥胡斯大学的博士后研究员克里斯托弗·桑德姆认为："气候变化无法解释全世界巨型动物的大量灭绝。"因为大型动物的灭绝几乎发生在所有的气候带并影响了与环境相适应的物种。而另一方面，研究结果显示动物灭绝和人类扩张的历史存在极强的关联性。奥胡斯大学的延斯-克里斯蒂安·斯文宁教授说道："那些野生动物与原始人类物种从未有过接触，但忽然被高度发展的现代人类所占据的地区存在

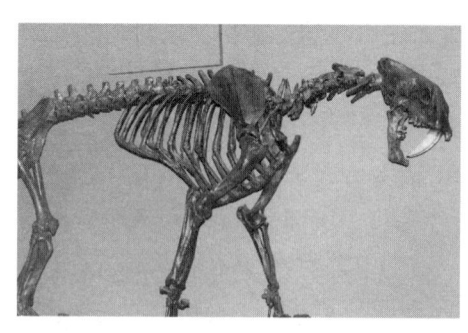

冰河时代末期灭绝的史前巨兽剑齿虎

非常高的灭绝率。整体来说,所有这样的地区里大约有30%的大型动物物种消失。"它们的灭绝是人类过度狩猎造成的,一方面是直接被人类猎杀,另一方面是因为它们的食物被人类所猎杀。

在法国的克罗马农山洞发现的克罗马农人的化石是世界上发现得最早的完整晚期智人(新人)化石,所以晚期智人也常被统称为克罗马农人,而欧洲正是晚期智人遗址最丰富的地方。从欧洲克罗马农人的遗骨可以看出,这群进入欧洲的新人高大魁梧,体格强壮,男性平均身高达1.8米以上,以狩猎所得为主要食物来源。

作为动物演化史上前所未有的狩猎者,克罗马农人又以空前绝后的狩猎者艺术而闻名于世,因发现于法国奥瑞纳洞窟而得名的奥瑞纳文化,距今约3.5万—2.9万年前,是克罗马农人创造的晚期旧石器文化。该文化遗址不仅拥有先进的生产工具,还发现了手镯、串珠项圈、垂饰、骨饰针等装饰用品,更以人类最早成熟的艺术作品而闻名。这里出土了人类最早的乐器——骨笛;还有各种动物的小雕像,其中"狮子人"是世界上最早的拟人小雕像。迄今发现最早的人像——在法国出土的"拉塞尔维纳斯"浅浮雕,也属于奥瑞纳文化时期,为一个持角杯的女人形象。所有艺术品中最著名的是以猛犸、犀牛、野马等动物为主题的洞穴壁画,在洞穴中还发现了已知最早的油灯,供在黑暗中作画照明之用。从实用性看,这些壁画主要存在于黑暗的洞穴中,显然创作目的不是让众人欣赏,而应该是用于祭祀和巫术。

奥瑞纳文化中出现众多的艺术作品并不偶然,早在奥瑞纳文化之前,欧洲尼安德特人时期就已经出现艺术萌芽。世界上最古老的壁画就是西班牙埃尔-卡斯蒂略洞岩壁上发现的手模和盘状图案,年代在4.08万年前,而最古老的雕塑也可追溯到3.7万年前法国韦泽尔河谷地区一块大石头下刻画的女性生殖器岩雕,这处岩雕还包括马等动物的简单图形。这些最早的艺术作品的创作时间正处于欧洲尼安德特人和克罗马农

史前欧洲的丰产女神像

人共存的时代。奥瑞纳文化正是在继承前人的基础上发展出的人类最早的成熟艺术形式。

佩里戈尔文化是继奥瑞纳文化之后欧洲原始艺术的发展阶段,距今约2.8万—2.2万年。这一时期的雕像以女性圆雕和浮雕最为著名。在捷克发现的爱神维纳斯的小雕像是世界上最早的陶制品,这些早期人像都以裸露女性像为主,突出女性丰乳肥臀的特征,忽略脸部和手脚的刻画,被称为"丰产女神"。在奥地利维伦多夫发现的"维伦多夫的维纳斯"是史前时代最著名的丰产女神像,雕像采用石灰石雕成,其肥大的乳房和臀腹部体现出原始人的生殖崇拜。

佩里戈尔文化之后的梭鲁特文化(距今2.1万—1.8万年)和马格德林文化(距今1.7万—1.15万年)是克罗马农人"洞穴壁画"艺术的巅峰时期,诞生了世界上最著名的两处史前洞窟壁画——法国拉斯科洞窟壁画(被誉为"史前卢浮宫")和西班牙的阿尔塔米拉洞窟壁画(被誉为"史前西斯廷教堂")。两大洞穴中的壁画共有数百幅,图像长度大多在1—3米,最长的在5米以上,其中阿尔塔米拉洞窟壁画中一幅《受伤的野牛》描述了一头野牛因受伤而扑倒在地却仍奋力挣扎的情景,由于壁画描绘得太真实生动,以致这幅壁画被发现时,一度被认为是伪造的。

在图画和雕塑等造型艺术出现之前,人类只能通过语言或动作来传递信息,但语言和动作是即兴的,受时间和空间的限制。为使信息能"传于异地,留于异时",人类开始用形象的图画传达和记录信息,这后

法国拉斯科洞窟壁画

来也被视为文字的萌芽。这个时期的洞穴壁画中发现的神秘抽象符号表明，当时人们已经懂得利用形象来表达抽象的概念，被誉为最早的"原始文字雏形"。

与欧洲的晚期智人——克罗马农人——创造出狩猎者艺术文化的同时，中国的晚期智人也创造出中国旧石器时代晚期文化，在10万—5万年前，由于全球气候进入冰河时期，中国境内的古人类遗址难寻踪迹，直到约4万年前，大体在克罗马农人进入欧洲的同期，中国境内又开始重新出现人类活动的踪迹，只不过这时期的人类已不再是古人类，而是现代人类。周口店山顶洞人是中国最著名也是最早发现的晚期智人化石，年代距今3.4万—2.7万年，其中的男性头骨的测量指数与欧洲克罗马农人相似，而其面骨测量指数则更接近现代的蒙古人种（黄种人），表明当时蒙古人种正在形成之中。

## 三、四大人种

体质人类学家根据现存人类的自然体质特征，将现代人类主要划分为以下四大人种：

一是蒙古人种，又称亚美人种，俗称黄种人，其原生地在东亚、东南亚、西伯利亚与美洲，主要体型特征是肤色偏黄，头发黑直、面庞扁平，眼珠呈黑色或棕褐色，体毛较少，体味较淡，躯干长、四肢短、颧骨较高，铲形门齿和单眼皮出现率高。蒙古人种又可分为东亚蒙古人种、美洲印第安人种与东南亚马来人种三大类型。相比东亚蒙古人种，美洲印第安人种身材相对高大，肤色更深，多高鼻梁、双眼皮、大眼睛，其血型特征也与亚洲蒙古人种不同，在过去也常将印第安人种单独划出，列为第五大人种。至于东南亚的马来人种又称南方蒙古人种或海洋蒙古人种，他们是黄种人与棕种人的混血后代，以往也将他们视为棕色人种的一个分支，19世纪的人类学家布卢门巴赫所提出的人种五分法中就将欧罗巴人种（白色人种）、蒙古人种（黄色人种）、埃塞俄比亚人种（黑色人种）、美洲人种（红色人种）、马来人种（棕色人种）划为五大人种。

二是高加索人种，又称欧罗巴人种，俗称白种人，其原生地在欧洲、西亚与北非，主要体型特征是肤色白、体毛重、颧骨低、嘴唇薄、双眼皮、大眼睛、五官立体、骨架与肌肉体积大。高加索人种又可分为北欧显白人种与地中海暗白人种两大类，"北欧白人"肤色更白，身材更高大且常有金发碧眼的特征；而"地中海白人"肤色、发色、眼色都较深，与黄种人差不多，大眼睛、高鼻深目、体毛旺盛是他们区别于黄种人的主要特征。

三是尼格罗人种，又称非洲人种，俗称黑种人，其原生地在非洲撒哈拉沙漠以南的广大地区，主要体型特征为黑皮肤、黑眼睛、发黑而鬈曲、牙齿洁白、鼻宽唇薄、四肢修长，胡子和体毛较少，东非黑人多双眼皮，中西非黑人

阿拉伯人属于地中海白色人种

则是世界上单眼皮比率较高的人群之一。在体型上，黑人又可分为赤道北部纯黑肤色的苏丹黑人和赤道南部浅黑肤色的班图黑人两大亚种。此外，南部非洲地区的科伊桑人也通常被划为黑种人，但他们的肤色呈黄褐色，面部扁平多皱、多为单眼皮、小眼睛，有内眦褶，体态特征明显不同于黑人反而有点类似黄种人，故又被称为

撒哈拉以南非洲黄皮肤的科伊桑人

撒哈拉以南非洲的黄种人，所以有时也把他们归为独立于四大人种之外的第五大人种。

四是大洋洲人种，又称澳大利亚人种，俗称棕种人，其原生地在大洋洲、南亚次大陆和南洋群岛等印度洋板块（又名澳大利亚板块）内的区域。其主要体型特征是皮肤为棕色或巧克力色，头发棕黑色并且卷曲，鼻子宽，体毛发达。以往的人类学家曾将马来人种视为棕种人，将肤色较黑的澳大利亚人种视为黑种人，但实际上澳大利亚人种与非洲黑人不仅地理位置距离相当遥远，两者亲缘关系也不大，因此如今的人类学家普遍将马来人种划为黄种人，将澳大利亚人种划为棕种人。与黄种人及白种人相比，棕种人无论是基因，还是体貌特征，内部差异都更大，可将其分为南印度的维达人、太平洋西南部美拉尼西亚群岛的美拉尼西亚人、太平洋西部新几内亚岛的巴布亚人及澳大利亚土著人四大支系。

过去在地理学上常将白种人等同于寒带与温带人种,黄种人等同于温带与亚热带人种,黑人等同于热带人种,认为是气候冷热不同导致现代人种的根本差异,而黄种人产生于温带与亚热带地区,所以肤色特征介于黑白人种之间。这种见解是错误的,因为生活在西伯利亚、北极圈等北半球最寒冷地区的土著民族大都是黄种人,而生活在世界的热极——北非至阿拉伯半岛——上的居民基本都是白种人,黄种人也并非生活在白种人与黑种人之间的中间地带,可见不能简单用气候冷热来解释四大人种的形成。

正如物种演化的基本原理——变异种群由于地理生态隔离逐渐形成亚种。四大人种的形成也是建立在地理生态隔离的基础上,亚欧大陆中部的帕米尔高原与沙漠草原地区,是亚洲各区域的地理分界点,也是人种上的重要分际线,帕米尔高原以东的亚欧大陆东部地区,以及更东边的美洲大陆的土著居民大多以黄种人为主;而帕米尔高原以西的西亚北非及欧洲地区则多是白种人;至于将白种人与黑种人隔开的,不是黄种人,而是撒哈拉大沙漠;将黄种人与棕种人隔开的则是亚洲与大洋洲之间的海洋。

### 四、人类演化年代表

距今约 550 万年:非洲南方古猿是已知最早脱离森林走向草原,能够直立行走、使用工具的猿类。

距今约 250 万年:东非出现最早制造和保存工具的猿人,被称为能人,他们创造的奥杜韦文化是世界上已知最早的旧石器文化之一。

距今约 200 万年:在东非和南非出现人类新亚种——直立人,非洲直立人被称为匠人,他们创造了阿舍利文化。

距今约 200 万—180 万年:直立人走出非洲大陆。

距今约 70 万年:北京猿人开始在周口店龙骨山生活。非洲直立人中演化出海德堡人，海德堡人能够为工具安装木柄，制成人类最早的长柄工具——矛。

距今约55万年：非洲海德堡人分化为南北两支，南方海德堡人留在非洲，演化出罗德西亚人等非洲早期智人。

距今约40万年：北部海德堡人分为两支，一支进入中东和欧洲，演化为尼安德特人，另一支抵达远东，演化成丹尼索瓦人等早期智人。

距今约28万—10万年：中国境内活跃着陕西大荔人、辽宁金牛山人、山西许家窑人和丁村人、广东马坝人、河南许昌人等早期智人。

距今约25万—20万年：东非早期智人演化成晚期智人，目前已知年代最为久远的晚期智人遗存是在东非埃塞俄比亚南部的奥莫人，距今约19.5万年。到此，在旧石器时代，非洲不仅发现了迄今为止年代最早的人类化石和石器文化，而且是世界上已知的人类各发展阶段没有缺环、年代前后相继的地区。

距今约10万—5万年：由于冰河时期的到来，中国境内古人类的数量剧减，甚至在古人类和现代人之间出现化石断层。

人类的演化

距今约 4 万—1 万年：克罗马农人在欧洲地区活动，他们创造了欧洲旧石器晚期文化。

距今约 3.4 万—2.7 万年：中国晚期智人山顶洞人在北京周口店龙骨山活动。

## 第三节　从采集者到生产者

> 新的农业活动得花上大把时间，人类就只能被迫永久定居在麦田旁边。这彻底改变了人类的生活方式。其实不是我们驯化了小麦，而是小麦驯化了我们。
>
> ——［以色列］尤瓦尔·赫拉利，《人类简史》

### 一、中石器时代文化

迁移到世界各地的晚期智人创造了世界各地的旧石器时代晚期文化，其中因在西亚伊拉克沙尼达尔洞穴发现而得名的沙尼达尔文化与山顶洞人同时期，年代在距今 3.5 万—2.85 万年，以出土最早的石叶工具闻名，包括以石叶石核和若干用石叶制成的雕刻器、刮削器，这种石叶器文化后来遍布欧洲和西亚，成为两地常见的石器。许多考古学者认为沙尼达尔石叶器文化是后来西亚、欧洲地区中石器时代文化的源头。

从约公元前 1.5 万年至前 1 万年，作为石叶器文化的发源地的西亚地区开始从旧石器时代过渡到中石器时代，中石器时代以普遍使用细石器为主要特色，细石器是指采用间接打击法制成的小型细石核和细石叶等，它们多数是为装备骨、木等复合工具的石刃而专门制作的，是打制石器技术的顶峰。到公元前 1 万年至前 8000 年，西亚的"新月沃地"已经完全进入中石器时代。

"新月沃地"又被称为"肥沃月弯",是指西亚地中海沿岸和两河流域的一片新月形状的土地,因和周边贫瘠的沙漠与山脉地带相比显得比较肥沃、适合农业生产而得名;其地西起地中海东岸,东至波斯湾,包括黎凡特、美索不达米亚平原以及北部托罗斯山脉和东部扎格罗斯山脉的山前地区。

黎凡特意为"东方日出之地",是指位于埃及以

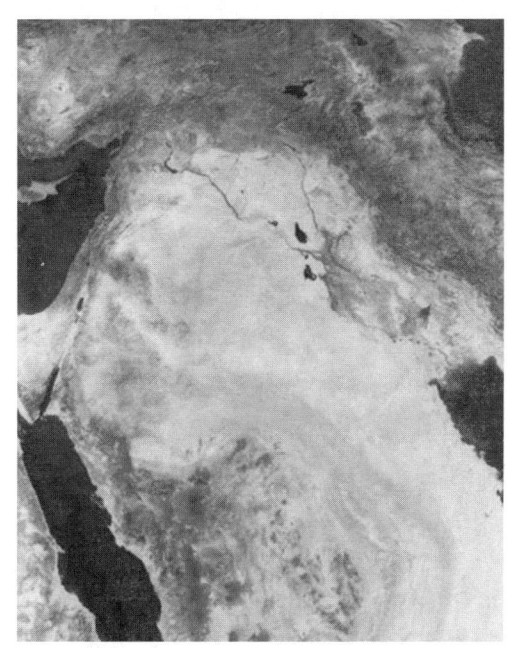

沙漠与山脉之间的新月沃地

东、土耳其托罗斯山脉以南、阿拉伯沙漠以北、上美索不达米亚平原以西的地中海东南部沿海地区,主要包括今天的叙利亚、黎巴嫩、以色列、巴勒斯坦和约旦五国,是亚洲连接非洲的交通要道。

美索不达米亚平原又称两河流域,是由东部的底格里斯河及西部的幼发拉底河冲积而成的平原,与黎凡特地区相会于幼发拉底河中游以西的地区,主要位于现在伊拉克的全境和叙利亚、土耳其与其相连的部分。两河流域东部的扎格罗斯山脉是伊朗第一大山脉,为伊朗高原和两河平原的分界线,大部分位于现今的伊朗境内,小部分北面和西面的山麓丘陵则延伸到相邻的土耳其、伊拉克境内。从古代的巴比伦王国与米底王国到今天的伊拉克与伊朗,扎格罗斯山脉一直是不同国家文化之间的重要分界。

新月沃地东南部的美索不达米亚平原是后来巴比伦文明的诞生地。

不过在中石器时代，新月沃地西北部的黎凡特的发展程度要高于美索不达米亚。在黎凡特巴勒斯坦凯巴拉洞穴发现了距今 1.6 万—1.2 万年的中石器文化遗址，凯巴拉文化的居民依然过着以狩猎采集为主的生活，但在遗址中已经出现了被圈养的山羊和羚羊。

圈养不等于驯化，人类很早就开始圈养狮虎，但是从来没有驯化成功，只有通过选择性的培育才能将圈养动物驯化成真正的家畜。驯化成功的动物在许多方面不同于它们的野生祖先。如吃人的狼变成听人话的狗，绵羊保留了绒毛减少了硬毛，猪没了獠牙，鸡鸭则失去飞行的能力，这些变化让它们脱离自然，更方便地为人类所用。

在公元前 1 万—前 8000 年，凯巴拉文化发展为纳吐夫文化，纳吐夫文化因发现于巴勒斯坦的纳吐夫而得名，主要分布于叙利亚、巴勒斯坦和黎巴嫩等地。纳吐夫文化中已出现家犬，圈养动物现象更加明显，在个别遗址中，山羊骨占全部兽骨的 80% 以上。其生产经济已经向着农耕的方向发展，在遗址中发现了石镰、骨制收割刀、长柄锯齿镰、磨盘、臼、杵、碓等农具，这些工具被用来采集和加工野生谷物，为以后农业的发展打下了基础。在遗址中还发现了来自遥远的地中海沿岸的贝壳、珊瑚等外来物，说明长途贸易已经出现。

这一时期人们开始走出山洞，建造营地，由此产生了人类最早的定居村落，伊拉克沙尼达尔洞穴附近的扎维凯米遗址是伊拉克已知的最古老的村落遗址，这里有当地最早的定居房屋。地穴式和半地穴式房屋是人类最早的建筑形式，地穴式是指挖地为穴，作为住房，这种房子整体均在地平线之下，穴口盖有遮蔽风雨的棚盖；半穴居式是在地穴式住房基础上，再加盖房顶，房屋一半在地下，一半在地上。扎维凯米遗址房屋多为季节性临时居住的半地穴式圆形茅舍，考古学家推测，这里很可能是沙尼达尔人的夏季基地，他们夏天在此设营，冬天回到洞穴中居住，展示了人类居住方式逐渐演变的进程。除了营地式村落外，在巴勒斯坦的耶利哥也发现了一些非营地性质的长久居民点，这里还出现了早期的地面建筑，为石砌圆屋和土坯建筑，其中有一个神龛建筑，其中间有插立"图腾柱"的孔穴，周围绕筑石墙，墙上刻满了神秘符号。除耶利哥外，位于叙利亚的穆赖拜特遗址是同时期最大的定居村落，年代在公元前9000年至前8000年，面积达1万平方米，有数百人口，居民住在圆形和长方形地面建筑房屋内。在遗址内部没有发现农作物和饲养的家畜，这些定居遗址的出现说明，在农耕畜牧生产之前，人类就有能力进入定居阶段，也可这样推测，人类是为了定居才尝试栽培植物、驯化动物的，农牧业由此出现，而不是因为农业出现才选择定居的。

定居的出现，使人类建造长久留存的大规模建筑成为可能。位于土耳其东南部乌尔法哥贝克力山丘上的石阵是中石器时期建筑最典型的代表。哥贝克力石阵被誉为世界上最古老的神庙，它由数个巨石祭坛组合而成，每个祭坛由重达数吨的石柱排列成环状，石柱上还雕刻着狮、蝎、狐、鹰等动物，祭坛内还有大量的野生动物残骸。该神庙建于1.16万年前，大致在同一时期，来自外太空的彗星撞向地球，引起全球气候突变，世界各地气温骤降，在短短十年内，地球平均气温下降了7℃—8℃，被称为"新仙女木事件"。气温迅速下降导致野生谷物和猎物减少，造成食物短缺，而要建造哥贝克力庙这样庞大的建筑，就必须聚集相当数量的人口，但是靠狩猎和采集无法养活那么多人，所以

哥贝克力石阵上的雕刻

人们就开始在山上耕种野草作为确保食品供应的一种手段。信仰的力量使人们冒着挨饿的危险,进行最早的农耕尝试,最终促成了农业的出现。从采集到耕种的转变最早就发生在这片地区,通过对麦种DNA研究表明,全世界小麦、黑麦、燕麦等所有麦种祖先——单粒小麦——最早就种植于哥贝克力附近的喀拉卡达山脉上,伟大的农业革命时代就此开始。

## 二、新月沃地的农牧业革命

土耳其哥贝克力石阵以南不远处的阿布胡赖拉遗址为农牧业革命最早发生时的种种变化提供了的最可靠的记录。该遗址起始年代约为公元前11500年之前,位于叙利亚北部,是由一堆半地穴式房屋组成的定居村落,遗址展现了狩猎采集者逐渐过渡到最早的农耕者的进程。最初这是一个依靠采集、狩猎为生的三四百人的定居聚落,到公元前10500年前后,由于气候突变,采集、狩猎资源枯竭,该地居民开始尝试种植黑麦,这是目前考古所知较早的驯化作物。在此之前,单粒小麦可能已经在哥贝克力石阵附近种植,因为黑麦本是小麦的伴生杂草,其驯化应在野生小麦种植出现后。由于农业的出现,阿布胡赖拉迅速扩展成一个占地近12公顷且规划整齐的村落,房子也由半地穴式房屋升级成单层的泥砖房。

此后新月沃地一带的农业村落不断增加,驯化作物也逐渐增多,到约公元前9000年,已驯化的作物包括大麦、小麦、燕麦、豌豆、扁豆、无花果等。在这些农作物中,以小麦和大麦最为重要。虽然在现代小麦是分布最广的粮食作物,但在最初,大麦的种植更加普遍。大麦属于粗粮,口感不如小麦,现在更多用作动物饲料和酿酒,不过由于它对盐碱化土壤的适应性比小麦强,并且能生长于高寒之处,所以成为当时许多地区重要的食物来源。

黎凡特是种植业革命的中心，而黎凡特北部土耳其托罗斯山脉和东部伊朗扎格罗斯山地则是畜牧业革命的中心。这里的山地草原为山羊和绵羊的捕猎、驯化及牧养提供了理想的场所，这里的人们最早驯养了猪、山羊、绵羊等家畜。1万年前扎格罗斯山地周边的伊朗甘吉达雷遗址、伊拉克的扎维凯米-沙尼达尔遗址分别是已知最早驯化山羊和绵羊的地方，而托罗斯山脉南部的恰约尼遗址则发现了世界上最早的家猪，以及人类最早发现并使用的天然纤维亚麻布。

黎凡特及周边地区成为人类最早的农牧业革命中心并不奇怪，因为这里正好拥有世界上最多的容易驯化的动植物，而在非洲和美洲地区，大多动物直到今天还难以驯化。农业、畜牧业的出现，使人类从采集、狩猎为主的攫取型经济转变为以农牧业为主的生产型经济，从食物的采集者转变为食物的生产者。不过从采集、狩猎向农业转变的最初是出于对大自然气候变化导致采集、狩猎资源匮乏的无奈。通过考古可知，在农业革命初期，农民与被他们取代的采集、狩猎者相比，身高变矮了，营养变差了，疾病增多了，连寿命也变短了。不过由于单位面积养活的农业人口要远比同面积采集、狩猎人口更多，农业部落在与采集、狩猎部落发生冲突时有人数上的优势，因此随着农业部落的扩张，采集、狩猎者都被排挤到了不适合农耕的丛林与荒漠地区。

农业生产从播种到收获要经历一段相当长的时间，人类生活因而由游猎向定居转化。于是，新石器时代的农业村落取代了旧石器时代的流动种群成为人类最基本的生活单位，而城墙作为农业时代系统的防御工事也在这一时期开始出现，在黎凡特的约旦河谷就发现了人类已知最早的防御性大型聚落——世界第一座古城耶利哥。

耶利哥又名杰里科，本意是"月亮城"和"香料城"，因为棕榈树茂盛，又被称为"棕榈树之城"。该城位于以色列耶路撒冷与约旦首都安曼之间，低于海平面300多米，是世界上"最低的城市"。该地区气

耶利哥城墙遗址

候干燥、雨水稀少，全靠地下丰富的泉水才形成沙漠里的一片绿洲。耶利哥居民掌握了高超的燧石工具制作技术，并开始制盐和出口盐。盐不但是人类生存的必需品，而且人们用盐腌食物。制盐业带来了巨大利润，让位于低地绿洲的耶利哥迅速崛起，成为大型的聚落，为保护当地的盐矿，耶利哥居民开始建筑人类最早的城防设施。

耶利哥城的主要建筑材料包括夯土、土坯、砖泥和石块。夯土主要指通过重物砸土，挤压泥土中的空隙让泥土变得结实，制成夯土墙；土坯指在模型里制成的方形黏土块，主要用来盘灶、盘炕、砌墙，在现代农村还经常可以看见土坯房；泥砖是这一时期最伟大的发明，这些砖是用烂泥加上芦苇再晒干的办法制成的面包砖。在约公元前 8000—前 7500 年，耶利哥出现了人类最早的防御性的建筑——防御塔、城墙和壕沟。石砌的防御塔直径 10 米，高达 9 米，有 22 级阶梯可直通顶端，周边的城墙厚 2 米，最高超过 6 米，用雕凿规整的石块垒成。城墙外还有一条宽 6.44 米、深 2.75 米的壕沟，城内面积超过 4.8 万平方米，人口为 2000—3000 人，是人类保存至今的最古老的城墙遗址。

城墙的出现为人类文明提供了更坚固的载体，除了城防建筑外，耶利哥城内的民居建筑也处于领先地位，各类民居用土坯建成，其中较高档的方形大房间被几个小屋子围绕，屋前带有庭院，室内设有壁炉，墙壁用灰泥粉刷，地板用红色或粉红色的石灰石铺垫，上盖有芦苇编织的地毯。在耶利哥城内还有专门用于手工业的作坊和祭祀神庙，神庙内设神龛和与人同高的雕像，还有一个用灰泥塑成面部的人类头骨，眼睛用贝壳镶嵌。

在耶利哥古城兴建之后，约旦河谷地区兴起城墙建设的浪潮，在耶利哥附近的艾因加扎尔遗址和贝达遗址的人口分别有3000人和1000人，外有石砌的围墙，内有土坯方形房屋，规模和城建都堪比耶利哥，约旦河谷是当时世界上城防建筑最发达的地区。

### 三、中国的农业革命

新月沃地是亚欧大陆西部的农业革命中心，中国则是亚欧大陆东部的农业革命中心，在湖南道县玉蟾岩遗址发现了距今大约1.2万年的古稻谷，玉蟾岩的稻谷尚未完全驯化，兼有野稻、籼稻、粳稻的特征，体现了从普通野生稻向栽培稻演化初期的原始性状。此外，在江西万年仙人洞遗址和广东英德牛栏洞遗址也出土了约1.2万年前的水稻硅质体或硅石，证明中国最早的农作物出现时间和新月沃地大体相同。不过也有学者认为玉蟾岩、仙人洞等地发现的稻谷均仅有谷物而无谷根、谷秆，亦无稻田，因此也有可能是采集而非种植产物。

在玉蟾岩、仙人洞出现古稻谷之后，在长江中游地区产生了以彭头山文化（距今约9000—7600年）为代表的一批定居聚落。湖南澧县彭头山遗址出土了大量的稻谷及夹炭陶器，并发现有木骨泥墙的地面建筑。而在湖南常德所发现的华垱遗址中，不但发现了长江中游地区最古老的半地穴式房屋，还发现了一段壕沟，在这段壕沟内侧，还依附有一小段堆筑近生土的土垣状堆积。考古人员认为，这段土堆是用从壕沟中挖出的土垒筑而成的土墙，可见大体与"世界第一古城"耶利哥处于同一时期，中国也出现了具有防御设施的聚落。

和亚欧大陆西部仅有一个新月沃地农业革命中心不同,中国同时拥有长江流域与黄河流域两个农业中心,长江流域地区培育出的农作物是水稻,黄河流域地区培育出的农作物则是粟和黍。河北武安的磁山文化遗址被认为是粟和黍的起源地。磁山文化开始于约公元前 8000 年,大体与"世界第一城"耶利哥处于同时期,其最早驯化的农作物是黍(也叫糜子,去皮后称黄米),其年代距今约 10000—8700 年。到距今 8700—7500 年,粟也开始被种植,粟去壳后叫小米,最初由野生的狗尾草驯化而来,又叫谷子、禾、稷,在古代,农作物被统称为"五谷"。"社稷"则用来代表国家。社是社神,主管土地;稷是稷神,主管五谷,可见粟(稷)在中国古代农业中的地位之重。虽然现在不管南方还是北方都不再以粟米为主食,但在唐代以前它却是中国最重要的粮食作物,唐代以后小麦才开始逐渐替代粟、黍成为北方主食。

有部分专家认为,在磁山文化遗址出土的家鸡骨骸是已知世界上最早的家鸡骨骸,而其出土的家猪骨骸是中国最早的家猪骨骸,从而证明磁山是世界上公认的家鸡发祥地,而世界上最早的家猪虽然出现在西亚,但研究表明,中国、欧洲等地的家猪是分别从当地的野猪驯化而来的。起源于中国的本土猪多为黑毛猪,而目前市场上销售的大都是起源于英国的约克夏大白猪。

狗尾草

粟

## 四、新石器时代的手工业革命

伴随农业革命而来的是手工业革命。陶器与磨制石器的普及、农牧业的出现,被称为进入新石器时代的三大标志,但实际上陶器早在旧石器时代晚期就已经出现。远东地区在陶器制作方面走在世界的前列,中国江西万年仙人洞中出土的 2 万年前的陶罐碎片是目前世界上已发现的最早的陶罐碎片①。此外,在日本与东西伯利亚地区也都发现了万年前的陶器。陶器可以用来贮存物品,也使人们在烧烤之外又增加了蒸煮等处理食物的方法。制陶揭开了人类继用火之后利用化学变化改变物质属性的新篇章。

在东亚地区,陶器的出现远早于农业,但在西亚地区的大多数遗址中,农牧业出现在使用陶器之前,考古学上称为无陶新石器时代,或前陶新石器时代。如果单从年代上看,西亚地区的伊朗甘吉达雷遗址、土耳其贝尔狄比遗址都发现了 1 万多年前的陶器,和农业出现大体同时,由于西亚陶器出现时间早于西亚和东亚两地之间的中亚地区,所以可以确定西亚的陶器是独立起源的。但是和东亚不同,西亚陶器在早期并没有普及起来,这是因为早期的陶器未经高温烧制,气孔犹存,不能盛水,所以西亚的人们更多用当地盛产的白色石膏做容器。

磨制石器和陶器同为新石器时代最重要的手工业制品,磨制石器指先将石材打磨成适当形状,然后在砥石上研磨加工而成的表面磨光的石器,又称为新石器,所谓新石器时代,就是以使用磨制石器为标志的人类物质文化发展阶段。原始人在寻找制作工具的石料时,还发现了许多适合制作成工艺品的宝石,进而发展出宝石加工工艺。广义的宝石包

---

① 2012 年北京大学考古文博学院吴小红教授和张弛教授等在美国《科学》(*Science*)杂志上发表的关于《中国仙人洞遗址两万年陶器》的文章,证实万年仙人洞陶器出现的时间为 2 万年,是目前世界已发现陶器的最早年代。该发现曾被《美国考古学杂志》(*American Journal of Archaeology*)评为 2012 年全球十大考古发现之一。

括宝石和玉石两大类，中国就盛行玉石文化。所谓"美石为玉"，广义的玉包括各种晶莹剔透的美石，而不是特指某种石头。现代宝石学家又将玉的范围缩小，分为缅甸硬玉翡翠（硬度一般为6.5—7）和中国软玉（硬度一般为5.6—6.5）两大类。其中狭义的玉特指中国软玉，主要成分是阳起石和透闪石，专业人士把透闪石成分占98%以上的石头都命名为和田玉，而不是大众所认为的和田玉专指和田生产的玉石。软玉是中国的特产，公元前6200—前5400年的兴隆洼文化是中国最早的玉文化遗址，这里发现了用于耳饰的圆形玉玦等玉器制品。在青铜器出现之前，玉器一直是中国最重要的礼器，新疆的和田玉、河南的独山玉、辽宁的岫玉、湖北的绿松石号称中国四大名玉。其中的绿松石又称土耳其玉，也是伊朗高原特产，因经土耳其运进欧洲而得名，也是这时期在西亚流行的宝石之一。除绿松石外，西亚还流行来自地中海或者红海的玛瑙、贝壳，阿富汗的天青石，土耳其山脉的黑曜石等宝石。这些宝石是当时最主要的贸易交换品，在地中海黎凡特地区遗址发现了远阿富汗的天青石，说明宝石贸易路途之远。

宝石贸易让盛产宝石的安纳托利亚高原繁荣起来，安纳托利亚高原又名土耳其高原，位于亚洲西部的小亚细亚半岛，属土耳其，安纳托利亚是希腊语中"上升、东方"之意，是亚欧大陆的交界地。其北临黑海，南临地中海，西至爱琴海，东南的托罗斯山脉是安纳托利亚高原和最早农业中心黎凡特的分界线。黑曜石是安纳托利亚高原最常见的宝石，它是一种火山石岩，随火山喷发而来。对比中国软玉，黑曜石在大自然中分

黑曜石

布更为普遍，用途也更为广泛，软玉基本上只能做装饰品和礼器，而黑曜石却能用于制造工具和武器。位于安纳托利亚高原的加泰土丘是当时西亚黑曜石的生产与加工中心。加泰土丘，存在时间为公元前7500—前5200年，在遗址中发现了大规模的黑曜石专业作坊和丰富的黑曜石制品，包括箭镞、矛头、镰刀、手镯、项链等50余种制品，这其中还包括用黑曜石制作的世界上最早的镜子。

除了发达的黑曜石制作工艺外，加泰土丘的农牧业产品也比耶利哥丰富，牛在这时期已经被驯化。手工业方面出现了用纺轮编织的亚麻纺织品，遗址中发现的陶窑让高温烧制成的陶器得以替代石、木容器成为最重要的贮存器。加泰土丘所产纺织品、黑曜石石料和陶制器及其他各类手工制品被大量运往各地交换，在叙利亚和伊拉克北部各村落出土了大量加泰土丘制作风格的物品。

加泰土丘面积达13.8万平方米，遗址在一道防御的土墙内，所有房屋背靠背连成一片集群，之间没有街道，四周没门，只能从屋顶通过梯子和土台进出，同时这也是唯一的通风口，这能有效防御野兽的进攻，整个建筑群就像是一个大蜂窝，要通过彼此的屋顶才能进入各自的

加泰土丘大型房间中的牛头像

家。房屋以石为基，用泥砖砌成，墙壁和地面用石灰粉刷，并设有炉灶、柜子、平台和长凳，重要房间的地面铺小石子儿或卵石，居民死后直接葬在房屋下，在灶台和地板下都发现了人类的骸骨。这样的房屋遗址有上千座，学者估计此地人口为 5000—8000 人，远超过之前的耶利哥，是当时世界上最大的居民点。

加泰土丘遗址中还有一些大型房间，房屋墙上装饰有壁画、浮雕、神像和牛头等。其中有的牛头竟有四个牛角，说明人们已开始神化崇拜的动物。加泰土丘壁画和以前时代壁画不同的是，过去绘画都是画在山洞岩壁上，内容多是动物画，而加泰土丘壁画是人工建筑物上最早的一批作品，并且内容多种多样，不仅有动物画，还有其他狩猎、舞蹈、人物等绘画。其中一幅描绘周边双峰火山爆发的写实画，被称为世界上最古老的风景画，这幅画可能蕴含着祈求火山爆发的意义，因为让加泰土丘繁荣的黑曜石正是随火山爆发而来的。

## 五、铜石并用时代

在宝石加工工艺的基础上，金属加工业也发展起来，人类最早认识和利用的金属是铜。虽然现在铜比铁稀少昂贵，但是由于天然单质状态的铁远比天然单质铜稀少，而铁矿石的熔点更高，比铜更难冶炼，使得铜比铁更早被人利用。自然界中存在天然的纯铜块和多种含铜的矿物，它们大多色彩鲜艳，从外形上很容易分辨，如天然的纯铜呈紫红色（故称红铜）、黄铜矿呈金黄色、蓝铜矿（石青）呈深蓝色。新石器时代人们将这些含铜矿物视为鲜艳而又坚韧可锻的"宝石"，通过锤打方法将其制成多种器物。

人类最早的铜器就是通过打制而非冶炼方法制成的，在距今 1 万年的伊拉克扎维凯米-沙尼达尔遗址、伊朗西南部的阿里库什遗址中就发现了天然铜块打制成的铜珠，距今约 9000 年前的土耳其恰约尼遗址和叙利亚穆赖拜特遗址也出现了用铜矿石直接打制的钻孔珠、扩孔锥、别针、铜珠等物品。

虽然原始人很早就开始锻造使用天然铜矿，不过由于天然铜矿比宝石还要稀有，所以早期铜制品远比宝石、玉器还要稀少，在土耳其安纳托利亚黑曜石制品兴盛的同时，另一种常见宝石孔雀石也非常流行。孔雀石是一种常见玉料，因其翠绿斑斓的色彩酷似孔雀羽毛上的绿色斑点而得名，这种绿色斑纹源自其极高的含铜量，正是岩石中的铜矿物氧化产生的铜绿把岩石染成绿色。孔雀石不但自身含铜量高，并且多与其他含铜矿物（石青蓝铜矿、黄铜矿、辉铜矿、赤铜矿、自然铜等）伴生，因而有孔雀石的地方就有铜矿。

这个时期以加泰土丘为代表的安纳托利亚地区烧制陶器的技术已相当成熟，出现用封闭式陶窑烧制而成的精美彩陶，其烧成温度高达1000℃度左右，而冶铜需要的温度正好是1000℃，因此能用封闭式陶窑烧制陶器的民族已经具备冶铜的能力。人们通过加热铜的伴生矿孔雀

孔雀石
绿色的孔雀石是冶铜的原料，最早的冶铜技术正是从与孔雀石相关的宝石文化发展而来。

石发现，孔雀石经高温后会熔解出铜液，铜液可以随意成形，冷却后又变硬，能进行敲打锻造，从而掌握了提取铜的技术。当然将孔雀石这种宝石拿去烧最初可能是出于意外，也有可能是出于祭祀的需要，如中美洲奥尔梅克人就常将玉器作为祭祀仪式的一部分放入火中。

最早冶炼出的纯铜的莫氏硬度[①]为3，还比不上孔雀石的硬度（5），其实就连后来普遍使用的铁（硬度为4—5）、不锈钢（硬度为5.5）的硬度都远不能和原始人常用的石器——燧石（硬度为7）——相比。不过金属没有石器易碎，而且可以回收修复，同时因为金属延展性好，可锻可熔，能制成形态多样化的工具，不像石头只能通过打磨加工，大小长度受石材限制，造型有限。纯铜虽然很软，但是经过锤打锻造后，就能提高铜器的硬度。冶铜技术的出现标志着人类进入红铜时代，铜因自身的多种优良特性被制作成工具、装饰品和武器，而石器则因其廉价和硬度的优势在生产上仍占主要地位，考古学上把这样一个铜器和石器同时存在的时代称为金石并用时代，或铜石并用时代。

作为宝石文化中心的加泰土丘也是人类文化史上的早期冶金中心之一，加泰土丘西边山丘的考古发现展示了公元前6200—前5200年从新石器时代到铜石并用时代的演变。早在约公元前6000年这里就出现了铅制饰物，约公元前5800年又出现铅铜合金的珠、管等饰品，在房间壁画颜料中使用的石青、孔雀蓝等表明此时已较多利用矿物原料，遗址中发现的红铜渣证明冶铜的存在，加泰土丘冶炼铜器在周边地区遗址多有发现，说明加泰铜器已成为常见贸易产品。

然而冶金术的出现并没能阻止加泰土丘走向衰败。从约公元前6000年开始，加泰土丘人口不断减少，只剩下3000人，到约公元前5200年最终废弃。大体同时，在过去领先的黎凡特地区的耶利哥等聚

---

[①] 莫氏硬度，又称"摩氏硬度"，表示矿物硬度的一种标准，由德国矿物学家腓特烈·摩斯首先提出。

落也迅速走向衰落，沦为荒丘。这些早期大型农业聚落衰败的根本原因是原始农业"刀耕火种"的耕作方法对生态破坏极大，久而久之，土地粮食产量越来越低，逐渐种不出粮食。等到周边的土地都开垦完毕，多余的人口就只好移居出去，如果正好遇到干旱降临，那么像加泰土丘、耶利哥等大型聚落就免不了走向衰落。

  在黎凡特和安纳托利亚农业聚落走向衰败的同时，也正是东南部两河流域平原兴起的时候，这很大程度受来自黎凡特和安纳托利亚的移民影响，天然降水的减少导致人们前往低地的两河流域开始进行人工灌溉。人类文化中心就此转移到像两河流域这样的大河平原地区，这些区域灌溉便利、地势平坦、沃野千里，利于农作物培植和生长，在这些大河地区发展出不同于临时性耕作——刀耕火种的原始农业——的长久性耕作——"灌溉农业"。灾难在给人类带来困苦的同时，也让人类再次实现了技术飞跃，灌溉农业结束了人类刀耕火种的迁移农业阶段，让一小片土地也能养活密集的人口，人类开始进入长久定居阶段，并促进了人类最早文明的出现。

## 历史大事件对照表

| 东亚大陆 | 新月沃地 | 小亚细亚 | 欧洲 | 日本列岛 | 扎格罗斯山脉 | 东南亚 | 美洲 |
|---|---|---|---|---|---|---|---|
| 约公元前10000年以前留存的今湖南道县玉蟾岩、江西万年仙人洞遗址、广西甑皮岩等洞遗址发现有水稻遗存。约公元前8000年留存的今湖南澧县彭头山遗址已是具有防御设施的聚落。公元前8000—前5000年留存的今中国河北武安的磁山文化遗址是世界上最早栽植粟的遗址，并出现家养的鸡、猪。 | 约公元前10000年留存的今西亚叙利亚阿布胡赖拉遗址是已知叙利亚最大的新石器时代遗址，为农业起源的研究提供了可靠的素材。公元前8000—前7000年留存的今西亚约旦河口的耶利哥遗址出现石砌防御塔、围墙和壕沟，被称为世界第一古城。 | 约公元前10000年留存的今小亚细亚东南部乌尔法哥贝克力山丘上的石阵是已知世界上最大的新石器时代的最古老的神庙。公元前8000—前7000年留存的今小亚细亚恰约尼文化遗址发现使用铜矿石直接打制的钻孔石、铜珠、扩耳器，别针及铜质等物品，还有最早的家猪以及亚麻纺织物。公元前7500—前5200年，小亚细亚加泰土丘人口达到6000多人，出现陶器、彩陶、冶炼铜器和已知最早的镜子。 | 公元前10000—前8000年，欧洲进入以法国阿泽利文化为代表的中石器时代。约公元前8500年留存的今德国汉堡的阿伦斯堡遗址出现这今世界上可确认的最早使用弓箭的实例。公元前8000—前6000年，欧洲北部沿海盛行马格勒莫泽文化，渔叉、渔网的使用已相当普遍，并有木桨和独木舟等重要工具。 | 公元前10000—前300年的日本绳文文化时期，以绳纹陶器、地穴住宅为主要特征。其晚期出现小型农业。今日家被誉为"日本绳纹文化之根"的典型遗址鸟浜贝冢发现了日本最早的独木舟和漆器。 | 约公元前8000年留存的今伊朗扎格罗斯山周边的伊朗甘吉达雷遗址、伊拉克的扎维凯米-沙尼达尔遗址分别是已知最早驯化山羊和绵羊的地方。 | 公元前8000—前6000年留存的属于东南亚和平文化的泰国仙人洞遗址已有磨制石器。在遗址中还发现了东南亚最早的绳纹陶器——手制绳纹陶，并有蚕豆、黄瓜、葫芦和块根块茎作物，不过并没有发现谷物的种植痕迹。 | 公元前8000—前5000年，中美洲地区居民的族群开始种植豆类、辣椒、鄂梨、南瓜和葫芦。 |

# 第二章
# 大河流域的兴起
## （公元前 6000—前 2900 年）

中东、印度、中国和欧洲这四块地区的肥沃的大河流域和平原，孕育了历史上最伟大的文明。这些文明使欧亚大陆成为起重大作用的世界历史中心地区。

——［美］斯塔夫里阿诺斯,《全球通史》
（Leften Stavros Stavrianos，1913—2004）

农业革命使人类从食物的采集者转变为食物的生产者，最初的农业中心也是最早的农作物驯化基地。世界上能够驯化成农作物的植物是有限的，有些地区由于没有任何可供驯化的植物，所以无法成为农作物驯化的基地。而黎凡特与中国这两个地区由于是大量重要农作物的野生"祖先"的聚集地，因此成为最早的两大农业革命中心。

农作物生长离不开水源，原始农业完全依靠天然降水，这不仅难以满足农作物生长的需要，也限制了农业向干旱地区扩张。人们在完成驯化农作物这一伟大革命后，又开始了第二次伟大的冒险，那就是迁移到大河流域地区，尝试引水灌溉以弥补天然降水的不足。这次伟大的尝试，使大河流域地区发展出生产率更高的灌溉农业，以及复杂的社会制度，最终促成了文明的出现。

那么最早的大河文明出现在哪里？将会有哪些大河流域发展出文明？各大河流域的地理特征又会使各文明形成哪些不同的特点？为什么在有些大河流域没能形成文明？中国的大河流域地区在这一时期发展如何？神话传说中的故事能否帮助我们了解这段上古历史？

两河流域与黎凡特同属新月沃地，这里也是最早大规模发展灌溉农业的地方，本章的内容也将从两河流域这片古老的土地开始。

## 第一节　两河流域

> 耶和华神在东方的伊甸立了一个园子，把所造的人安置在那里……有河从伊甸流出来滋润那园子，从那里分为四道：第一道名叫比逊，就是环绕哈腓拉全地的。在那里有金子，并且那地的金子是好的；在那里又有珍珠和红玛瑙。第二道河名叫基训，就是环绕古实全地的。第三道河名叫底格里斯，流在亚述的东边。第四道河就是幼发拉底河。
>
> ——《圣经·创世记 2：8》

## 一、两河流域的史前文化

两河流域是西亚文明的发源地。今日位于两河流域土地上的国家主要是伊拉克。"伊拉克"一词,在阿拉伯语中意为"血管",特指两河流域像血管一样密集的水网。两河即发源于土耳其境内亚美尼亚高原的底格里斯河及幼发拉底河,在《圣经·创世记》中,人类最早的祖先亚当、夏娃居住的伊甸园里有四条河流,其中的两条就是幼发拉底河和底格里斯河。两河在伊拉克南部巴比伦尼亚汇合成阿拉伯河,注入波斯湾,两河冲击而成的美索不达米亚(意为古希腊语"两河之间的土地")平原是西亚最大的平原。两河平原东以伊朗高原西缘的扎格罗斯山脉为界,南临波斯湾,西与叙利亚草原及阿拉伯沙漠为邻,北隔托罗斯山脉与小亚细亚半岛分界,平原地势低平,从北向南降低,平均海拔 200 米以下。

在地理和文化上,两河流域大致可以今天的巴格达-萨迈拉为界分

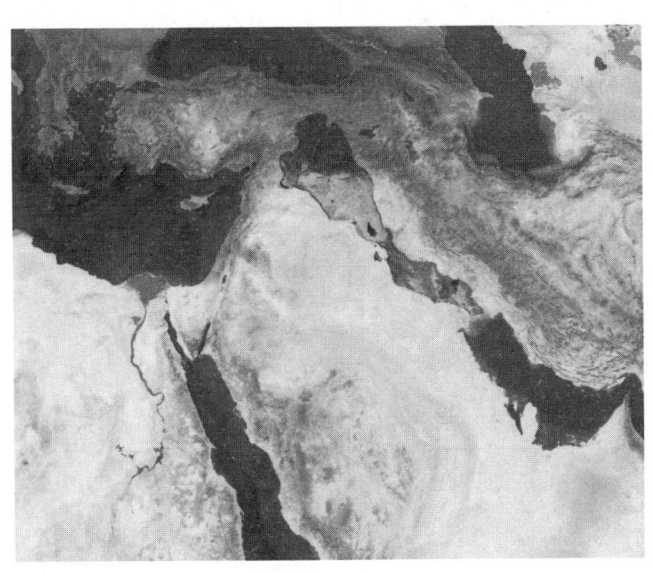

两河流域

为南、北两部分，北部高地的丘陵地带被称为亚述，南部平坦的冲积低地被称为巴比伦尼亚。巴比伦尼亚又可以圣城尼普尔为界，再分为南、北两部分，尼普尔以北地区被称为阿卡德，尼普尔以南毗邻波斯湾的湖池沼泽地被称为苏美尔，这些不同地区的名称来源于各地曾经兴起的文明。

大体上两河流域的文明呈现自南向北发展的趋势，两河流域南部的巴比伦尼亚是两河文明的发源地，而巴比伦尼亚南部的苏美尔则是巴比伦尼亚最早出现文明的地区。但在新石器时代两河流域的文化进程却是颠倒过来，由北向南发展，这是因为两河流域地区的降水量从北向南递减，从北部的年平均500毫米，到南部逐渐降为不足100毫米，温度则从北向南升高，巴格达七、八月平均气温才34℃，而最南部波斯湾第一大港口巴士拉最高纪录温度达58.8℃（1921年7月8日），被称为世界的热极。比高温更可怕的是不可预知的洪水，每年春季两河上游山脉的积雪融化入河，造成河水泛滥，水量随上游山区雨雪量的多少而变化。两河流域北部地势较高，河水泛滥只能淹及沿岸地带，而两河流域下游的南部低地因洪水滞积成为沼泽地带，因两河相距较近，泛滥的时间常有交错，若遇雨量较大而两河又同时发生洪水，下游的南部低地便会成为一片汪洋。这片烈日蒸晒、干旱贫瘠、洪旱交织的荒原，资源稀缺，缺乏金属、石料、木材，土壤又干又硬，一年中不适合农作物生长的时间多达8个月。正因如此，在新石器时代早期，美索不达米亚南部的巴比伦平原地区人烟稀少，只居住着一些渔民，而北部雨水丰沛的丘陵地带则成为早期的农业中心。

两河流域东北部的耶莫遗址是西亚早期重要的农业遗址，其年代为公元前7000—前5800年，耶莫遗址的居民已懂得生产彩陶，并能够加热美索不达米亚盛产的天然沥青提炼出石油作为燃料，使用沥青为器物上色，以及用作物品黏合、镶嵌、塑型材料，这是人类最早利用沥青的记录，沥青也是人类最早运用的石油产品。

到约公元前 6000 年，底格里斯河上游两岸出现哈苏纳文化。哈苏纳村民用泥块建成房屋，遗址中发现了精美玉髓珠串以及已知世界上最早的印章。印章的出现说明社会开始出现私有化现象，印章被盖在房门、陶罐、包裹等器物的封泥上，如果打开，印泥就会被损坏，无法恢复，可以防止保管员或送货员擅动，以作信验。哈苏纳文化最重要的成就是掌握了农业生产中防洪排涝和蓄水调节灌溉的技术，哈苏纳人挖掘了许多水渠，与天然水塘、河流相接，用于引水浇灌离河流较远的农田，灌溉农业的出现成为两河文明诞生的关键之一。

到约公元前 5500 年，在哈苏纳文化附近的萨迈拉地区出现了萨迈拉文化，萨迈拉文化时期出现了有围墙和壕沟的大型聚落，在纺织业中已经开始普遍使用陶纺轮，在农业方面发现了使用牛耕的痕迹，灌溉农业也得到进一步发展。萨迈拉人是最早大规模发展防洪灌溉的民族，也正是这项技术解决了美索不达米亚南部冲积平原洪灾肆虐、雨水稀少等问题，让该地区低地平川、便于灌溉的优势逐渐显现出来，于是两河流域南部原本渺无人烟的巴比伦尼亚地区开始出现了人口迅速增长的居民点。

美索不达米亚南部冲积平原的早期农业文化被称为欧贝德文化①，该文化因最早发现于伊拉克最南端波斯湾

两河流域史前时期的女性雕像

---

① 欧贝德文化有时又特指两河流域地区以欧贝德文化为主导的欧贝德文化时期（公元前 4300 年—前 3500 年），欧贝德文化遗址出现的时间远早于两河流域的欧贝德文化时期。

沿岸的欧贝德遗址而得名。欧贝德起初是一个渔村,两河下游地区河网密布,渔业发达,由于两河南部缺乏木料,居民大都住在简陋的芦苇棚内,并用芦苇造船,在外面涂上一层天然沥青防水。到约公元前5500年,欧贝德文化的居民学习北方萨迈拉文化的防洪灌溉技术,在大河边挖掘沟渠,修建堤坝,通过防洪排涝、蓄水灌溉等方法,成功将南方沼泽洼地变为良田,完成了从渔民到农民的转变。除种植大麦、小麦外,椰枣(其果实俗称"伊拉克蜜枣")也是这里重要的种植物,椰枣树耐旱、耐碱、耐热,是热带和亚热带干旱地区的理想种植物,是中东地区人们的主食之一,被称为"沙漠面包",有"七个椰枣就是一顿饭"的俗语,直到现在,伊拉克的椰枣产量与出口量都长期占据世界第一。

约公元前5000年,安纳托利亚的冶铜技术传入两河流域,在美索不达米亚北部出现了铜石并用的哈拉夫文化。到约公元前4500年,哈拉夫文化的冶铜技术传入南方,美索不达米亚南部欧贝德文化就此进入三期铜石并用阶段。除了铜器外,还出现了陶制的镰、斧,陶镰、陶斧要比石镰、石斧更容易制作,并且可以批量生产,更适应农业发展对收割工具的大量需求。在欧贝德三期遗址中还出现了泥塑帆船模型,表明苏美尔人已懂得利用风能来加快船速。在这一时期,欧贝德文化的发展程度已经逐渐赶上并超过北方的哈拉夫文化,这在考古上表现为欧贝德文化类型的陶器的快速扩张,其向西南延伸到沙特阿拉伯半岛东部海岸,向东到达伊朗高原,向北到达土耳其南部,几乎覆盖两河流域全境,到约公元前4300年,欧贝德文化的陶器已经完全替代北方哈拉夫文化的

欧贝德文化陶器

陶器。欧贝德人用陶器换回阿富汗天青石、叙利亚和托罗斯山脉的银、铜、锡、红海珊瑚和贝壳等。在手工业和贸易的刺激下，美索不达米亚南部的苏美尔地区出现了最早的城镇中心——埃利都。

## 二、"王权从天而降"

埃利都是苏美尔神话中的第一座城市，目前还不能确定欧贝德人与创造两河流域最早文明的苏美尔人之间的关系，在过去，一般认为苏美尔人属于外来者，因为他们讲的是和周边民族完全不同的语言，和乌拉尔-阿尔泰语系有一定的相似之处，但区别也十分明显，是一种孤立的语言，而一般认为两河流域的原始居民是操闪米特语①的民族。苏美尔人称自己为"黑头人"，不过今日两河流域的阿拉伯人也是黑头发，从雕像上看苏美尔人都是高鼻梁、深眼窝、大眼睛，和现今当地阿拉伯人的主要差异是较少留茂密的胡须。从考古发掘上看，自公元前53世纪到前46世纪的早期欧贝德文化开始，巴比伦南部苏美尔地区的居住文化就是连续的。可见不管最初的欧贝德人是否为苏美尔人，苏美尔文明都是承继欧贝德文化发展而来的。

根据苏美尔神话，这个世界最初只存在混沌女神纳穆（Nammu），由她生出"原始之海"和"天地之山"，并孕育出"天地之神"安启（Anki）。安启是苏美尔的创世神，他创造世界后自解全身，分离为"天空之神"安（An）和"大地女神"启（Ki）两位大神，整个世界也被分为天界、大地和深渊三大部分。而后安和启结为夫妻，生下"空气与大地之神"恩利尔（Enlil）和"深渊之神"恩奇（Enki），分管大地和深渊。安、恩利尔、恩奇合称苏美尔人的三大主神，"大地女神"启先后与三大主神结婚，最后成为恩奇的妻子——生育女神（神母）宁胡尔

---

① 闪米特语族的分支语言包括阿拉伯语、希伯来语、腓尼基语等。

萨格（Ninhursag）。恩利尔的长子月神南纳（Nanna）是仅次于苏美尔三大主神与神母宁胡尔萨格的天神，南纳意为"天主"，在苏美尔人的神话中，月亮的地位高于太阳，月神南纳正是"太阳神"乌图（Utu）的父亲。

苏美尔诸神的创世工作经历了6个世代，第七代之后的神不愿继续从事创造的工作，水神与智慧之神恩奇便提议让众神创造人类代替神祇从事创造活动，于是四大神：天神安、空气与大地之神恩利尔、深渊与智慧之神恩奇和生育女神宁胡尔萨格创造了黑头的人（苏美尔人）和舒适的环境给动物居住和繁衍。然后诸神在洁净的地方建立了五座城市作为祭祀中心，其中的第一座就是埃利都。

埃利都位于幼发拉底河汇入波斯湾的入海口，是美索不达米亚各城邦中最南边的一座，始建于公元前5300年。在苏美尔神话中，埃利都是由水神恩奇建立的世界上第一座城市，他们的创世神话说："起初，世界上什么都没有；后来就有了第一座城市——埃利都。"《苏美尔王

埃利都复原图

表》开头也写道:"王权从天而降,落在了埃利都,阿鲁利姆为埃利都国王,他统治了 28800 年。"

在埃利都遗址发现了苏美尔地区最早、最完整的神庙建筑,最初的神庙仅为一个简单祭室,面积不过 4 平方米,但是其规模、面积和内部构造始终都在发展。到约公元前 4000 年,神庙面积已扩张到 276 平方米,建在 5 米高的台基之上,神庙内不仅有祭祀的殿堂,还有供神职人员住宿的房间和使用的仓库,显示出清晰的神庙结构和设施。

埃利都神庙是聚落最中心、最重要的建筑,整个聚落就是围绕着神庙组建起来的,宏伟泥砖结构的神庙和周边贫民的芦苇小屋形成了鲜明的对比。这意味着神庙是聚落活动的中心,也是最早的公共权力机构,在这里可以看到世界上最早的城邦组织雏形。埃利都神庙影响了两河流域的城镇规划格局,后来两河流域所有早期的城邦都是以神庙机构为中心组建起来的。神庙不仅是受众人膜拜的圣地,也是城邦的政治、经济、文化中心,作为公共权力机构的中心,神庙和专门的神职住房的出现意味着生产剩余增加并向少数人集中,一个新的阶级——祭司——形成了。祭司从原始社会巫师演变而来,他们是人类社会最早的一批知识分子。虽然在今天看来,这些祭司与巫师的巫术和见解十分荒谬,但是在对世界认识极度匮乏的古代,人类最早的知识正是靠他们发现和传承的。祭司也因此成了人类社会最早脱离生产活动的专职人员,并因信徒们的崇拜成为权力的掌握者。在苏美尔神话故事中,诸神都是通过众神会议共同作出重大决定的,这反映了当时神庙里的祭司们可能也是通过召开会议共同行使公共权力的,从此由祭司阶层在神庙里举行的公共会议取代了原有的部落氏族会议,成为聚落最主要的权力机关,祭司阶层成为当时最早的权贵阶层,苏美尔人也由此进入阶级社会。

在阶级社会之前,人类社会中和动物一样存在不平等现象,猴群中有享受种种特权的猴王,原始人群中也有掌握领导权的首领,但是阶级社会与原始社会、动物世界的等级制度有两大区别：

一是阶级出现和社会分工有关，统治阶级出现职业化，脱离生产劳动；而原始社会的不同等级间虽然有优先权的区别，但首领往往依然需要参与生产劳动。

二是阶级社会存在稳定的首领制度，乃至首领世袭制，而原始族群没有正式化或世袭的领导，首领位置随时都会被替换，好比狮群领袖往往没过多久就会因单挑失败失去首领位置，根本轮不到安排其子继位。

早期的阶级社会被称为酋邦，美国文化人类学家埃尔曼·塞维斯在《国家与文明的起源》一书中指出：人类社会的政治组织大体经历了游群、部落、酋邦、国家四个连续发展的阶段，其中游群一般只有几十人，对应为食物奔波而采集和狩猎的旧石器时代；部落有几百人，对应新石器时代的氏族社会；而酋邦则有成千上万人，是国家之前的早期阶级社会阶段。

一般认为，酋邦产生的原因有以下三点：一是需要将分散的劳动力组织起来从事大规模的生产建设。二是经济上的集中和再分配，由于出现阶级分化与社会分工，统治阶层需要通过强制手段将财富分配给那些不直接从事经济生产的人。三是由于酋长管辖地的人口更多，更容易造成内部冲突，所以需要赋予酋长使用武力、调解纠纷的权力。不过酋邦缺乏国家那样行使强制力制裁的暴力机构和法律机制，所以这种社会大部分是通过宗教实施管理，酋长通过与神祇的特殊关系使民众臣服，让其统治成为神的旨意。在这种用宗教来实施管理的神权酋邦中，祭司阶层属于社会结构的顶层。各氏族长老也有权参与酋邦的重要决策，处理本氏族内部的事务。各氏族成员则接受各氏族长老的领导，服从神权酋长的统治。

埃利都遗址正是神权酋邦的典型，美索不达米亚南方泛滥的河水和干旱的气候必须依靠大规模灌溉防洪系统，但这绝非一家一户所能为，必须要有中心人物将分散的劳动力组织起来从事建设。祭司通过宗教的方式掌握这项权力,并负责调解集团内部矛盾,维护社会管理的秩序,通过宗教仪式来接受贡品和行使权力,神庙成为最早的权力中心,祭司长成为最早的酋长,埃利都也成为两河流域最早的酋邦。

埃利都是南方欧贝德文化的中心,而与埃利都同期,位于两河流域上游叙利亚的布拉克遗址则是北部欧贝德文化的中心。在约公元前4200年,布拉克城市中心的面积达到40万平方米,人口达到5000人,郊区面积更大,达55万平方米,郊区外周围300万平方米的地方都显示有人居住的迹象,形成围绕布拉克的卫星村。

出现围绕中心聚落的层级聚落是酋邦在考古学上的重要特征,氏族村落只有一级决策机构,酋邦有二到三级决策机构,国家则拥有三级及以上的决策机构。三个决策机构等级类似于现在行政区域的一级(村)、二级(乡镇)、三级(县市)。围绕中心聚落布拉克的卫星村的出现,正是隶属于酋邦的村落在考古学上的体现。埃利都和布拉克这两河流域一南一北两大遗址的演变是从氏族到酋邦演变的典型例证。

### 三、女神的荣光

在欧贝德文化晚期,苏美尔地区出现了众多与埃利都一样以神庙为中心的酋邦。作为众神之父的安是苏美尔人的最高主神,掌管神界。主要的神有价值数,苏美尔人的算术是六十进制法,安是最高的价值数六十。安的主神庙在乌鲁克,而乌鲁克正是苏美尔文明的第一城。乌鲁克建于约公元前5000年,起初是个村庄,在约公元前4000年,乌鲁克发展成为城市,到约公元前3500年,乌鲁克文化已经完全替代欧贝德文化,两河流域从此进入乌鲁克文化时期,苏美尔文明由此掀开序幕。

乌鲁克城由两部分组成,一部分叫库拉巴(Kullaba),另一部分叫埃安纳（Eanna）。这原本是邻近的两个城镇，各有独立的神庙，分别供奉着天神安和天女伊南娜（Inanna）。根据史诗传说，埃安纳的国王麦斯江伽舍尔是太阳神乌图之子，有出山入海之能，他的儿子恩美尔卡尔在位时期合并了库拉巴和埃安纳两地，建立了乌鲁克，首称"乌鲁克王"，而库拉巴和埃安纳分别成了乌鲁克城的两个中心，分别对应考古发现的乌鲁克城中西部的安神庙区和东部的伊南娜神庙区。虽然安在神话中的地位远高于伊南娜，但是在乌鲁克城发展中，伊南娜神庙的规模却超过了安神庙。

伊南娜代表着金星，其形象是骑着狮子的少女，她是苏美尔神话中的性爱和丰收之神，被认为是西方性爱女神维纳斯的前身。作为性爱女神，她同时也是妓女的守护神，供奉她的女祭司以祭祀的名义将神庙当作妓院，为朝拜者提供性服务，以此代表伊南娜女神在神殿内行淫。世界上最早的妓女——圣妓——就此出现。

圣妓，又称为庙妓、神妓、圣女，是指在庙宇里生活，为朝拜者提供性服务的人。神庙圣妓不仅是合法的，更是神圣的，伴随了整个古代两河文明的始终。直到公元前5世纪古希腊历史学家希罗多德仍描述巴比伦神庙里的圣妓说："每一个当地的妇女在一生中有一次必须去神殿里，坐在那里，将她的身体交给一个陌生的男人……直到有一个男人将银币投在她的裙上，将她带出与他同卧，否则她不准回家……女人没有选择的权利，她一定要和第一个投

两河流域的伊南娜女神浮雕

给她钱的男人交欢,不管给钱多少,都不能拒绝,当她和他共卧,尽到了她对女神的职责后,她就可以回家。"圣妓制度对西方古代社会产生了巨大的影响,西方维纳斯最早就是妓女之神,后来演变成为爱与美的女神。

圣妓在两河文明中也被视为文明导师,在苏美尔史诗《吉尔伽美什》中的英雄恩奇都原为草莽野人,是圣妓诱使他进入城市,教导他知识礼仪,使他成为文明人。而在苏美尔神话中,正是妓女的守护神伊南娜给乌鲁克带来了文明。根据苏美尔神话,深渊与智慧之神恩奇建立了世界上最早的城市埃利都,并把他创造的具有重要价值的神圣与文明的要素储藏在那里,乌鲁克女神伊南娜想要得到这些文明要素,使她的乌鲁克城享有不朽的荣光。她通过酒色将恩奇灌醉,骗走了藏在埃利都的文明要素,包括神权、王位、文字、金属冶炼术等,恩奇酒醒后追悔莫及,派属下搜寻伊南娜的踪迹,不过一无所获。这个故事从一个侧面印证了埃利都(恩奇的城市)的没落以及乌鲁克(伊南娜的城市)的兴起,以乌鲁克为中心的乌鲁克文化将要替代以埃利都为中心的欧贝德文化。

对性爱女神伊南娜的崇拜是乌鲁克兴起的标志,从约公元前4000年开始,乌鲁克伊南娜女神庙不断扩大。当时,伊南娜以四种角色接受崇拜,分别是伊南娜、夜之伊南娜、晨之伊南娜、阴间之伊南娜,分别对应伊南娜圣殿、夜之伊南娜圣殿、天堂神庙、天堂与阴间神庙。在乌鲁克神庙区出现富丽堂皇、相互毗连的神庙建筑群,包括大塔庙、镶锥宫、红庙(亦称石灰石庙)、宫殿、墩柱大厅、夯土大厦等。

这些宏伟建筑内部用铺上芦苇席的土坯建造,外部用烧砖和沥青砌成。这一时期的神庙已经使用砖窑里烧制出来的砖建筑,比早期直接晒干的砖更坚固防水。苏美尔人使用沥青、沙子等制成胶泥做砖层之间的黏接物,并使用沥青做房屋建筑、下水道和排水沟的防水涂料,解决了

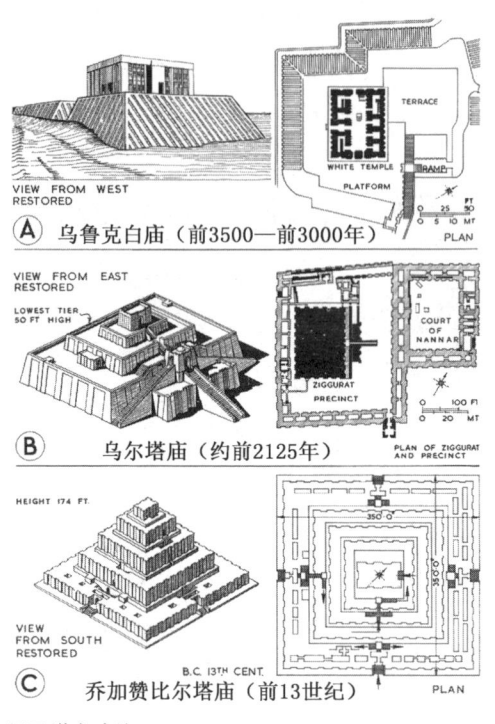

西亚塔庙建筑

建筑渗水的问题。

苏美尔人将神庙建在多层塔形的高台基上,用巨石垒砌成层层梯道,形成宏伟壮观的塔式建筑,这种类似金字塔的阶梯形神庙建筑被称为"吉库拉塔"。约公元前3200年建造完成的乌鲁克大塔庙就是塔庙的早期代表,大塔庙的下层是巨大的高台,上层是宏伟的神庙,塔庙的顶部则是神庙祭司夜观天象的天文台。考古学家推测,以当时的生产力,修建这座神庙大概需要1500名工人每天工作10小时、连续工作5年才能完成。

除宏伟的大塔庙外,乌鲁克神庙区的镶锥宫用当地珍贵的石灰石建成,面积达2900平方米,厅柱廊宽30米,由两排直径达2.62米的柱子拱立,廊柱和双侧楼梯采用马赛克镶嵌技术,以彩色的宝石、贝壳、铜片和陶器镶嵌成精美的马赛克图案,让建筑在阳光下更耀眼。

乌鲁克神庙区出土了乌鲁克女神像、猎狮碑、祈祷人像、浮雕祭器、乌鲁克石膏瓶等雕刻艺术品。其中的乌鲁克女神像用大理石制成,头像的眼珠和眉毛在过去分别用宝石和黄金镶嵌,现在已被挖走,只剩下两个大洞和一道深槽。猎狮碑所用的石材是一块高达80厘米的玄武岩，产自乌鲁克以西约80公里之外的叙利亚露天采石场。"祈祷人像"是神庙内部最常见的小型人像雕塑，这种石制或陶制的人像双手合一，捧于胸前，睁大的双眼流露出对众神虔诚的祈祷。至于神庙入口两侧镶铜的狮子和公牛雕像，则是世界上最古老的守门兽雕塑。

乌鲁克城建造如此宏伟华丽的神庙建筑群是为了强化信仰，使当时的人产生这样的感觉，如此庞大的建筑物不是人类能建造的，肯定是神明建造的，在乌鲁克史诗中一直强调城中神庙是从天而降、神灵所建，从而巩固乌鲁克祭司阶层的统治。

乌鲁克遗址中代表金星女神伊南娜的八角星

苏美尔人将诸天神与天上的星体对应，苏美尔的祭司通过观察星象，留下了世界上最早的天文学记录。苏美尔人已经认识五大行星和许多星座，他们将天空划分为不同区域，分属不同的神管理，如安的区域包括23个星座，恩利尔主管区域有33个星座。在众多天体中，苏美尔人认为以月亮、太阳、水星、金星、火星、木星、土星七曜星最为重要，每颗星都有一位代表神，如月亮是南纳、太阳是乌图、金星是伊南娜等，在崇拜金星女神伊南娜的乌鲁克就留有世界上对金星最早的记录。而世界上已知最古老的五角星符号，就发现于乌鲁克古城。五角星符号形象一般认为就是与金星有关，因为从地球上看，连接金星在天空中运行轨迹最明亮的位置，就是一颗五角星。同时由于在地球上观测金星的周期是8年，所以八角星也是伊南娜的标志。

除规模庞大的神庙建筑群外，乌鲁克及其周边村落遗址中还发现了大规模的水利与灌溉网络，包括运河、水渠、堤坝、堰、水库、蓄水池等。从村镇和城市遗址分布上看，这一时期人们在水源上已经不再完全依赖自然支流，而开始依靠用水坝拦截的、直而长的人工水渠。有没有大型的公共建筑工程历来被视为城邦与聚落的重要区别之一，因为大型的公共建筑工程（如乌鲁克的神庙建筑群和灌溉系统）的建造和维护需要组织大量非农业劳动力进行强制劳动，而大批非农业劳动力只有在拥有足够剩余农产品的情况下才有可能出现，并且只有政府部门才能组织征召劳工从事这样大规模的建设活动。

乌鲁克的公牛雕像

### 四、文明的摇篮

乌鲁克城能够被称为最早的城市文明，不仅是因为其城内拥有代表国家力量与作为行政、宗教中心的大型公共建筑，还因其形成了以手工业和商业为主的城市经济。据考古发现，乌鲁克城以宏伟的塔庙为中心，神庙周围是官邸和贵族区域，再外层是手工业作坊和商业区，最外层是农业居民。从乌鲁克文化遗址中的手工作坊可知，轮制彩陶、铜器、金银器[①]、圆筒滚印、石制浮雕容器、雪花石膏容器、石雕是当时苏美尔人最重要的手工业制品，其中金属制品在这时期大量增多，主要为矛、棍棒头等铜制武器以及金银制容器等。

圆筒滚印是乌鲁克文化最具代表的工艺品，普通的圆筒滚印是用泥土烧制而成的，其形状

乌鲁克文化金器（约公元前3300—前3100年）

---

① 现今发现的最早的银器就是在两河流域一座墓中出土的一组凹形银制器皿，距今约5000年。人类对白银的利用要比黄金晚得多，地球上存在的自然银数量极少，古人使用的白银通常都是用吹灰法炼铅的过程中获得的副产品，银和铅是紧密结合在一起的，因为它们都是从方铅矿中获得的。两河流域以北的小亚细亚和亚美尼亚山区富含银矿，当地的土著赫梯人在小亚细亚中部建立哈图沙作为首都，与苏美尔人建立贸易关系，赫梯首都发现了银的表意文字，表明这里是白银贸易中心，苏美尔人通过贸易获得银矿，并掌握银器冶炼技术，还出现金银和铜银的合金，在早期因为冶炼难度大，银的价格往往要比金高得多。

犹如圆筒,顶部刻有钻孔,用于穿线绳携带,上等人用的印章材质则使用天青石等多种宝石制成,上面刻有精美的雕刻图案,内容以宗教神话题材最为常见。印章的图案不是刻在圆柱的底面,而是刻在圆柱四壁,通过在泥版上翻滚,就可以印出连续不

两河流域的圆筒滚印

断的图案。这种可以产生连续不断的大幅印纹的滚印代替了乌鲁克文化之前的直戳印。

制陶技术在乌鲁克文化时期也取得了巨大的突破,大量陶轮制作的陶器开始出现。早在欧贝德文化晚期就已经出现轮制陶,在乌鲁克时期陶轮制陶的应用更为普遍。陶轮是迄今一切旋转切削机具的始祖,各种陶制容器可放在陶轮上转动成型,这一装置的出现大大提高了陶器生产的速度,也降低了陶器制作的难度,使陶制品从奢侈品向常用品转变。它同时也促进了社会分工大发展,使乌鲁克城中能够出现大量以制陶为业的居民。

许多学者认为,古代车轮的前身就是制陶用的陶轮,最早的车轮可能是通过将陶轮放大制成的。这些早期轮子是一个由三块厚木板拼成的实心圆盘,而不是像现在这样带有辐条的轮圈。在乌鲁克遗址出土了带有轮子的模型和货车的壁画,从这些壁画和模型来看,当时的车是四轮的。这种四轮车和现代的四轮车不同,没有转向部件,不能转弯,道路适应性差,而且很笨重,难以上坡道,只能慢速行驶,最初多用牛和驴

拉，常用作把贵族成员遗体送到陵墓的灵车。中国古代也有类似的四轮车，被称为太平车，同样也主要用于送葬。在一些地区和墓葬中，也用四轮车作礼仪装饰用品。最早的车子虽然原始，但对城市形成有着至关重要的作用。在车子发明之前，陆地上的运输只能完全靠人力，不但运输量小，而且中途还要减去运输人自己所需粮食的消耗，如果超过一定运输距离，粮食还没运到需求点，就被运输人自己吃完了。矿石和木材这种非粮食资源运输的路程则更短，远处的物资运不过来，而本地的物产能满足的人口有限，这样就限制了城市的出现。人类上古文明基本都诞生在大河流域，这是因为大河流域除了具有农业灌溉优势外，还有便利的水路运输，而轮子的出现，进一步解决了陆地运输的时间和成本，让脱离粮食生产的城市得以大规模出现，这也是两河流域出现人类最早城市文明的重要原因。

在日常生活中，"文明"往往可以和"文化"混用，但是文化的适用范围更广，包括人类的一切生活现象，从古人类出现开始就有文化，最初为旧石器时代文化，出现磨制石器、农牧业和制陶业后过渡为新石器时代文化。而"文明"一词在历史学和考古学上常用来特指比原始社会更高级的人类社会阶段。在西方，如英语中的"文明"（civilization）源于拉丁文"Civis"，意思是城市的居民，表明城市出现后的阶段，与起源于拉丁文的动词"Colere"（意思是耕作土地）的文化（culture）所代表的农耕村落的原始时代对应。对于进入文明社会的标准，学术界有不同的看法，有人以国家的出现作为文明形成的标志，但对如何通过考古来判定是否已形成国家仍存争议。还有许多考古学者将城市、文字、青铜器和大型礼仪性建筑视为文明形成的要素。一般而言，一个地区只要出现了其中的两至三项，就可断定这个地区进入了文明。而其中，城市和文字又是文明出现的最主要标志。

约公元前3500年的乌鲁克文化时期，伊拉克基什城址附近的奥海米尔岗发现了一小块石板,上面刻有表示文字的图画符号,这种图画文字,是迄今发现的最早的文字。在基什文字之后,乌鲁克伊南娜区发现了约公元前 3400 年的泥板文书。这些泥版文书的内容最主要是货物清单与会计账簿,由此可知,苏美尔的文字起源于商业贸易的需要。由于苏美尔地区的资源十分匮乏,没有建筑用的石头和木料,也没有冶炼工具的金属,所以对外贸易在该地区经济生产中占有非常重要的地位。有贸易就要记账,两河流域最早用于记录的工具是陶筹,当地缺乏木材和石料,但有取之不尽的来自两河冲积平原上的黏性泥土,于是人们用黏土做成各种形状简单的陶筹,呈球形、菱形等几何形状的代表一定的计量单位,呈动物、器具等形状的表示不同的事物。到约公元前 4000 年,又出现了有打洞刻道的陶筹,人们把陶筹串联起来放在空心泥球里保存,并在印封之前分别拿陶筹在泥球上压印一次。这样,从泥球上的印迹就可以知道里面陶筹所代表的物品数量。后来人们干脆不把陶筹放进空心泥球里,而是直接用陶筹在平面的泥板上留下对应数量的陶筹印迹,代表物品和数量,然后用火烧干或在太阳下晒干。因为用陶筹压出的形状不十分清晰,又占面积,就改为用芦苇笔把陶筹画在泥板上,这些图形最初由人们随想象力自由发挥,后来出现专门学习和从事文字工作的书吏,将这些图形符号统一固定下来,最早的象形文字就此诞生。由于用芦苇秆的尖端在泥板上留下的痕迹就像木楔一样,因此苏美尔人的象形文字又被称为"楔形文字"。"楔形文字"是苏美尔人最伟

泥板上的楔形文字

大的文化贡献，在被字母文字替代之前，古代西亚各民族都用楔形文字来记录本民族语言，甚至后来各种字母文字的源头迦南字母也是刻在泥板上的楔形字母文字。

最早产生的楔形文字资料大多是计算收支的账本，自然离不开计算。在苏美尔楔形文字中有着人类最早的数学计算，主要为对时间的计算，对粮食、牲群的计量和对土地的测量。古代两河流域同时使用十进制、十二进制和六十进制计算，十进制是全人类普遍使用的最古老进制，被认为跟人类有十根手指有关。十二进制和六十进制则是苏美尔人的原创发明，他们将一年分为12个月，一天分成以2小时为单位的12时制，每小时又分为60分，每分又分成60秒，今天我们用于计算时间、圆周、弧形等所采用的六十进制就来源于苏美尔人。在书写格式上，苏美尔文字和现代通用文字一样都是横排，由上而下、从左到右阅读的，和古代中国人写作是竖排、从右到左阅读大不相同。

在乌鲁克出土的泥板文书中还有各种记载日常名词的词汇文献表，到目前为止，学者们一共归纳出15个表，即"人表""官职表""牛表""鱼表""飞禽表""猪表""树木表""贡物表""植物表""容器表""金属表""食物表""城市表""地域表"和"借词表"等，说明苏美尔文字已经发展出较大的词汇量。其中的"人表"和"官职表"是按"职业等级"排列的名单，城邦首领排在第一位，然后是议会长、财务长、农业主管、将军、大使之类的职务名称，按官职的大小排列。官员之后是各种职业，相关的职业被列在一起，其中重要者在先，次要者放后，文书上还有表示"女奴"和"男奴"的词汇，这些都说明当时已经存在相当发达的社会分层与劳动分工。从记录可知，乌鲁克城邦的居民大致可以划分为祭司和贵族、公社农民和城市普通公民、失去公民身份的依附民以及奴隶四个等级。乌鲁克的土地可分为神庙土地、公社土地和私人土地三类，其中神庙经济在城邦经济中占有最重要的地位，祭司也是城邦中最重要的阶层。

社会管理体系中统治机构的出现、社会等级分化制度的确立、复杂的社会结构说明了乌鲁克已经形成世界上最早的国家形式。国家与酋邦最根本的区别是，"国家是按政治和领土而组建起来，不是按照划分族群、部落和简单的酋长管辖地的亲属关系而组建起来的"①。从约公元前3500—前3100年的乌鲁克文化时期，可以看到两河流域从血缘酋邦社会到城邦国家的转变，而乌鲁克城正是两河地区城邦化的主力。到约公元前3200年，乌鲁克城内人口达到3万，是当时世界上人口最多的城市，其卫星村镇至少遍及周围10公里的范围，形成了中心城市、附属城镇、农村居民点三级层次的人口分布格局，这些卫星村镇为日渐增多的乌鲁克市区居民提供农业和日常生活用品，最终使乌鲁克变成一个以神庙为中心的城市和周边的附属村镇构成的城邦国家，乌鲁克文化也因此被许多人誉为"人类文明的摇篮"。

在乌鲁克的影响下，苏美尔掀起城邦化的浪潮，在约公元前3200年，两河其他城邦埃利都、拉尔萨、布拉克人口大约有1万，这些城邦也都以宏伟的神庙建筑出名，如南部埃利都用铜陶圆锥镶嵌墙壁的高大庙宇，北部布拉克用铜板和黄金装饰的眼睛神庙，该神庙因发现了数千个用石头刻成的有2—6只眼睛的眼睛神像而得名。

布拉克眼睛神庙内的眼睛神像

---

① 贾雷德·戴蒙德：《枪炮、病菌与钢铁——人类社会的命运》，谢延光译，上海译文出版社，2006年。

## 五、青铜时代

据乌鲁克史诗《恩美尔卡尔与阿拉塔之王》记载,在乌鲁克东方相隔七座山脉的伊朗高原上有一座富庶的城市叫阿拉塔,盛产乌鲁克缺少的金属和各种矿石。乌鲁克王恩美尔卡尔向乌鲁克女神伊南娜祈佑道:"让阿拉塔臣服乌鲁克,提供最贵重的宝石、金银,为女神修建大神殿。"他向阿拉塔派出信使,并声称乌鲁克对阿拉塔的统治是伊南娜女神的意愿。阿拉塔国王自称是伊南娜的信徒,准备听从女神的旨意,条件是恩美尔卡尔必须用大麦来交换。但是当恩美尔卡尔送来大麦后,阿拉塔国王却出尔反尔,不肯交出金银、宝石等资源。于是乌鲁克对阿拉塔发动远征,阿拉塔国王在乌鲁克兵威面前向恩美尔卡尔投降道:"从低地到高地,你是永远的统治者,我永远也无法与你相提并论。"阿拉塔人民把金银和天青石等送到了乌鲁克,在伊南娜神庙中堆积起来。

一般认为,阿拉塔是今伊朗东南部克尔曼省吉罗夫特,在这一时期,伊朗高原在中亚与西亚的贸易中扮演着中转站角色。中亚的青金石从阿富汗的巴达赫尚,被运送到伊朗东南部的沙赫里索克塔,并在那里进行切片、清洗,加工成纯净成品后,再运送到两河流域。①

作为伊朗中转站中心的沙赫里索克塔是伊朗这一时期规模最大的城市,与吉罗夫特(阿拉塔)文化息息相关,于2014年被列为世界文化遗产。沙赫里索克塔的伊朗语意为"焚灭之城",因三次被烧毁而得名。

沙赫里索克塔陶器上所绘记录山羊不同阶段动作的五幅图画

---

① 刘昌玉:《古老商路沟通中亚与西亚》,《中国社会科学报》2016年1月25日第4版。

该城建造于约公元前3200年，面积约151万平方米，人口多达2万，城市四周建有巨大的石墙，内部有大规模豪华墓葬区，遗址中发现了已知世界最古老的骰子、西洋双陆棋以及一个最早的动画实例，这是一个绘有五幅山羊的不同阶段动作图画的陶碗，旋转碗的时候，就可以看到这个山羊朝一棵树上跳着去吃树叶。

在城市豪华墓葬区一个坟墓中，一具女性残骸少了一只眼睛，装了一只人造眼代替，假眼用质量非常轻的天然焦油和动物油脂的混合油制成，时间为公元前2900—前2800年，这是已知世界上最早的人造假眼。

相比同时期基本还处在铜石并用时代的两河流域地区，伊朗的沙赫里索克塔已经是青铜时代的考古遗址。虽然伊朗的文明发展程度总体上落后于两河流域，但是在冶金业上却走在世界的前列。伊朗高原拥有丰富的铜矿资源，早在约公元前4000年，伊朗地区就出现了最早的冶炼砷青铜。砷青铜是指砷与铜的合金，是人类最早较普遍使用的铜合金，其最初只是人类冶炼纯铜时的偶然产物。伊朗地区盛产橄榄铜矿、硫砷铜矿等含砷铜矿，人们在冶炼这些铜矿时就有可能直接冶炼出砷青铜。

在伊朗苏萨遗址发掘出土的铜器，被认为是有关砷铜冶炼发展的最早典型实例，在该遗址的A期（约公元前4100—前3900年）出土的19件含杂质的小件铜饰品中，其中砷含量超过1%的仅6件，这说明当时的砷青铜仍只是偶然的合金产品。但砷青铜比纯铜更坚硬耐用，而且其外表又拥有明显不同于纯铜的银白色光泽。随着人们逐渐认识到砷青铜的特性以及对含砷铜矿的了解，他们开始逐渐有意识地冶炼砷青铜，在苏萨遗址年代稍晚的"B和C期（公元前3900—前3500）遗址出土的18件铜器中有11件砷铜，并且砷含量也比A期增加了很多，平均达到5%"[①]，这说明当时已经出现专门冶炼砷青铜的技术，同时期的伊朗雅

---

① 潜伟、孙淑云、韩汝玢：《古代砷铜研究综述》，《文物保护与考古科学》，2000年第2期。

亚遗址也发现了约公元前3800年的含少量砷（0.3%—3.7%）的铜器，包括武器、工具、容器、首饰、别针、仪式用具等，雅亚当地没有可以用来冶炼含砷青铜的铜矿床，这表明雅亚的居民已开始通过贸易获取含砷硫化铜矿，以便冶炼出比纯铜性能更好的砷青铜，从冶炼砷青铜开始，伊朗地区最先从铜石并用时代进入青铜时代。

青铜器的出现促进了伊朗高原地区对外贸易的发展，当时苏美尔人从伊朗高原的塔尔梅西进口铜，在伊朗青铜文化的影响下，约公元前3500年，两河流域上游的布拉克、阿姆克夫也出现了砷青铜工具和饰物等。在铜砷共生矿来源不丰富的地方，人们在接触砷青铜合金后，便开始尝试运用其他金属矿物冶炼铜合金，约公元前3300年，小亚细亚东南部和两河流域上游地区的居民在冶炼砷青铜的基础上，发展出冶炼锡青铜的技术。锡青铜是锡与铜的合金，由于铜锡共生矿在自然界没有铜砷共生矿那样普遍，锡青铜无法像砷青铜那样通过冶炼共生矿来大量获得，因此锡青铜的普及要等到人类掌握合金冶炼技术后才能实现。和砷青铜相比，锡的熔点比较低，这降低了青铜冶炼的难度，同时砷青铜所用的砷为重金属毒物，长期接触会导致砷中毒，而锡是无毒的。而且当砷含量超过

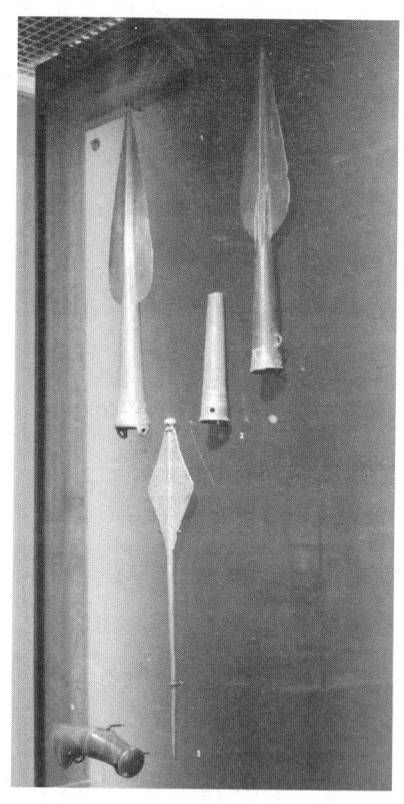

**锡青铜兵器**
新铸造的锡铜合金原本是金色的，中国古代最早的"金"本指锡青铜，因在地下埋藏太久，外表氧化产生青绿色的铜锈，故称青铜器。

8%时，砷青铜将变脆，对比石器没有优势可言，相比之下，锡青铜具有更好的韧性，这大大增加了其使用价值。青铜的硬度为纯铜的4.7倍，并且具有较高的铸造性能，不像石器只能打磨成型。更重要的是，石器在打磨碰撞之中容易形成内部裂缝，这种裂缝平时难以发觉，但在战场上却是致命的。因此在锡青铜冶炼技术发展成熟后，青铜器便迅速替代石器成为当时战争的主流武器。

青铜武器的出现使战争对历史走向的影响大为加强。军权首领随之出现，对武器的重视让铜从奢侈品变为必需品，军权首领需供养一批专门生产青铜武器的铜匠。同时要求人民将冶铜材料供应上来，集中生产，这进一步促进了城市的出现。根据《苏美尔王表》记载，在第一个王权城邦埃利都衰败后，王权转移到巴德提比拉，而非当时两河流域的第一大城乌鲁克。巴德提比拉意为铜匠之城，表明这座城市是两河流域的冶铜中心，很明显，巴德提比拉的王权是建立在其青铜武器制造业的基础上，至于仍处在铜石并用时代的乌鲁克城，虽然拥有更发达的经济，但决定王权的更多是城邦的军事实力，在铜匠之城巴德提比拉面前，文明的摇篮乌鲁克也只能甘拜下风。

## 六、最早的大洪水传说

约公元前3100年，取代乌鲁克文化的杰姆代特·奈斯尔文化是铜石并用时代向青铜时代过渡时期的典型文化，这一时期两河流域的金属制品数量猛增，苏美尔地区开始全面进入城邦化时代，出现了一些规模可比乌鲁克城、实力超过巴德提比拉的大城邦。

据《苏美尔王表》可知，在铜匠之城巴德提比拉之后，又有拉腊克、西柏尔、苏鲁巴克先后取得王权，这三座城市连同之前的埃利都、巴德提比拉并称为"洪荒五帝邦"。其中拉腊克、西柏尔都是崇拜太阳神乌图的城邦，最后一个王权之城苏鲁巴克，意思是"治疗的地方"，其主神是粮食和空气女神南基，这是个主管粮食储存和配送的城市，遗址中发现其粮仓是苏美尔各城邦中最多的。传说中，苏鲁巴克历经三王，最后被诸神发动的大洪水终结。

《苏美尔王表》记载的历史分为"洪水前"和"洪水后"两个时期，历史学家一般以大洪水为界将"洪水前"划为前王朝时期，"洪水后"为早王朝时期，可见这场大洪水对苏美尔造成的巨大影响。

在苏美尔神话中，这场大洪水的发动者是诸神之王恩利尔，恩利尔本是仅次于天神安的第二大神，他是天父安和地母启的长子，即天地孕育之子。本来天地处于混沌未分的状态，当恩利尔出生的时候，他用风暴的力量，将天父安（天）和地母启（地）分开，从此天神安被永远固定在世界的最高处，成为有名无实的太上皇，而恩利尔成为真正的众神之主，号称"彼勒"（意思是"主人"），其受崇拜的程度远超过天神安。在恩利尔与人类和平共处的时候，他被视为十分友好的神，苏美尔人是世界上最早发明犁和轭、用驴和牛作为畜力耕地的民族，而在苏美尔文献里，犁和轭，以及通风的知识都是恩利尔与他的兄弟恩奇赠予人类的。但苏美尔人对恩利尔的恐惧远超过对他的感激，因为正是他发动了灭绝人类的大洪水。

根据《吉尔伽美什》《阿特拉哈西斯》等两河流域史诗记载，由于人类数量过多，喧哗嘈杂的噪声打扰到以恩利尔为首的众神。神王恩利尔看到人类不断繁衍壮大，听到他们叛神的宣言，他召集诸神开会说："人类的宣言带着反叛，他们的结合让我无法安睡。"

为消灭人类，恩利尔下令发动一场瘟疫。但是恩利尔的兄弟水神恩奇教会人类医药治疗之术，结果"人类不但没有被消灭，还比从前更多了"。恩利尔又策划饿死人类，他通过控制降雨来制造灾荒，并接连给人类降下六个毁灭性越来越强的劫难。第一个劫难经过时"他们还能吃着地上的草"，到了第六个劫难来到的时候，"一家人只能靠吃着另一家人为生"。

两河流域泥板文书
记载着世界上最早大洪水故事。

洪水灭世

结果，又是水神恩奇打开海洋的封锁闸，使人类得以从海上获取食物。愤怒的恩利尔召来众神集会，他指控恩奇破坏了他即将成功的计划。在会议上，恩利尔决定速战速决，直接用一场大洪水一劳永逸地彻底灭绝人类。为了保证这个大灾难秘密不被人类知道，他要求参与大会的每个神都要宣誓保密。

多次拯救人类的水神恩奇也被迫宣誓，不得向人类讲述诸神要发动大洪水的决定。恩奇不能向人类预告大洪水，但是聪明的他决定向一面芦苇墙讲述，他把信徒乌特纳比西丁叫来神庙，让他站在芦苇墙后，然后恩奇对着墙说：

芦苇墙啊，芦苇墙啊，
大洪水将要清扫所有城市里的居民，
这将是人类之种的毁灭，
听着，尽快拆毁房屋，去建造一条大船，放弃眼前的财富，快去

逃命吧，

让船带上你和所有活物之种！

乌特纳比西丁按照水神恩奇要求的长宽比例修造方舟，带上他的亲戚同族、能工巧匠、贵重物品、各种植物的种子与动物的幼崽等登上船，接着：

风暴摧毁了房屋、城墙与防水大坝，
大洪水发动了，
一切曾明亮的事物都变得暗淡无光，
一个人完全看不到另一个人，
洪水淹没了大地，
世间万物都归于尘土，
生育女神恸哭道：
是我创造了人类，他们都是我的儿女，
可现在，他们都成了水里的死鱼！
众神闻言和她一起哭泣，
因为他们发现已再无人类给他们供奉和祭祀。

暴风雨连下了六天七夜，到第七个清晨来临时，洪水终于不再持续暴涨，乌特纳比西丁打开舱门，发现船只停在救赎山（《圣经》中的亚拉腊山）上，他放出一只鸽子和一只燕子，但是它们又飞了回来，接着他又放出了一只乌鸦，它飞走了，说明它找到了落脚地，洪水已逐渐退去。乌特纳比西丁就放出所有生物，出船修建了一座圣坛提供贡品给诸神。

"诸神闻到了贡品的香味，像苍蝇一样聚拢过来。"然而当恩利尔看见竟然还有生物活着，愤怒地将矛头指向恩奇，恩奇称赞恩利尔是睿智而非"无理智"的神王，并向他解释，不信神祇而堕落的人类当然可以随意屠杀，但不应该完全灭绝供奉诸神的无辜人类。

看着乌特纳比西丁所献上的美味贡品，恩利尔和众神都为灭绝人类的行为表示后悔，为了保证仅存人种的安全，恩利尔赐予乌特纳比西丁和他妻子永生。苏美尔大洪水的传说是已知世界上最早关于大洪水的记载，也是《圣经》中诺亚方舟故事的原型。后者也是神为毁灭人类而制造洪水，只有诺亚一家听从神的指示带着各种生物乘船逃生，也是放出乌鸦和鸽子测探洪水是否已退去，诺亚的鸽子还衔回橄榄枝，从此以后，鸽子和橄榄枝也因此成了"和平"的代名词。

传说中的大洪水冲走了苏鲁巴克城的王权，苏美尔"洪荒五帝邦"时代就此结束，有关洪水灭世的故事虽然只是神话传说，但这个传说的由来可能与一场现实中的特大洪水有关。考古学家在苏美尔地区的苏鲁巴克、乌尔、乌鲁克、基什等城的考古挖掘中，发现了大量洪水堆积物，表明在远古的某个时期，有一场大洪水淹没了这一大片地区。这次大规模的洪水以大洪水前的最后一个王权之城苏鲁巴克城为中心，并影响到周边的乌鲁克等城邦。洪水暴发时间在公元前2950—前2850年，正处在传说时代的洪荒五帝邦和历史时代的第

诺亚方舟与和平鸽

一早王朝交替时期。科学家发现，在公元前 3200—前 2900 年间，全球的气候发生过一场突变，在西亚，死海的海平面上涨近 100 米，气候变化可能是这次大洪水发生的原因。

对比两河流域泛滥无常、不可预知的洪水，埃及尼罗河每年的泛滥不仅趋势平缓，而且准时可以预知。在苏美尔人为洪水泛滥的时间和洪水量无限烦恼时，埃及人成功完成国家统一，成为历史上最早实现统一的领土国家，以至于在苏美尔遗迹被发现之前，埃及一直被认为是最早的文明，即使是现在，很多世界史书也都以尼罗河流域的埃及文明开始，而不是更早的两河文明。

## 第二节　尼罗河流域

> 埃及的气候是陌生的，此外，埃及的河流也是绝无仅有的，这说明了埃及为他们自己确立的风俗习惯之所以同人类其他成员风俗习惯大相径庭的原因。
>
> ——［古希腊］希罗多德，《历史》

### 一、尼罗河的赠礼

尼罗河全长 6695 公里，是世界上最长的河流，它是由发源于非洲中部山区的白尼罗河和发源于东非埃塞俄比亚高原的青尼罗河汇合而成。这两条河流在埃及南部的苏丹平原相汇，向北注入地中海，在苏丹喀土穆至埃及阿斯旺之间峡谷区，河水因受浅滩和礁石影响，形成著名的"尼罗河六大瀑布"，阿斯旺大坝就建在第一大瀑布处。尼罗河纵贯埃及全境，在埃及首都开罗段分成许多岔流注入地中海，形成河渠交织、地势低平的三角洲平原。

西方历史之父希罗多德曾指出："埃及是尼罗河的赠礼。"整个埃及除北方沿海尼罗河三角洲的一小部分为地中海气候,其他地区全部为热带、亚热带干旱气候,大部分国土被荒漠覆盖,这本是一块不适合农业生产的贫瘠土地,是尼罗河给这片干旱之地注入了一条绿色生命线。几千年来,尼罗河每年6—10月都会定期泛滥。

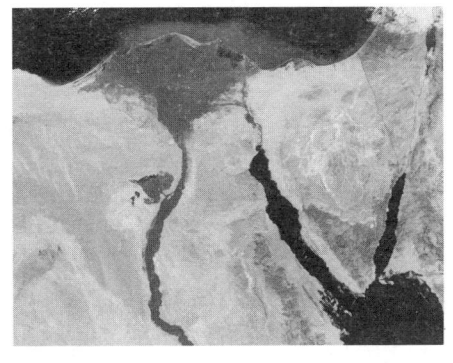

尼罗河
它给埃及这片干旱之地注入了绿色生命。

两河流域泛滥的河水只会给两岸的居民带来难以预料的灾难,而尼罗河每年定期缓慢泛滥的河水却浸灌了两岸干旱的土地,并为河谷两岸留下从上游密林带来的肥沃黑土,古代埃及人因而称自己的国家为"凯麦特"(意为"黑土地")。

毋庸置疑,尼罗河是埃及的生命线,孕育了埃及文明,直到今天埃及依然是西亚和北非人口最多的国家。埃及人口90%以上分布在尼

壁画中的古埃及人
古埃及染色技术相当发达,埃及人掌握了从植物中提取茜红、菘蓝、蓝靛等颜色的方法,用于染布和给壁画上色,这些上色壁画保存至今。

罗河谷和三角洲一带，正如谚语所说："尼罗河上午干涸，埃及下午死亡。"古代埃及人曾写下这样的诗篇："啊，我赞美你，尼罗河，是你养活着埃及……一旦你的水流减少，人们就停止了呼吸。"

和两河文明一样，古埃及文明也是一个已经灭亡的文明，在考古破译埃及文字之前，人们对埃及最主要的了解来自古希腊的作品。古埃及人并不把自己的国家叫作埃及，而是称自己的国家为"凯麦特"，埃及这个称呼是后来希腊人的叫法。

古埃及人和现在的埃及人并不等同，现在的埃及人属于阿拉伯人，虽然今日的埃及还存在古埃及人的直系后裔科普特人，不过科普特人因为和阿拉伯人频繁通婚，如今在外貌、语言上已和阿拉伯人基本没有多大差别。从遗留至今的古埃及雕塑与壁画上看，古代埃及民众的外貌特征为大眼睛、黑发黑眼、低矮瘦小、直鼻宽脸、棕红皮肤、没有络腮胡。不过古埃及人的棕红皮肤可能并非全是天生的，因为有记载表明，有些古埃及的统治者生下来时皮肤是比较白的。从古埃及雕塑《拉荷特普王子及诺夫尔特公主像》也可以看出，长期生活在闺房中、身着白色连衣长裙的诺夫尔特公主皮肤偏白，而拉荷特普王子则除短裤外全身裸露，皮肤呈棕红色，很明显，他的肤色是因为裸露身体、经常外出受太阳照射的影响。从语言上看，古埃及语属于闪米特-含米特语系下的含米特语，其中的闪米特语是西亚地中海人种的主要语言，

古埃及雕塑《拉荷特普王子及诺夫尔特公主像》

而含米特语则是古代北非与东非一些土著民族的语言。含米特语分为北支和东支：北支指埃及以西北非的柏柏尔人的语言，柏柏尔人属于地中海白色人种；东支指古埃及人、科普特人和东非库希特人、索马里人等的语言。从语言上看，古埃及语和今日东非埃塞俄比亚东部沿岸的索马里共和国的索马里语较为接近。因此有研究者认为，古埃及民众的祖先可能大约在公元前1万年从埃塞俄比亚红海丘陵地带迁移来到尼罗河流域，并和周边的地中海人种混血形成古埃及人。

虽然尼罗河沿岸农业条件如此优越，但从考古发现上看，直到约公元前5000年，尼罗河流域的农业发展并不突出，这是由于早期农业生产力落后，而同时期北非气候温和湿润、水草繁茂，沙漠化还没开始，从事狩猎畜牧反而有更大的收益。已知非洲最早的新石器文化并非出现在埃及尼罗河谷，而是出现在今日的"死亡之地"撒哈拉沙漠。与今日的干枯沙漠景象不同，当时的撒哈拉还比较湿润，为稀树草原之地。撒哈拉新石器文化没有明显的农业迹象，主要遗存是陶器和岩画，其陶器制作时间早于埃及东部和欧洲北部，可确定是独立陶器制作的发源地。其岩画代表是距阿尔及利亚和利比亚边界不远的撒哈拉中部的阿杰尔高原的岩石绘画，以大量的动物画出名，被誉为"世界上最大的一个史前艺术博物馆"。约公元前5000年之后，非洲北部气候开始进入干燥阶段，气候逐渐变得越来越炎热干旱，湖泊、溪流相继干涸断流，撒哈拉河马和大西洋象从此绝迹，繁盛的草原变成无尽的撒哈拉沙漠。原本从事游牧狩猎的人们开始逐渐迁移到尼罗河流域从事农业耕作，尼罗河得天独厚的农业优势得以显现，河流两岸的农业村落迅猛增加。

## 二、古埃及前王朝

埃及的尼罗河流域从地理上分为狭窄的南方上埃及河谷地区和地势较为开阔平坦的北方下埃及三角洲地区。南方的上埃及河谷地区属于热带干旱气候，几乎常年无雨，生产和生活用水全靠尼罗河供给。北方的下埃及三角洲的沿海部分地区则受地中海季风影响，属于地中海气候，夏季炎热干燥，冬季湿润有雨。约公元前 6000 年，西亚的农作物与家畜传入尼罗河流域，在下埃及三角洲的法尤姆绿洲，出现了已知埃及最早的农牧业文化，法尤姆也是埃及已知的最古老的定居点。而上埃及直到约公元前 4500 年才开始出现最早的农业社会塔萨文化，以生产涂釉的黑顶红陶器出名。紧接着塔萨文化的是约公元前 4400 年的拜达里文化，它完全沿袭了塔萨文化的面貌，主要区别是拜达里文化已经进入铜石并用阶段，在拜达里遗址中发现了铜质锥、针、斧以及铜珠等装饰品，并出现了黄金制品。

从拜达里文化起，南方上埃及河谷开始逐渐赶上北方下埃及三角洲地区，上下埃及的发展各具特色，上埃及生产的涂釉陶器更为精美，下埃及的石器制作则略胜一筹。这时期埃及的定居聚落大多只有几十人的规模，发展程度远不如两河流域。

在公元前 4000—前 3100 年，埃及进入前王朝时期，前王朝时期又叫作涅伽达文化时期。涅伽达文化因埃及南部的涅伽达遗址而得名，涅伽达文化一期又称阿姆拉文化，时间为公元前 4000—前 3500 年。这一阶段的埃及石器和陶器制作日益精美，铜器逐步增多，并出现了诸多金器，涅伽达文化一期的中心涅迦达在古代被称作"黄金之城"，是当时的黄金生产中心，在此地古墓里发现了镶有金柄的石刀和金项链，代表了这一时期的最高制作水平。

驴在涅伽达文化时期也已被驯化当作运力，这对人类早期贸易活动非常重要，驴商队的出现大大加强了人类陆路的长途贸易能力，让资源有限、地理相对隔绝的埃及得以快速发展，在涅伽达完成了从村落到埃及最早城镇的转化。上埃及的涅迦达是埃及前王朝的早期中心，该城建有砖砌的城墙，城内有贵族墓地、代表阶级关系的图案绘画（如王权标志的红冠形象），同时还发现了象牙雕刻的人物、动物偶像及祭祀用品的浮雕，雕刻着许多动物图腾的石板，这都表明，宗教信仰已经形成。埃及前王朝时代又被称为古埃及第一神朝，这一时期正是古埃及神话的萌芽阶段。

在古埃及创世神话中，世界起初一片混沌，只有太阳神拉，拉从嘴里吐出儿子——大气之神舒和女儿——雨水之神、生育之神特夫内特。大气之神舒将混沌世界一分为二，上为天，下为地。然后舒和特夫内特兄妹结婚生下了儿子——主管大地之神盖布和女儿——主管天空之神努特。盖布和努特也像他们的父母一样，兄妹结合生下了另四位重要的神祇：丰饶和农业之神奥西里斯、生命与健康女神伊西斯、风暴与沙漠之神塞特、死者守护神奈芙提斯，至此古埃及第一神朝中的九柱神全部诞生。

丰饶和农业之神奥西里斯与自己的妹妹伊西斯结婚，并成为埃及的第一任国王，他教会埃及人耕作，主管富裕的尼罗河地区。他的弟弟塞特则和最小的妹妹奈芙提斯结婚，分管尼罗河以外的荒漠地区。小妹奈芙提斯虽然嫁给塞特，但是她的内心深处爱的却是自己的大哥奥西里斯，终于有一日，奈芙提斯把奥西里斯灌醉后和他发生性关系，生下了长着一颗胡狼脑袋的儿子阿努比斯（又被称为胡狼神或豺

古埃及的奥西里斯铜像

头神)。

面对配偶的背叛,奥西里斯的妻子伊西斯选择了宽容,她收养了被抛弃的阿努比斯;而奈芙提斯的丈夫塞特却选择了报复,他一直嫉妒奥西里斯的权力。为夺取他的王位,他预谋多年,将奥西里斯骗进一个金棺材里,再用沸腾的铅水将其浇洗杀死,将尸体分为14块,抛撒在埃及各地。奥西里斯的妻子伊西斯费尽周折寻找丈夫的残骸,她伤心的泪水滴入尼罗河,造成了尼罗河河水定期泛滥。最终伊西斯成功找回了丈夫的13块残骸,但奥西里斯的第14块躯干——阴茎——已被鱼吃掉了。为了防止尸体腐烂,奥西里斯的私生子阿努比斯帮助伊西斯女神将碎肉混在一起用裹尸布制作了第一个木乃伊,阿努比斯因此成为木乃伊之神。在古埃及木乃伊棺椁上的亡灵书中一定会有阿努比斯的名字,阿努比斯雕像多随葬在亡者的木乃伊身旁或是坐在坟墓的顶端保护坟墓,埃及祭司在制作木乃伊时都会戴上阿努比斯面具,象征阿努比斯附体。

由于奥西里斯的尸体少了一块阴茎,所以伊西斯用木头雕刻了一个假的阴茎替代,然后施法让丈夫复活,奥西里斯复活的时间只有一夜,他在这短暂的时间内,用这根假阴茎和伊西斯交配,两人一夜激情后,伊西斯便有了身孕,而奥西里斯则再次死亡。死后的奥西里斯成为地界的冥王,把他制成木乃伊的阿努比斯则成为亡灵的引导者和守护者,他引导死者的灵魂到审判的地方,同时负责监督"审判之秤"①的称量工作。至于怀上身孕的伊西斯,后来则生下了一个长着鹰头的儿子荷鲁斯,他的双眼分别代表太阳和月亮。他出生的目的就是为父报仇,由于不忍看到自己的弟弟和儿子争斗,伊西斯试图阻拦他,荷鲁斯不由分说就砍下了母亲的脑袋。幸好生命女神伊西斯后来又重新长出了脑袋。

荷鲁斯与叔叔塞特进行了一场长达80年的王权争夺战,塞特被荷

---

① 已知世界上最原始的天平就是古埃及人的发明。

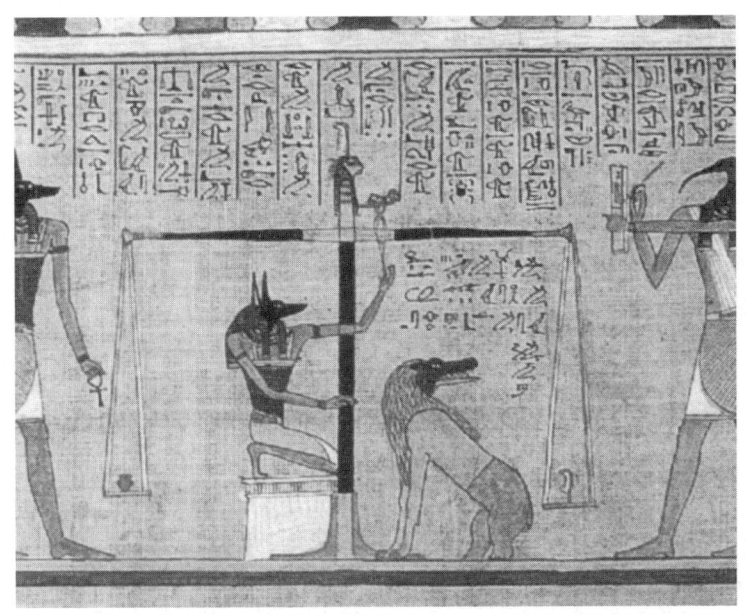

阿努比斯监督"审判之秤"称量工作

他在秤的一边放置正义与秩序女神玛特的羽毛,另一边放置死者的心脏,如果心脏与象征正义的羽毛重量相当或轻于羽毛重量的话,那么这个人就可以到达奥西里斯的冥府,得到永生;如果心脏比羽毛重的话,这颗有罪的心脏将会被等待在天秤旁的魔兽吃掉。这份神圣的工作在古希腊神话中则演变为由蒙眼的法律与正义女神忒弥斯负责。

鲁斯扯掉了睾丸和一条腿,荷鲁斯也被塞特挖掉了代表月亮的左眼[①]。两人的战争惊动了众神,塞特的父亲、荷鲁斯的爷爷——大地之神盖布亲自出面调停,组织众神审判。在审判中,塞特矢口否认曾杀害过奥西里斯,并诬陷荷鲁斯是私生子,是伊西斯在外的野种,在奥西里斯去世后才出生,不是埃及王权的继承者,伊西斯则出庭表明自己的贞洁。最后的审判结果是荷鲁斯与塞特分别为上下埃及之王,两人的战争并没有因为这次判决而终止,荷鲁斯和塞特分管的上下埃及从此纷争不断。

神话故事在考古发现中得到一定的反映,已知埃及最早的城镇涅

---

① 从此荷鲁斯只剩下代表太阳的右眼,被称为"独眼神",荷鲁斯之眼成为古埃及著名的图腾。

奥西里斯（中）与其妻伊西斯（右）及儿子荷鲁斯（左）

伽达就是塞特神之城，古称为努布特，涅伽达城出土了埃及最早的王冠，是埃及已知的最早有王权统治的聚落遗址。在约公元前3500—前3100年，埃及进入了涅伽达文化二期，又称格尔塞时期，这一时期塞特神的圣城涅伽达开始衰落，在涅伽达以南兴起的希拉康坡里斯成为埃及最大的城市，希拉康坡里斯又称鹰城，就是塞特的死对头——鹰头神荷鲁斯——的圣城。在这里发现了城墙、神庙、街道、土坯房屋等遗迹。从遗址中可知，希拉康坡里斯的人口为5000—10000人，远少于同时期苏美尔乌鲁克城的人口（约3万人），城内的神庙也比苏美尔神庙简陋得多，一般是以泥糊芦苇为墙、以木为顶的简单建筑。在希拉康坡里斯遗址中，最重要的发现是神庙窖藏的文物和古埃及最早可确认的王室坟墓，被称为"希拉康坡里斯的宝藏"。王墓随葬品与神庙窖藏中最重要的就是反映王权的文物，在这些文物上刻有埃及早期的象形文字。

早在古埃及前王朝时期的墓葬陶器上就发现了刻画或者用水墨写的符号，多由1—4个符号组成，各个墓中都有自己的统一符号，这大概是私有权的标记，涅迦达是迄今为止发现陶器刻画符号最多的遗址。有些学者认为这些符号是后来埃及象形文字的雏形，但是更多学者认为陶器上的刻画符号不是象形文字的前身，它们是作为文字的附属与图画艺术一起发展起来的另一种符号系统，用于表达某些关于器皿内的东西的产地和质地之类的信息。

约公元前 3200 年，埃及开始出现了和苏美尔相似的象形文字。从发展上看，埃及前王朝的陶文和后来的象形文字缺乏联系，古埃及文字一开始就以较为成熟的形式出现，并不像苏美尔人的楔形文字有从原始符号逐步发展起来的丰富证据。目前的资料表明，古埃及文字体系很大程度上是受苏美尔文明影响发展起来的，古埃及文字体系对苏美尔文字体系有极强的依赖性，早期埃及文字和苏美尔出土的基什文字泥板上的几个图形符号十分相似，埃及文字符号、音节符号和限定词体系的运用和苏美尔文字是相同的。从地理上看，埃及在两河流域西面仅 1300 公里左右，而驴商队和车轮的出现也让两地间的长途贸易成为可能，地处两地之间的黎凡特则是埃及和苏美尔交流的贸易中心，在埃及的涅伽达等城市就发现了来自苏美尔地区的圆筒滚印等商品。苏美尔人的文字最早用于经济贸易记录，正是通过贸易交流，埃及人学习到了苏美尔人的文字系统。但和苏美尔人不同的是，古埃及人的早期文字并非主要用于经济管理和临时记录，而是更多用于永久纪念意义，如王名和头衔，象征给予其神圣的力量，表明雕像上人物的身份，这使得埃及文明虽然出

古埃及象形文字

现文字的时间比苏美尔文明晚,但在国王事迹上却有着比苏美尔人更早的记载。

在"希拉康坡里斯的宝藏"中的文物上刻有已知最早的三位国王的名字:何王(Iry-Hor)、卡王(Ka)和蝎子王(King Scorpion),他们生活在约公元前3250—前3100年。考古学有时将这段时期划分为涅伽达文化三期,或埃及第零王朝,在这一时期的王墓中发现了一件用象牙制作的"蝎子王权标头",这是埃及发现的最早的权标头。权标头是古埃及国王权杖的顶端,最初是古埃及人曾经使用过的一种武器,后来被作为国王权力的象征退出战场。蝎子王权标头上中央有一个头戴王冠的国王,腰系象征王权的牛尾,正以盟主的身份召集盟邦、组织民众开凿河渠和征讨敌国,在他的右上方有一蝎子和玫瑰花组成的图案,玫瑰花结代表王衔,蝎子则是国王名字的象形文字符号,所以他被称为蝎子王。在下埃及三角洲开罗附近也发现了有他名字的文物,说明蝎子王的势力已向北到达该地区。文字、城市、王权、王室墓葬和神庙的出现表明,在约公元前3250年上埃及已进入文明阶段。

## 三、上下埃及之王

在约公元前3200年,两河流域大规模城市化的同时,埃及也掀起了城市化浪潮,尼罗河南北原本孤立的各村镇通过战争和联盟的方式合并,最终让埃及形成数十个斯帕特。斯帕特是埃及人的叫法,古希腊人称为"诺姆",在我国又译为"州"。这些州都有一个地处交通要道,以政府机关、王宫、神庙为中心的城市作为行政中心,连接周围的数个村庄。各个城市都有一定的自主权和一个属于自己城市的守护神,有关于本城保护神的神话和礼仪,这些州和两河流域乌鲁克等城邦一样同属世界上最早的一批城邦国家。

尼罗河流域的各州由于信仰不同和经济利益上的冲突,经过长期的联盟与战争,最后形成尼罗河上下游两大联盟王国。南方上游河谷地带的上埃及王国以希拉康坡里斯城为中心,国王戴白色王冠,国库称白屋,以鹰为图腾、睡莲为徽标(睡莲也是今日埃及国花),奉鹰神荷鲁斯为其保护神。北方下游地区的下埃及王国以布陀城为中心,国王戴红色王冠,国库称

古埃及浮雕:塞特神(左)和荷鲁斯神(右)

红屋,以眼镜蛇为图腾,以纸草茎、蜜蜂为徽标,奉沙暴与混乱之神塞特为其保护神。上下埃及通过尼罗河连成一体,尼罗河平缓的河流使上埃及顺流而下的北上航行极为便利,而盛行的北风、西北风又使已经懂得使用风帆的埃及船只南下返航毫不费力。尼罗河的这个特点促成了上下埃及比两河流域地区更早实现统一,荷鲁斯神和塞特神的上下埃及统一之战一触即发。

古埃及祭司和历史学家曼涅托著有《埃及史》一书,记录了从约公元前3100年古埃及第一王朝到公元前332年亚历山大征服埃及之间近2800年的历史。美尼斯是《埃及史》中所记载的古埃及第一王朝的创建者,他最初是南方上埃及提尼斯的城邦首领,后来以提尼斯城为都城成为上埃及联盟的领袖。约在公元前3100年,他统领上埃及联盟在上下埃及的交界地(今埃及首都开罗附近)彻底击败下埃及联盟,成功统一了全埃及,建立起人类历史上第一个统一民族国家,埃及历史从此由前王朝时代进入早王朝时代,历时近2800年的古埃及31个王朝由此开始。

美尼斯在实现统一后分别在上、下埃及加冕，自称"上下埃及之王"（此时埃及国王还不叫法老），并在上下埃及分别设立了白屋和红屋南北两个国库，各自实行独立的财政管理，下埃及也依然保留着自己的宗教圣城，继续崇拜自己的守护神塞特，保持一定的自主性。为巩固对北方下埃及三角洲地区的统治，同时也为控制上下埃及通往亚洲的贸易路线，美尼斯在决战地点修建了一座白色城墙的城市——"白城"，这座作为上埃及和下埃及的分界点的城市也就是后来希腊人所称的"孟菲斯城"①，意为"普塔神之宫"，因其守护神是艺术和手工业之神普塔神而得名，从建成起就一直是埃及的手工业中心，城内高级祭司也是从匠师中挑选的，并冠以最伟大的工匠头衔。

虽然后来的史书都把美尼斯列为埃及的第一位国王，但是直到今日，美尼斯还是一个传说中的人物，在埃及早期文化遗址中，找不到任何有关美尼斯的记载，美尼斯这个名字直到第一王朝开始1500年以后的埃及新王朝时期才出现在文献中。不仅是美尼斯，后世流传下来的埃及史料所记载的所有第一、第二王朝的埃及国王名字都未在早期遗址中发现，倒是发现了事迹和第一、第二王朝相同的人物，这可能是因为埃及国王往往有多个名字所致。据考证，古埃及国王除了本名外，在登基后还有"荷鲁斯名""上下埃及之王"等名衔的名字，所以后世的王表记下的可能只是诸多名衔之一。

在考古发现中和美尼斯对应的埃及第一王是纳尔迈，在第一王朝王墓出土的一块石板上，刻有第一王朝诸王的名字，其中纳尔迈的名字排在第一位，纳尔迈也因此被认定为埃及王朝的第一帝王，他的名字出现在许多文物上，其中以纳尔迈调色板、纳尔迈权标头、利比亚贡赋调色板最为重要。

纳尔迈调色板是一块刻着纳尔迈名字的盾形石板浮雕，其正面的纳

---

① 不过据最新考古发现，孟菲斯城可能在美尼斯之前就已经建成。美尼斯可能是扩建了该城，并修建了城南的水坝和灌溉系统。

尔迈浮雕头戴象征上埃及王权的白冠，高举权杖，击打跪在面前的俘虏；反面的纳尔迈浮雕则头戴象征下埃及王权的红冠，带着部将巡视战场上敌人的尸体。调色板正反两面纳尔迈分别戴着上埃及的白冠和下埃及的红冠，表明了他同时拥有上下埃及的王权，被认为是纳尔迈统一上下埃及的标志。

在纳尔迈权标头中，纳尔迈再次头戴象征下埃

**纳尔迈调色板**

调色板是用来调磨颜料化妆的用品，古埃及人无论贵族和平民都美容成风，他们不但染发，还给自己的皮肤涂上各种颜色。他们通过在调色板上研磨绿松石、红赭石、孔雀石、天青石等天然矿石，提取不同颜色，如用孔雀石将下眼袋涂绿，用红赭石将嘴唇涂红，然后用油脂、树脂、麻油调和。爱美的古埃及人还发明了假发、眼线膏、眼影粉、油膏、芳香油、染指甲油等，并懂得用香料和薰香提炼精油和香水。

及之王的红冠出现，在权标头上刻着纳尔迈攻陷下埃及的城市，俘获了大量奴隶和牲畜，还迎娶了他们送来的公主。利比亚贡赋调色板则刻画纳尔迈在对埃及西部利比亚的战争中夺得了许多战利品，并破坏了那里的城市。

纳尔迈死后被安葬在他的大本营提尼斯附近的阿拜多斯。阿拜多斯是冥王奥西里斯的崇拜中心，也是古埃及一年一度的奥西里斯节①的举办中心，相传奥西里斯的遗体就埋在那里，奥西里斯被视为"冥界之王"和"来世之主"。古埃及人相信只有奥西里斯神才能赐给他们永生。所有古埃及人都想死后埋葬在这个地方或立一石碑，以便能得到奥西里

---

① 一年一度的奥西里斯节上都要在崇拜奥西里斯的中心阿拜多斯上演"奥西里斯节日剧"，从第十二王朝时期开始，奥西里斯节日剧演出要持续8天之久，共8个情节，包括奥西里斯受难、死亡、入葬及复活等经历。

斯的庇护，这里也成为第一王朝的皇家墓地。

古埃及人认为人生只不过是一个短暂的居留，灵魂不会随死亡毁灭，而会活在另一个世界中。为了死后过得舒适，古埃及人对死后世界的营造比现世还要重视，因此埃及文明的代表性建筑是陵墓而不是王宫。

早王朝时期还没有金字塔墓，国王和贵族坟墓类型被称为马斯塔巴（意为石凳），分地下墓室和地上建筑两部分，中有通道相连，地上建筑是用石灰岩砌成的长方形高台，高台上建有宫殿式的祭堂。纳尔迈的王后涅托泰普的陵墓是最早的大型马斯塔巴坟墓，其墓地面积达到1400多平方米，包括安放木乃伊石棺的主室等数十间房间，各房间内摆放着死者生前的遗物和在阴间所需的一切用品，坟墓室壁上的浮雕和壁画描绘着墓主在阴间可享受的各种生活。相信"灵魂不灭"的古埃及人同时还信奉"来世再生"，他们认为人死后灵魂会依附在尸体上，如果尸体腐烂，人就无法再生，为了保存好尸体，他们将死人精心制成数千年不朽的木乃伊，并由此发展出古代最出名的防腐技术和先进的解剖学。

**古埃及马斯塔巴坟墓**

### 四、古埃及第一王朝

纳尔迈是迄今为止所知的第一位身兼上下埃及之王的统治者,不过从考古发现上看,纳尔迈实际上并未完成对下埃及的征服工作,纳尔迈的继承者荷尔-阿哈的荷鲁斯的名字意为"斗士",显示了他立下的赫赫战功。荷尔-阿哈在三角洲地区建立了奈特女神庙,奈特神是古埃及的智慧、战争与纺织女神,也是呼吁解决荷鲁斯和塞特之间争端的仲裁者,她被认为是古希腊智慧、战争与纺织女神雅典娜的前身。在奈特神庙中,首次发现了代表上埃及的睡莲和代表下埃及的纸草茎相结合的图案,说明上下埃及的联合。阿哈国王的一件文物上刻着俘虏的场面,并有"得到上下埃及"的铭文,说明上下埃及的统一在阿哈统治时期才进一步完成,因此也有学者认为阿哈王才是美尼斯的原型。

阿哈王除发动埃及统一战争外,还沿着尼罗河不断向南方扩张。从尼罗河三角洲到位于首都孟菲斯以南 900 公里的阿斯旺地区有着十分便利的航运条件,因此埃及在沿途的扩张毫不费力,但从阿斯旺以南的尼罗河第一瀑布到苏丹首都喀土穆的尼罗河第六瀑布的尼罗河峡谷段,有着由著名的"尼罗河六大瀑布"构成的激流险滩,成为阻碍航行的屏障。险滩两岸没有下游尼罗河有利的种植条件,这里形成了与埃及不同的半农半牧的新石器文化,该地区被称为努比亚,古埃及人称为"库施",也就是今天苏丹共和国中北部地区,这里一直是埃及与黑色非洲之间的连接地,战略地位十分重要。古埃及人把努比亚人描写成比他们自己的肤色黑得多的人种,他们主要是来自撒哈拉地区的黑人,使用和古埃及人闪含语系不同的尼罗-撒哈拉语系,这是分布在从中非撒哈拉到东非尼罗河的语言。努比亚(Nubia)这个词来自埃及语中的金(nub),这里发现了 100 多处古埃及时期的金矿遗址,有着丰富的金、铜等矿产资源,也是古埃及奴隶、牲畜的重要来源。从埃及通过努比亚就可以深入非洲，同那里的人进行贸易，以换取乌木、象牙、香料、油类、宝石等奢侈品。而富饶的埃及文明，也为努比亚人所向往。历史上埃及曾多次侵略努比亚地区，努比亚也曾征服过埃及，侵略和征服是两地关系永恒不变的主题。阿哈王将埃及南部领土扩张到努比亚阿斯旺尼罗河第一瀑布地区，直到今日，这里还是埃及南端的边界。

曼涅托的《埃及史》中提到美尼斯的继任者在孟斐斯建立了王宫，考古学家在孟斐斯附近的萨卡拉发现的最早的王

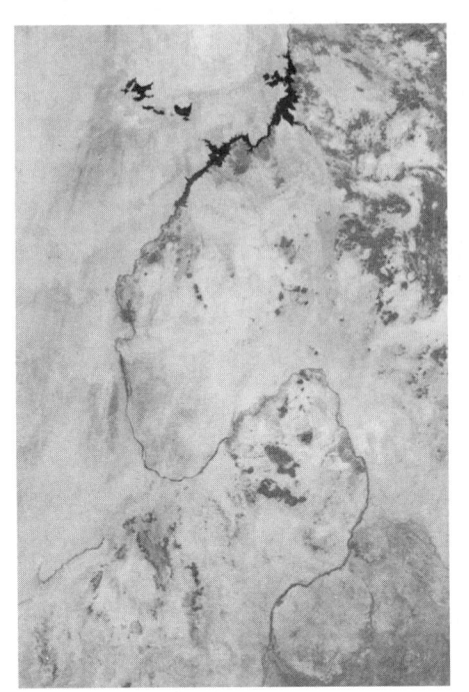

努比亚地区
在阿斯旺以南的尼罗河第一瀑布与苏丹首都喀土穆的尼罗河第六瀑布之间。

墓就属于荷尔-阿哈，这说明美尼斯时期首都依然在上埃及的提尼斯，荷尔-阿哈才是定都孟斐斯的最早王者。荷尔-阿哈除了在萨卡拉有墓地外，在提尼斯附近的阿拜多斯也有一处较小的墓地，他之后的第一王朝的国王也大多在提尼斯附近阿拜多斯和孟斐斯附近的萨卡拉各有一处坟墓，一处安放尸体，一处是用于纪念的"衣冠冢"，这表明提尼斯和孟斐斯当时很可能是埃及的南北二都，曼涅托在《埃及史》中将第一、第二王朝合称为"提尼斯王朝"，这也反映了提尼斯在早王朝时期的崇高地位。

纳尔迈和阿哈父子完成了埃及历史上统一的大业，第三位王哲尔则开始对埃及周边地区进行征服与扩张。哲尔王向南扩张到尼罗河第二瀑

布地区，向东则进军亚洲，击败了当时西亚黎凡特和西奈半岛地区的"塞捷特国"。

哲尔王长达41年的统治开始确立专制王权，这时期王权不断强化，国王的土地和财富越聚越多，社会等级差别越来越大。这在墓葬中得到充分反映，哲尔王留下第一王朝时期在阿拜多斯最大的墓地，其墓群的总面积为2800平方米，远超过前两位君主的面积之和，其周围的陪葬墓室多达338间，在葬墓中共发现了318具骸骨，其中275人是陪葬的后宫嫔妃。在王墓周围，还有用于殉葬的国王亲信和政府官员共269人，这是早王朝最早也是规模最大的集体殉葬。

王权政治的确立，使埃及王室成为最大利益既得群体，为防止权力落入外人之手，埃及王室形成了近亲结婚的习俗，虽然近亲结婚在埃及的平民中被明令禁止，但是在埃及王室中非常普遍，不仅是兄弟姐妹，连父女结婚都不在少数。埃及王室认为尊贵的血统决定王位的合法性，近亲结婚可以使皇族的血统更加纯正，避免危险分子通过婚姻进入王室。其实不只是古埃及，世界上许多地方的王室为了保持血统纯正都有近亲通婚的风俗，如日本皇室就有过亲兄妹结婚、叔叔娶侄女的现象。直到今天，阿拉伯联合酋长国迪拜王室为保证"皇家血统不外流"，依然保留着近亲结婚的传统。

哲尔王之后的杰特王和他妹妹美丽奈茨结婚，生子卡斯梯后数年，杰特王便早逝而去。在杰特王陵发掘出一艘长达50英尺的榫卯结构①木船，所用木料是黎巴嫩特产的雪松云杉和经红海运来的东非木材，这表明，在第一王朝时期，埃及木船制造技术②开始出现，其船队还能远航到地中海和红海，从黎巴嫩和东非等地运来木材等。

---

① 榫卯是在两个木构件上所采用的一种凹凸结合的连接方式，凸出部分叫榫（或榫头、榫舌）；凹进部分叫卯（或榫眼、榫槽），通过将其中一个的榫头插入另一个的榫眼中，使两个构件连接并固定。
② 由于尼罗河流域缺少木材，所以在埃及前王朝时期普遍用尼罗河边生长的一种莎草绑扎成小捆制作成莎草船，除了用于制船，埃及还用莎草编造凳子、架子、桌子、箱子等轻家具。

古埃及木船模型

第五王卡斯梯年幼继承王位,号称登王,由母后美丽奈茨垂帘听政,这是世界史已知的第一位女摄政王,不过她等登王亲政后就退居幕后,死后按照国王的规格下葬。登王是古埃及早王朝时期在位时间最长的国王,他统治年数长达50—60年之久,登王时期埃及开始有了详细的历史记录,使得人们能更清楚地了解登王时代。

在政治上,登王首次设立"下埃及大臣"这一职位,加强对下埃及的统治,并进行了人类历史上第一次有记录的人口普查,"清查了西、北、东各诺姆的全体人民"。

在军事上,他继续向外扩张,巴勒莫石碑等文物上记载了登王"打败东方""击败云契乌""破坏乌鲁卡"等对尼罗河周边沙漠游牧民战争的胜利。

在文化上,登王时期的出土文物非常多,其造型大胆创新,猫女神玛芙代特也在这时成为王室的守护神,从此猫在埃及有了神圣的地位,象征着家庭的幸福与快乐,直到今天,猫依然是埃及最受欢迎的宠物。

登王最重要的措施是在国王礼仪上的改革,他是第一个采用红白双重王冠和树蜂衔双重王衔的国王，登王的红白双冠是指同时戴着象征上下埃及王权的白冠和红冠，而不是像过去的国王在上埃及戴白冠，去下埃及时改戴红冠。双重王衔树蜂衔中的树是指上埃及的特产苏特树，而蜜蜂则是下埃及的国徽，两者的结合表示"上下埃及王权的合一"。登王可能想以此来加强自己在上下埃及两地的权威，从此"红白双冠"与"树蜂衔"成为埃及国王的主要标志，一直延续到古埃及文明结束。

登王时期是第一王朝最为辉煌的时期，许多贵族和官员的墓葬都非常奢华，登王的大臣海玛卡的墓甚至比有些国王的还要大。在海玛卡墓地里发现了最早的莎草纸文献，莎草纸是用盛产于尼罗河三角洲的纸莎草的茎制成，英文中的纸（paper）这个词就是从纸莎草（papyrus）演化而来的。古埃及人用芦苇的茎来造写字的笔，并用水混合黑烟灰及胶浆制成最早的墨水在莎草纸上写作。莎草纸在干燥的环境下可以数千年不腐，这使许多古埃及莎草纸文书和图画保存至今，在羊皮纸推广之前，莎草纸不但是埃及最主要的书写材料，而且是埃及重要的出口特产。当时整个地中海地区都流行使用莎草纸，许多古希腊先贤的著作也大多写在莎草纸上。莎草纸对古埃及文字的发展也产生了深远影响，古埃及文字和苏美尔文字最早都是简单且相似的象形文字，后来苏美尔人用芦苇秆在泥板上刻画留下木楔一样的痕迹，形成了便于在泥板上书写的楔形文字体系。而古埃

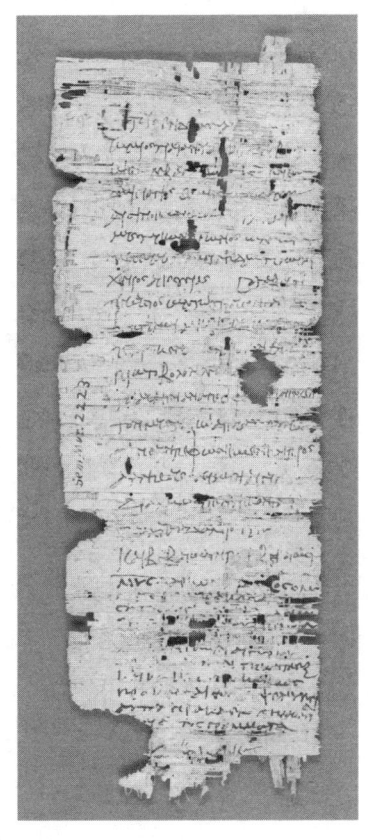

古埃及的莎草纸

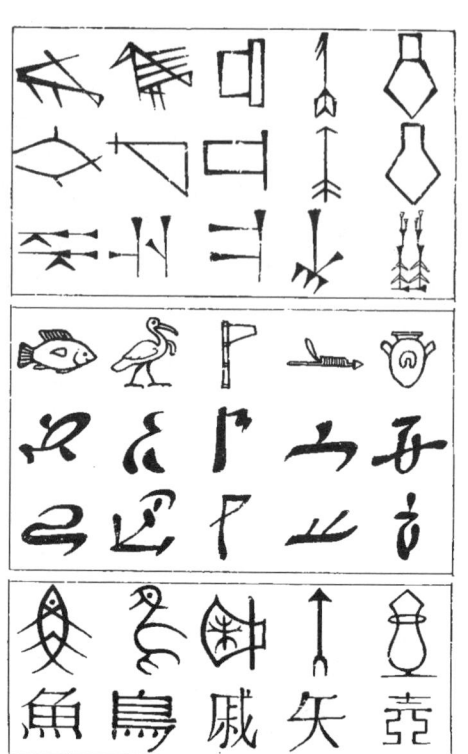

苏美尔楔形文字（上）、埃及象形文字（中）、汉字（下）的变化

及人由于拥有易于描绘的载体莎草纸，所以最终形成一套与楔形文字不同、更为精致形象的象形文字系统。

登王死后留下萨卡拉规模最大的马斯塔巴王墓，其占地面积达1400多平方米，高13米，共有45个贮藏祭品的房间。他在阿拜多斯的坟墓虽然规模比萨卡拉王墓小，但是地面全部由从南方遥远的阿斯旺开采运来的昂贵红黑色花岗岩石铺成，造价高昂。除此之外，在萨卡拉和阿拜多斯的墓地周边，还都有上百人陪葬。

由于登王在位长达50多年，到第六位国王阿涅德吉布继位时年事已高，根据出土的巴勒莫石碑对当时尼罗河水位的记载，在登王统治末期，埃及发生了一场大旱灾，导致政局动荡。在阿涅德吉布统治时期，下埃及地区多次发生暴动，年迈的阿涅德吉布在位仅7年就离开人世，他的墓室仅用泥木搭建，做工粗糙，他的继任者塞麦尔凯特还将文物上所有刻有他名字的部分抹去，这表明塞麦尔凯特有可能是一名篡位者。

塞麦尔凯特也只统治了9年时间就匆匆离去，在其统治时期，发生了许多特大灾难，动荡局面进一步加剧。他的继任者夸阿王结束了这种动荡的局面，夸阿王的名字意为"抬起手臂的人"，据当时石碑记载，夸阿王在位时期举办了埃及最盛大的节日赛德节，赛德节象征着国王身体和魔法的再生，通常在埃及国王统治的第 30 周年纪念日举行第一次，以后每 3 年举行一次。在加冕典礼后国王便乘坐轿子前去拜谒荷鲁斯神殿和塞特神殿，两位神祇的祭司各交给国王两支箭，国王随即将箭射向四方，象征消灭埃及四周之敌。然后国王要进行环城跑，向全国人民证实他的身体状况很健康。最后再举行纪念奥西里斯的宴会，国王通过此项仪式表示自己和奥西里斯合二为一，含有长生不老、延年益寿之意。

在一块关于夸阿的石碑铭文中这样写道："两夫人欢迎（荷鲁斯夸阿）。""两夫人"指的是古埃及的奥西里斯的妻子生命女神伊西斯和塞特神的妻子死亡女神奈芙提斯两位姐妹，这也是一个象征上下埃及王者的头衔，表明夸阿在位时期巩固了对上下埃及的和平统治。

从夸阿王开始，古埃及停止使用活人殉葬，改用木刻或石刻假人进行陪葬，这些假人被制作成正从事各种劳动的造型，此外还有木石制的牛羊群、房屋、船只等明器模型。在夸阿王的墓室中出土了一枚印章，印章从右向左写着古埃及第一王朝 8 位国王的名字：纳尔迈、阿哈、哲尔、杰特、登、阿涅德吉布、塞麦尔凯特和夸阿，留下了古埃及第一王朝列王排序的宝贵资料。

古埃及第一王朝的青蛙神像

## 五、古埃及第二王朝

在夸阿王之后，埃及爆发了王位之争，这时期至少出现了三个国王的名字，说明埃及再次陷入分裂。在夸阿王死后两年，他的女婿霍特普塞海姆为他主持了葬礼，成为夸阿王的正式继承人，就此开创了古埃及第二王朝。

霍特普塞海姆的荷鲁斯名意思是"两个权力和睦相处"，这可能意味着他重新统一了上下埃及分裂的局面。霍特普塞海姆的继任者拉内布的名字有"太阳之子"和"拉为吾主"之意，他是最早将太阳神拉与王名结合的埃及国王。目前找不到拉内布与霍特普塞海姆有血缘关系的证据。在萨卡拉却发现可能同属于这两位国王的王墓，这个地下墓地面积达 480 平方米，比第一王朝最大规模的登王墓还要大得多，而且该墓室开凿于坚硬的岩床之上，具有相当的难度，是早王朝最宏伟的建筑。在墓中同时发现了霍特普塞海姆和拉内布两位国王的文物，有学者认为可能拉内布在篡位后，夺取了霍特普塞海姆的墓地，所以拉内布通过太阳神崇拜，借助太阳神殿的势力为自己的统治寻找支持。

霍特普塞海姆的继承者尼涅特捷尔的统治时期发生过毁灭塞姆-拉和哈（"北方之家"）事件，说明北方分裂势力依然存在，尼涅特捷尔王之后的第二王朝国王的相关记载十分混乱，在不同王表中甚至有相互矛盾的记载，这意味着埃及再次陷入分裂状态。

到第二王朝倒数第三个国王伯里布森时，竟然不供奉上埃及守护神荷鲁斯，反而自称塞特王，改尊奉荷鲁斯神的死敌——下埃及守护神塞特，这说明他可能是来自下埃及的篡位者。伯里布森之后的国王哈塞海姆则与伯里布森相反，他只供奉荷鲁斯神，而且他只带着上埃及的白冠，而并非象征统一的红白双冠，这可能意味着塞特王伯里布森的篡位引起了以哈塞海姆王为首的南方上埃及贵族的反叛。

出土的两座带有哈塞海姆名字的雕像反映了他发动的南北统一战争，两座雕像分别用青石和石灰石雕成，是迄今为止得到确认的最古老的国王题像。雕像中的哈塞海姆坐在宝座上，头戴埃及王冠，脚下踏着一群战败的下埃及人，上面分别刻着他杀死北方的敌人"47209 人"和

"48205人"的字样,表明了战争规模之大、死亡人数之多。

哈塞海姆之后的国王是哈塞海姆威,目前多认为这两个名字相似的国王是同一个人,因为未找到哈塞海姆的王墓,却在哈塞海姆威的陵墓中同时找到哈塞海姆和哈塞海姆威的名字,哈塞海姆的意思是"权力的出现",而哈塞海姆威的意思则是"两个权力的出现",所以很可能是哈塞海姆在征服下埃及后改名为哈塞海姆威。哈塞海姆威较完整的名

哈塞海姆雕像
它是迄今为止被确认的最古老的国王题像。

字后都附有"荷鲁斯和塞特"双重王衔和"两个神和睦相处"的字样。正是他实现了埃及真正完全的统一,上下埃及纠纷从此结束,早王朝从公元前3100—前2686年历时400余年的南北统一战争终于在哈塞海姆威手上画上一个圆满的句号。

在统一埃及之后,哈塞海姆威在希拉康坡里斯和阿拜多斯大兴土木,这一时期的埃及神庙也由前王朝时代简单的木头搭建转变成了泥砖加石基建筑。青铜器皿在这一时期已经由两河流域传入埃及,埃及的冶铜技术得到进一步发展,在哈塞海姆威统治的第15年,埃及的铜匠成功铸造了一座埃及国王哈塞海姆威本人的高大铜像。不过相比两河流域,当时埃及人所用的青铜器基本是礼器,埃及百姓和军队使用的工具和武器依然以石器为主。哈塞海姆威死后在阿拜多斯留下一座独特而庞大的陵墓,共有58个墓室,在陵墓中发现了用黄金和红玉髓制成的国王权杖,以及数个装饰玛瑙珠、覆盖金箔的宝石盆等,这也是最后一座

坐落于阿拜多斯的皇家陵墓。在历代埃及国王的兴建下，当时的阿拜多斯人口多达 2 万人，是仅次于都城孟斐斯的埃及第二大城市。

哈塞海姆威是埃及历史上唯一在其"王宫门面"上同时拥有荷鲁斯名和塞特名的国王，在他死后，继任者将塞特名永远排除于之后诸王的"王宫门面"之外，古埃及神话中原本的大地之神盖布判定荷鲁斯与塞特分管上下埃及的说法，也改为盖布后来变卦判定塞特有罪，将上下埃及全都交给荷鲁斯管理。上下埃及两神分治的时代结束，鹰神荷鲁斯成为唯一王权的标志，塞特退回沙漠，埃及第一神朝的九柱神时代结束，进入了以荷鲁斯神为首的"小九神"时代，即古埃及第二神朝时代。此后所有的埃及国王都是荷鲁斯在人间的化身，古埃及的早王朝时代宣告结束。

## 第三节　中国的大河流域与上古传说

> 谓之伏羲者何。古之时，未有三纲六纪，民人但知其母，不知其父。能复前而不能复后。卧之詓詓，起之吁吁，饥即求食，饱即弃余，茹毛饮血，而衣皮革。于是伏羲仰观象于天，俯察法于地，因夫妇，正五行，始定人道。画八卦以治天下，下伏而画之，故谓之伏羲。谓之神农何？古之人民，皆食禽兽肉。至于神农，人民众多，禽兽不足。于是神农因天之时，分地之利，制耒耜，教民农作；神而化之，使民宜之，故谓之神农也。
>
> ——［东汉］班固等，《白虎通义·号》

### 一、从创世神话到三皇五帝

与留下了丰富考古遗迹的苏美尔文明、古埃及文明相比，这一时期的中国历史仍处在传说时代，在华夏大地上尚未找到与传说确切对应的考古遗址。所谓的传说时代，又称传疑时代，是指在文字记载出现之前，依靠口耳相传的方法记录下来的史前时代。正如《苏美尔王表》以神话传说作为开篇，神话传说虽然缺乏真实性，但也反映了上古先民对自然现象的解释，以及对上古先王的崇拜，是民族文化的重要组成部分。

中国神话传说常以"盘古开天地"作为创世的起点，盘古无疑是中国神话体系中最著名的创世神，"盘古创世"最早出现在三国时期吴国人徐整的《三五历纪》："天地混沌如鸡子，盘古生在其中。"而《三五历纪》之前的文献都没有提及盘古，这当然不是说盘古神话一定是在三国时期才出现的，但无疑在三国之前，盘古的神话还未广为流传。

从最早的商代甲骨文可知，中国神话中最早的至上神是"上帝"，在甲骨文中就有大量有关"上帝"的卜辞。周代的《尚书·召诰》中则称之为皇天上帝（即昊天上帝）①。当然，这"上帝"可不是基督教里的"上帝"，而是起源于中国上古时代的至上神，后来西方传教士来华传教时，为借用中国人的上帝崇拜，宣传基督教信仰，才将基督教的"神"（God）翻译成中国古已有之的"上帝"一词。

至于中国有记载的最早的创世神，也并非盘古，而是伏羲、女娲二祖。1942年出土的长沙楚帛书中记载着中国已知最早的创世神话，其内容大意是：在混沌之初，天地未成之时，先有伏羲、女娲二神结合，生下代表四时的四神。四神开辟大地，由禹与契来治理。当时未有日月，由四神轮流代表四时。而后，帝俊生出日月，并制定日月运转的法则，从此一天变得有宵有朝，有昼有夕。

在"盘古创世"的神话流行开来后，伏羲、女娲二祖从中国创世神话中最早的两位神演变成了世界上最早的两个人。据唐代的《独异志·卷下》记载："昔宇宙初开之时，止女娲兄妹二人在昆仑山，而天

---

① 《尚书·召诰》："皇天上帝，改厥元子兹大国殷之命。"

伏羲女娲麻布彩绘
收藏于新疆维吾尔自治区博物馆。

下未有人民。议以为夫妇,又自羞耻。兄与其妹上昆仑,咒曰:'天若遣我二人为夫妇,而烟悉合;若不,使烟散。'于是烟头悉合,其妹来就。"伏羲、女娲兄妹结合,繁衍出天下万民。

在传说中,伏羲、女娲二祖还是上古时代的三皇之一。相传中华民族之母华胥氏踩雷神脚印有感而受孕,生下两个人首蛇身的孩子——伏羲和女娲,均为风姓。伏羲和女娲兄妹结婚建立了最早的婚姻制度。伏羲是三皇之首,伏羲去世后,女娲接替了伏羲的位置,成为三皇之一。女娲又被称为后土娘娘,在西南少数民族中,也普遍流行女娲崇拜。女娲的"娲"字从造字上看是煮饭用的"呙"字配上一个"女"字符号,正是厨房主妇的形象。

虽然中国传说中的历史从三皇五帝开始,但是其相关文献出现的时间却比商周的帝王要晚,在商代的甲骨文、西周的金文中都找不到关于三皇五帝的记载,三皇五帝的说法最早见于汉代成书的《周礼·春官·宗伯·外史》章曰"掌三皇五帝书",但并未指明三皇五帝是谁。五帝最早是五位天神,早在周朝时,人们就以六辂祭祀昊天上帝和五方上帝。其中,昊天上帝为自然上帝,即苍天;五方上帝则在东、南、西、北、中五方辅佐昊天上帝,又称五行帝,分别配五行五色,金木水火土、白青玄赤黄,白帝金德、青帝木德、玄帝水德、赤帝火德、黄帝土德。五帝下有五行神兽,分为东方木之青龙、西方金之白虎、南方火之朱雀、北方水之玄武、中央土之黄龙。后来司马迁著作《史记·五帝本纪》将黄帝、颛顼、帝喾、尧、舜列为人间五帝,成为现在五帝最常见的说法。

三皇的分名最早见于《史记·秦始皇本纪》中李斯等人奏议:"古有天皇,有地皇,有泰皇,泰皇最贵。"后来泰皇多改称为人皇,唐代司马贞所撰《史记索隐》中有:"按,天皇,地皇之下即云泰皇,当人皇也。"隋萧吉所撰《五行大义》则载:"天皇太帝曜魄宝,地皇为天一,人皇为太一。"在这里,三皇与五方上帝一样是三位天神。

对于人间三皇是谁,西汉伏生学派的《尚书大传》中主张三皇应为燧人、伏羲、神农。其中三皇之首的燧人氏,是传说中钻木取火的发明者,在《韩非子·五蠹》中详细记载了他在发明巢居的有巢氏之后称王天下的事迹:"上古之世,人民少而禽兽众,人民不胜禽兽虫蛇。有圣人作,构木为巢,以避群害,而民说之,使王天下,号曰有巢氏。民食果蓏蚌蛤,腥臊恶臭而伤害腹胃,民多疾病。有圣人作,钻燧取火以化腥臊,而民说之,使王天下,号之曰燧人氏。"

燧人氏之后才是伏羲氏,伏羲氏又称庖牺氏,司马贞《三皇本纪》载:"太皡庖牺氏(伏羲),风姓,代燧人氏继天而王,母曰华胥,履大人迹于雷泽,而生庖牺于成纪(甘肃天水成纪)。蛇身人首,有圣德。仰则观象于天,俯则观法于地,旁观鸟兽之文与地之宜,近取诸身,远取诸物,始画八卦,以通神明之德,以类万物之情,造书契以代结绳之政。于是始制嫁娶,以俪皮为礼。结网罟以教佃渔,故曰宓牺氏;养牺牲以庖厨,故曰庖牺。有龙瑞,以龙纪官,号曰龙师。作三十五弦之瑟。"

中华人文始祖伏羲

《尸子》载：燧人氏之世，天下多水，故教民以渔；伏羲氏之世，天下多兽，故教民以猎。等到"伏羲氏没，神农氏作"，因"古之人民皆食禽兽肉，至于神农，人民众多，禽兽不足，于是神农因天之时，分地之利，制耒耜，教民农作，故谓之神农也"（《白虎通义》）。燧人、伏羲、神农也成为三皇最早的人选。

但三皇人选到了东汉班固《白虎通义》中又变成"三皇者，何谓也？谓伏羲、神农、燧人也。或曰伏羲、神农、祝融也。"在这里，三皇的说法又多出一个祝融氏，祝融是传说中的火神，和水神共工对应，在北宋刘恕《通鉴外纪》则将"伏羲、神农、共工"列为三皇。祝融与共工两人水火不容，据《三皇本纪》载："诸侯有共工氏，任智刑以强霸而不王；以水乘木，乃与祝融战。不胜而怒，乃头触不周山崩，天柱折，地维缺。"然后才有女娲补天的故事。

在汉朝，三皇说法一直不统一，东汉王符《潜夫论·五德志》道："世传三皇五帝，多以为伏羲、神农为二皇；其一者或曰燧人，或曰祝融，或曰女娲。其是与非，未可知也。"其中伏羲在各种三皇说法中是必不可少的，而虽然伏羲在传说中的年代非常早，但有关伏羲的记载出现的时间却比黄帝、神农晚，伏羲的名字最早出现在战国中晚期的《庄子》一书中，而且伏羲的身份时而为人，

女娲补天

时而为神，在古帝王序列中，伏羲排序位置不定，如《庄子·外篇·胠箧》曰："子独不知至德之世乎？昔者容成氏、大庭氏、伯皇氏、中央氏、栗陆氏、骊畜氏、轩辕氏、赫胥氏、尊卢氏、祝融氏、伏牺氏、神农氏。"在这里伏羲氏还排在轩辕氏黄帝之后。

其实不仅是伏羲，在先秦时期，有关上古帝王的序列的排名都大不相同，从伏羲到炎黄，乃至尧舜禹之间的排名都常有变化。为此，西汉末年的刘歆以《春秋》等儒家经典与五行相生的原则为依据，创作了《世经》一文，为上古帝王排序，其内容记录在《汉书·律历志第一下》中。上古帝王按五行相生的顺序排列为：太昊、神农、黄帝、少昊、颛顼、帝喾、帝尧、虞帝、夏禹。而排名首位的太昊，刘歆则认定他就是伏羲氏。

然而先秦的典籍①并未将太昊与伏羲视为同一人。相比之下，关于太昊的记载出现的时期更早，并且多记载在《左传》等正史中，地位更高；伏羲则多见于诸子百家之言，在古帝王序列中有时排在黄帝之前，有时又在禹、舜之后。在传说中，太昊是东方祖神，地处华东，而伏羲出生地成纪却在西北甘肃天水，两地相差万里。刘歆是最早提出伏羲就是太昊的学者，他的著作《世经》根据五行相生的五德终始理论为依据，按五行相生之序，首为木，帝王应从木德始，木属东方，太昊是东方之君，象征木德。《春秋·昭公十七年》中又"先言黄帝，上及太昊"，由此得出太昊是最早的上古帝王。而"炮牺（伏羲）氏

太昊伏羲氏

继天而王，为百王先，首德始于木，故为帝太昊"。刘歆从其五德终始理论出发，将原本风马牛不相及的伏羲与太昊合为一体，作为古代帝王世系之先。其后班固在《汉书》中承袭其说，在《古今人表》中将上圣人从黄帝推至伏羲，后世史籍皆采此说，至此，伏羲开始登上官定正史。

---

① 有些学者认为太昊与伏羲连称始于先秦的《世本·帝系篇》，但实际上先秦《世本》早已亡佚，今本《世本》是清人所辑。

西晋的皇甫谧在刘歆《世经》的基础上创作了《帝王世纪》，将三皇定为："伏羲、神农、黄帝。"最早为伏羲氏，代燧人氏继天而王，凡女娲氏、有巢氏等十五世，皆袭伏羲制度，故虽为皇而不自为一代，其后神农氏立传八世，再到黄帝。皇甫谧认为三皇顺序代表三皇时代，而不是三个皇帝的顺序，女娲氏属于伏羲氏时代，所以不能列为三皇。由于黄帝被列为三皇，所以《帝

西方绘画中的女娲形象

王世纪》排列的五帝世系也与《史记》有所不同，原本五帝之首的黄帝变成了黄帝的儿子少昊，五帝的人选则变为：少昊帝青阳氏、颛顼帝高阳氏、喾帝高辛氏、尧帝陶唐氏、舜帝姚虞氏。

后来北周的孔颖达为《尚书》作序，认同《帝王世纪》的说法，写道："伏羲、神农、黄帝之书，谓之《三坟》，言大道也，少昊、颛顼、高辛、唐（尧）、虞（舜）之书，谓之《五典》，常言道也。"因为《尚书》为官学正统，《尚书序》的说法也被后世史籍所采用。伏羲、神农、黄帝为三皇，少昊、颛顼、帝喾、尧、舜为五帝，成为后世的正统说法，包括《三字经》也从此说："自羲农，至黄帝。号三皇，居上世。"伏羲、神农、黄帝成为中国最早的三位帝王。三皇五帝顺序确认了，原本先天祭祀的五方上帝的人选也确定下来，三皇和五帝中的前两位成为

五方上帝人选，即东方青帝伏羲、南方赤帝神农、中央黄帝轩辕、西方白帝少昊、北方玄帝颛顼，人们相信他们死后为神，辅佐昊天上帝统治五方。

## 二、神农氏传说

在各种人间三皇的说法中，神农和伏羲一样也是必有的。传说神农是一个牛头人，他教会人们种植五谷，并以木制耒，发明农具，所以被尊称为神农。他同时也是中国医药之神，相传他长着透明的肚皮，通过亲尝百草、观看植物在肚子里的反应来辨别药物的作用，最后因为误尝断肠草，亲眼看见自己肝肠寸断而死。

和伏羲一样，后世不断将神农和其他祖先神合为一体，神农氏主要有三个称号，一是神农，二是炎帝，三是烈山氏。在先秦古籍中，炎帝、神农氏、烈山氏的称谓大多独立存在，如《庄子》中都只提神农而不称其为炎帝，《管子·封禅》《吕氏春秋》则把炎帝和神农氏作为两个人区别对待。从记载上看，神农氏和炎帝事迹并不重叠，如神农氏发展农业、医药，是黄帝之前的帝王；而炎帝以火为官，曾与黄帝交战。最早有关炎黄二帝的文献《国语·晋语》记载："昔少典娶于有蟜氏，生黄帝、

神农氏

炎帝，黄帝以姬水成，炎帝以姜水成。成而异德，故黄帝为姬，炎帝为姜。"从这则记载看，炎黄二帝两人还是亲兄弟，而且黄帝还排在炎帝之前，炎黄说法也出现较晚，在先秦时期的古籍中，更多称黄炎，多黄帝在前，炎帝在后，这和发明农业的神农的辈分明显不符。

到了西汉时期，《史记·五帝本纪》记载："轩辕之时，神农氏世衰，诸侯相侵伐，暴虐百姓，而神农氏弗能征……炎帝欲侵陵诸侯……以与炎帝战于阪泉之野，三战，然后得其志……诸侯咸尊轩辕为天子，

日本绘画中的神农形象

代神农氏，是为黄帝。"这段话的意思是：黄帝时期，神农氏已经衰落，诸侯之间互相侵伐，暴虐百姓，神农氏不能征讨，于是黄帝讨伐想要欺凌诸侯的炎帝，最后代神农氏而得到天下。

司马迁在文中并未将神农氏称为炎帝，而且先指明"神农氏世衰"，不能征伐诸侯，然后又说"炎帝欲侵陵诸侯"，显然并不把炎帝与神农氏当作同一个人。在《史记·封禅书》"神农封泰山，炎帝封泰山……尧封泰山，舜封泰山"一段中，同时提到神农和炎帝，但是明显并非一人，炎帝是神农之后、尧舜之前的帝王。这充分说明，在西汉时期，人们普遍不把炎帝和神农当作同一个人。

西汉末年刘歆等学者通过五行相生理论得出伏羲就是太昊后，进一

步推论五行以木为首，伏羲是木，木生火，根据《周易·系辞》"伏羲氏没，神农氏作"的记载，神农在伏羲之后，所以神农属性是火，正好和炎帝相符，从而论证出神农就是炎帝，东汉的班固在《汉书》中引用了这种观点，从此神农就是炎帝的论述进入正史，成为广为流传的说法。

而直到东汉时期的经学家郑玄时，烈山氏就是神农炎帝的说法才正式确定下来。郑玄为《礼记·祭法第二十三》"厉山氏之有天下也，其子曰农，能殖百谷"一句作注称："厉山氏，炎帝也，起于厉山，或曰有烈山氏。"到西晋皇甫谧《帝王世纪》进一步写明："神农氏起列山，谓列山氏，今随厉乡是也。"烈山即厉山，也就是今天湖北的随州市厉山镇，如今这里还设有炎帝神农故里风景区。但是根据《竹书纪年》记载："炎帝育于姜水，故以姜为姓。"姜水位于今天陕西宝鸡地区，宝鸡也号称神农的故乡。烈山氏和神农炎帝的合并导致陕西宝鸡和湖北厉山两地神农故里之争。

很明显，炎帝神农氏的形成与太昊伏羲氏一样，是传说融合的结果，其实华夏上古帝王应该有很多，远不止三皇五帝这八人，他们的合并一方面是为了符合阴阳五行的学说，另一方面是由于传说的相似性，如农业神各个民族都有，但是随着这些民族都融入华夏，这些名字不同而事迹相似的农业神最终合为一体，形成了炎帝烈山神农氏之类合体帝王。

对比苏美尔、古埃及与中国的神话传说可以看出，苏美尔人、古埃及人通常将农业等伟大发明视为神灵创造，而人只有尊敬神才能生存。而中国人则将取火、渔猎、农业、水利等伟大发明归功于自己的祖先燧人、伏羲、神农、共工等，祖先崇拜作为中华文明的一大特征，对中国历史的发展产生了极为广泛而深远的影响。

## 三、黄河流域

三皇五帝都是中国传说中黄河流域的部落首领。中国的母亲河黄河是中华文明的主要源头,其发源于青藏高原的巴颜喀拉山,流经世界上最大的黄土沉积区(占世界黄土分布的70%)黄土高原,黄土由细小的粉沙和黏土组成,非常疏松,容易被水冲走。黄河在流经黄土高原时带走大量的泥沙,因此成为世界上携带黄土最多的河流,不但河流变成了黄色,连其注入的大海也变成了"黄海"。如果说尼罗河是埃及人仁慈安详的母亲,给埃及人民带来了安宁和生机,那么中国的母亲河黄河则显得喜怒无常,经常制造可怕的灾难。黄河平时水量不大,经常断流,不利于灌溉、航运和发展渔业,但是每到夏秋暴雨季节,就洪水暴涨,来势汹汹,而且每次洪水泛滥的时间和洪水量都是突然和不可预见的,每到黄河泛滥之际,河水经常漫过河堤,甚至改变河道,带来难以估量的灾难和损失。"十年九害"是对黄河水灾贴切的描述,据1959年

治理黄河图

黄河水利委员会的统计，在2000多年的历史记载中，黄河下游发生决口泛滥1593次，重要改道26次，其中包括7次大改道，每次都造成了极大的破坏。

但是由黄河带来的黄土塑造了中国第二大平原——华北平原。华北平原又称黄淮海平原，是由黄河、海河、淮河、滦河等河流形成的冲积平原，其中黄河是塑造华北平原的主力。华北平原北抵燕山南麓，南达大别山北侧，西倚太行山，东临渤海、黄海和山东丘陵，主要位于河南、河北两省。其地势低平，海拔多在50米以下，路面平坦，一马平川，被称为我国最完整的平原。尼罗河流域与两河流域居民只能集中生活在河流两岸，而华北地区居民却能够在整个华北平原生产生活。华北平原耕地面积占中国首位，由黄河带来的黄土疏松而又肥沃。相比之下，两河流域的土壤又干又硬。而西欧与南欧的土壤则属于高度的黏土质，这意味着这些地区需要等到青铜农具出现后才能进行大规模的土地开垦，而黄土高原与华北平原的农耕者只要用简单的木制工具就能大范围开垦种地，获得好收成。

只有如此广阔肥沃的平原才能养活如此众多的人口，也只有如此平坦无阻的平原才能形成长久统一的国家，为中华文明延续发展至今提供必备的地理条件。华北平原处于中国地理的心脏部位，平原上的河北磁山遗址是北方粮食种植的发源地，磁山文化之后，在约公元前6800年又出现了以河南裴李岗遗址、贾湖遗址为代表的裴李岗文化。裴李岗居民已经住进半地穴式建筑，会种植粟米，饲养鸡猪，以手工制作红陶出名。贾湖遗址位于裴李岗遗址南部，是中国已知最早的北方水稻种植地，在贾湖遗址出土了我国迄今发现年代最早的乐器——骨笛，以及用稻米、蜂蜜和水果味原料酿造出来的世界上最古老的酒精饮料。在遗址中还发现出土的龟甲等器物，其上镌刻的符号，被称为我国已发现的最早的文字的雏形。

约公元前5800—前5400年，黄河中下游的农业文化从华北平原向西扩张到黄河中上游的渭河流域，出现了以甘肃天水大地湾遗址、陕西华县老官台遗址为代表的大地湾和老官台文化，大地湾文化以发现中国最早的彩陶而闻名，其中的天水大地湾遗址是截至目前天水地区发掘出的规模最大、时间最早、延续时间最长、文物珍藏量最丰富的原始社会人类聚居村落遗址。而甘肃天水正好是三皇之首伏羲的诞生地，因此大地湾文化常被视为伏羲崇拜的发源地。不过据《三皇本纪》载："（伏羲）结网罟以教佃渔，故曰宓牺氏，养牺牲以充庖厨，故曰庖牺。"战国《尸子》载："伏羲氏之世，天下多兽，故教民以猎。"可见伏羲崇拜应起源于渔猎畜牧经济群体，而大地湾文化是西北地区最早产生的农业文化，因此伏羲传说也可能并非起源于大地湾文化。

到约公元前5000年，渭河流域的大地湾-老官台文化与华北平原裴李岗文化融合发展形成仰韶文化。仰韶文化以陕西、河南西部为中心，其主要特点是粟作农业、彩陶工艺和半地穴式建筑，平坦广阔的华北平原让仰韶文化迅速扩张到整个黄河中下游地区，是中国这一时期面积最大的新石器文化类型，以制作精美的彩陶著称。早期仰韶文化典型遗址为陕西境内的西安半坡遗址和临潼姜寨遗址。

西安市的半坡聚落是这一时期北方规模最大的新石器聚落，开始时间约为公元前4700年，整个遗址布局以一座160平方米、供氏族成员聚会的大型半地穴房屋为中心，周边共有46座中小型住宅，其外围有壕沟环绕，壕沟北面是墓地，东面是陶窑。半坡人大部分居住在半地穴式建筑中，到晚期出现以木棍做骨架、外涂抹草泥的地面建筑房屋。在半坡遗址中发现了共有20多个符号的陶符，是中国最早的书写符号系统，由于出土符号数量太少，又大多是零散出现的，没有成段、成句，

半坡陶符

对这些符号的含义有许多不同的解读,无法统一,故尚不能确认就是文字。

在临潼姜寨遗址中也出土了与半坡遗址类似的陶符,说明这些符号已经在多个仰韶文化聚落通用。姜寨遗址还出土了一件黄铜片和一个由黄铜片卷成的管状物,年代为公元前4600—前4400年,这是中国最早的冶铜制品,不过"姜寨黄铜"是通过固体还原工艺从天然的黄铜矿(铜锌矿石)直接冶炼而成,而并非已掌握人工配比铜锌合金的技术,所以这种黄铜工艺没能进一步发展和流传开来,中国后来一直到南北朝时期才开始大规模冶炼黄铜。同样,姜寨也没能进一步发展出冶炼提取红铜的技术,所以仰韶文化通常被定性为新石器文化,而非铜石并用文化。

约公元前4000年以后,仰韶文化中心开始从关中向东迁移到中原,公元前3300—前2800年的郑州西山仰韶晚期古城遗址是华北地区已知最早的史前城址。西山古城包括壕沟在内面积共有约3.4万平方米，略小于世界上第一座古城耶利哥的4.8万平方米，与耶利哥的砖石城墙不同，西山古城是夯土筑的城垣。夯土即将泥土压实，华北平原的黄土取之不尽，因此当地的居民就地取材，将黄土夯实筑城。西山古城开启了中国夯土建筑规制的新时代，被誉为"中国土城的鼻祖"，从此夯土城墙成为中国古代城墙的基本形式。

与西山古城年代大体同时的河南省陕县的庙底沟仰韶文化遗址中出土了带有玫瑰花图腾的黑陶，被认为和古中华部落有关（在古代，"华"的意思就是花，在甲骨文中，只有"华"字而没有"花"字）。庙底沟遗址居民父系单倍群O3是今日汉族标志单倍群类型，① 从而进一步证明了庙底沟遗址的居民与现代汉族的亲缘关系。

分子人类学研究证明，仰韶文化的居民正是今日中华民族的重要源头，2013年10月15日，复旦大学现代人类学教育部重点实验室的严实和王传超在开源期刊网站arXiv文章数据库上发表了《40%的中国人的Y染色体来自三个新石器时代的超级祖先》（"Y Chromosomes of 40% Chinese Are Descendants of Three Neolithic Super-grandfathers"）一文。该研究小组抽取了东亚超过7800个男性Y染色体样本测序，发现在5000到6000多年前的仰韶文化时期，中国出现了三个超级祖先，现在40%的汉族男性都是这三个人的后代，这三个超级祖先的年代分别在大约6800年、6500年和5400年前。严实博士将这三位超级祖先称为"农民甲""农民乙"和"农民丙"，他认为他们是最早的集约化农民，因为新石器时代的农业大发展，留下了最多的子孙后代，成为超级祖先。

---

① 单倍群是在分子进化的研究中一组类似的单倍型，它们有一个共同的单核苷酸多态性祖先，可用来标记人类祖先的来源。在人类遗传学中，最普遍被研究的单倍群是（Y-DNA单倍群）和（mtDNA单倍群），其中（Y-DNA单倍群）只能父子相传，所以研究Y染色体，便可以发现人群在父系关系上的迁徙和发展。

黄河流域新石器文化的彩陶

约公元前 3500 年,在仰韶文化自西向东发展到中原地区的同时,黄河下游出现了以山东泰安大汶口遗址为代表的大汶口文化。山东泰安大汶口墓地也是当时中国最重要的墓地群,其墓葬中的小型墓无随葬品,大型墓中则包括精美的陶器、玉器、象牙、龟甲等多达上百件的随葬品,表明中国已经进入等级分化明显的社会。大汶口文化时代开始出现快轮制陶技术,用快轮制作陶器不仅效率很高,而且形状规整,胎薄体轻。先进的制陶技术也让大汶口陶器文化得到快速发展,起源于山东的大汶口文化的覆盖范围也向西延伸到原本仰韶文化主导的中原地带。仰韶文化向东发展受挫,在约公元前 3300 年向西发展形成黄河上游的马家窑文化①。此时黄河流域从上游到下游,自西向东分为黄河上游的马家窑文化、黄河中游的仰韶文化、黄河下游的大汶口文化三大区域,三大新石器文化连成一片,都以彩陶为主要特色,其中

---

① 马家窑文化因发现于甘肃临洮的马家窑村而得名。

又以马家窑文化出土的陶器中彩陶比例最高,被誉为中国彩陶工艺的巅峰。

### 四、长江流域与辽河流域

黄河流域是中国文明的母亲河,而长江流域则是中国文明的另一个重要源头。长江是仅次于非洲尼罗河和南美洲亚马孙河的世界第三长河,发源于青藏高原的唐古拉山脉,流经青海、西藏、云南、四川、重庆,出重庆与湖北间的三峡后才称长江,也就是长江中下游地区。黄河在北方地区造就了中国第二大的平原——华北平原,长江则在南方地区造就了中国第三大平原——长江中下游平原。

长江被称为"黄金水道",无论是发展渔业、灌溉、航运,都有着黄河不能比拟的优势。同时长江形成了一道难以逾越的天险,所谓"长江天堑,古以为限隔南北",从三国的赤壁之战,到之后南北对立的政权,都倚仗长江天险。长江也是汉族政权除长城之外重要的防线,历史上一般北方政权一过长江,南方政权很快就会灭亡。

长江中游地区是稻作新石器文化的发源地,在湖南澧县彭头山遗址中出土了大量的稻谷及夹炭陶器,并发现了木骨泥墙的地面建筑,年代远早于仰韶文化的木骨泥墙建筑,可见木骨泥墙地面建筑很可能是从长江流域传入黄河流域的。起源于湖南澧县华垱遗址的"挖沟-垒墙"聚落防护工程在彭头山文化时期也不断发展,在约公元前6500年,彭头山文化出现了一座保存较为完整的土围聚落,即今湖南澧县的八十垱遗址。

该遗址三面有墙,外有宽2—3.5米、深近2米的壕沟环绕,围墙采用未加工的生土堆筑而成,所谓生土堆筑就是堆积在一起的土坡,土围从壕沟沟底距墙顶有3米多,底宽约5米,顶宽约2米。从沟、墙设施构造来看,这种矮墙除了用于防敌和野兽外,更重要的作用是用来排

城头山古城墙遗址

涝防洪。从面积上看，八十垱遗址土城面积还不到8000平方米，和一个足球场差不多大，远不及西亚耶利哥古城的4.8万平方米，所以一般不把八十垱作为中国古城的起点。

在彭头山文化之后，约公元前5000年，长江流域的湖南汤家岗遗址重现了与彭头山八十垱遗址相似的"环壕土围"建筑，被称为汤家岗文化。汤家岗文化后期"环壕土围"的规模进一步加大，典型代表为约公元前4500年的湖南省常德市澧县城头山遗址，约公元前4000年，城头山遗址进入大溪文化阶段，其土墙规模进一步加大，城内面积扩张到5万平方米，与西亚耶利哥古城面积相当，其年代则比黄河流域最早的西山古城（约公元前3300—前2800年）还早了至少700年，城头山遗址也因此被许多人称为"中国第一古城"。不过严格来说，像耶利哥、城头山这类遗址只能算是"有城无市"的大型防御性聚落，与现代定义的"以非农业活动为主，承担一定地域范围内政治、经济、文化中心职能的地理实体"的城市仍有较大区别。

到约公元前3300—前2600年的屈家岭文化时期，城头山古城占地面积达15万多平方米，城内面积有8.8万平方米，城墙也由生土墙改为夯土墙，城外有35米宽的护城河，城内有用烧好的土铺成的长约30米的道路的遗址。在城头山所在的长江流域中游地区出现了8座互相连接的古城，相比之下，黄河流域只发现了1座同一时期的面积仅3.4万平方米的西山古城。与黄河流域的土城遗址相比，上古新石器时代长江流域的城墙大多内陡外缓，高度较低，却极为宽厚，如典型的城头山城墙底宽达 20—30 米，高度却只有 2—5 米，和后来中国古城墙的宽高比例完全不同。这种内陡外缓的宽矮墙最主要的用途是防洪，御敌的作用倒是次要的，而且其城墙内侧和外侧都有巨大的环壕，可见环壕的首要作用也不是防御，而是作为连接城内外的人工水道。对比早期的陆运，水运无论载重还是速度都是最理想的交通方式，可以用船来运输物资供养城内的居民。正是水运的便利，让长江流域出现了最早的古城与城镇群，大多数学者认为，同一时期的长江流域城址规模之所以要比黄河流域大得多，其中一个重要原因就是长江流域的水运远比黄河流域便利。

长江流域便利的水运交通条件，也使起源于长江中游的稻作新石器文化迅速扩张到长江下游地区，在浙江萧山就发现了约公元前 6000 年的跨湖桥遗址。该遗址中除发现了稻谷遗存和陶器，还出土了我国最早的生漆制品——涂有生漆的漆弓，以及 7000—8000 年前中国最早的独木舟[①]，号称"中华第一舟"。

到约公元前 5000 年，继杭州萧山跨湖桥文化之后，长江下游以南地区又兴起了以宁波余姚河姆渡文化遗址为代表的河姆渡文化。河姆渡文化居民 Y 染色体 DNA 是 O1，和台湾南岛语系民族相同，被认为是百越民族的前身。在河姆渡之前的长江流域稻作农业遗址中未发现任何农具，缺乏在水稻种植中使用工具的证据，这说明当时的农业生产方式可能属生荒火耕类型。而在河姆渡遗址发现了中国最早的农具——耒耜，耒耜形如木叉，上有曲柄，下面是犁头，这也是古代传说中最先出现的农具，《礼·含文嘉》说，神农"始作耒耜，教民耕种"。

纺织业方面，河姆渡遗址中出土了陶纺轮、石纺轮、管状骨针、打纬木刀和骨刀、绕线棒等纺织工具，被认为可能是世界上最早的原始织

---

① 已知世界最古老的独木舟则出土于荷兰，其年代约为公元前 6300 年。

布机组件。河姆渡常见的纺织材料是野生葛编织的葛布,葛布质地细薄清凉,古代多用作夏衣。在河姆渡遗址中还出土了苎麻纺织品,与西亚使用的亚麻布、南亚使用的黄麻布不同,中国直到宋代才开始生产亚麻布和黄麻布,之前使用的最主要的大宗衣料为苎麻布与汉麻布①,从宋朝到明朝才逐渐为棉布所替代。

干栏式建筑是河姆渡文化的主要建筑形式,所谓干栏式建筑是指将屋舍建在高出地面、以木或竹支撑的柱架之上,主要目的是躲避地上虫兽的侵害和地底的潮湿,中国西南地区苗族、壮族、布依族等少数民族的传统民居住宅就属于半干栏式建筑,俗称吊脚楼。河姆渡遗址出土的许多干栏式建筑木构件上凿卯带榫,这是中国最早的榫卯结构,奠定了我国以后木建构建筑的基本形式,榫卯结构后成为中国古代建筑和家具及其他木制器械的主要构造方式,直到近代才被更廉价方便的钉子取代。

在河姆渡文化之后,约公元前 3600—前 3350 年,在长江下游巢湖流域兴起了安徽含山凌家滩聚落。在凌家滩遗址发现了面积近 3000 平方米的红陶块建筑遗迹,被认为可能是神庙建筑,而位于凌家滩遗址的最高处、面积约 1200 平方米的大型祭坛遗址是我国目前已知的同时期规模最大的一处祭坛遗址。凌家滩文化最为知名的是在这里出土的精美玉器,包括玉人、玉鹰、玉斧、玉版、玉龟等,其中出土的含山玉版上刻有原始八卦图,含山玉版和玉龟同时出土,玉版夹放在玉龟的龟甲里面。这正好和《太平寰宇记》中"伏羲于蔡水得龟,因画八卦之坛"的记载相吻合。伏羲画"八卦"为中国传说中最早的符号创造行为,八卦以横线的方式,用"—"代表阳,用"--"代表阴,用三个这样的符号,组成八种不同形式,分别代表天、地、风、雷、水、火、山、泽八种自然元素,象征世界的变化与循环,成为中华文明的重要图腾。含山

---

① 汉麻布属于纤维型的大麻,有"国纺源头,万年衣祖"之称,《大戴礼记》所记载的"麻、黍、稷、麦、菽(大豆)"五谷中的麻不是亚麻,而是指这种纤维型的大麻。

红山文化玉猪龙

红山文化玉鹰

玉版的出土进一步证明了长江流域也是中华文明的重要源头之一。

凌家滩文化是中国南方玉器文化的典型代表，而约公元前4000—前3000年东北辽河的红山文化则代表了同时期北方玉器文化的最高水准。红山文化是由中国更早的"玉文化"兴隆洼文化发展而来的，其出土的玉器包括目前已知最早的玉龙、玉猪龙、玉鹰等。除了卓越的玉雕技术，红山文化还以宏大的积石祭坛、中国最早的神庙遗迹而闻名。红山文化流行女神崇拜，在积石祭坛遗址出土了很多陶塑裸女。号称中国最早的神庙的牛河梁女神庙是一座半地穴式的建筑，神庙总长18米，宽2—9米，内供奉有陶塑女神雕像，神像面部涂有红彩，眼珠镶嵌有青色圆玉片，是中国最早的女神像。

从红山文化遗址可以看出，在这一时期，东北的辽河流域有着可媲美黄河流域与长江流域的新石器文化。然而东北地区虽然拥有十分肥沃的黑土地，但因其日照时间短、霜冻期比较长，而能在高纬度地区生长的高粱、玉米、土豆、春小麦等抗寒农作物此时尚未传入中国，因此红山文化属于农牧渔猎综合经济类型，渔猎经济在红山文化仍占有很大比例，红山文化的发达与当地采集、狩猎资源丰富有很大关系。所以随着农业生产力的发展，适合当时农作物种植的黄河流域与长江流域逐渐成为以后中华文明的中心地区。

## 第四节　印度河流域与欧洲史前文化

> 身毒国（印度）在大夏东南可数千里。其俗土著，与大夏同，而卑湿暑热。其民乘象以战。其国临大水（印度河）焉。
>
> ——［东汉］班固，《汉书·张骞传》

### 一、印度河流域

在世界历史上，与长江流域一样缺乏文献记载却留下丰富考古遗址的还有印度河流域。印度河流域的文明不仅要早于恒河流域，而且印度这个名称也源于印度河。

古印度雅利安人最早用"婆罗多的土地"（婆罗多是印度传说中的一位伟大国王）来称呼他们居住的地方，印度河的称呼则源自雅利安人梵文"Sindhu"（发音"信度"或其变音"兴都"，中国古代译作"身毒"或"天竺"），意即河流。印度人的西邻波斯人将印度河"Sindhu"按波斯语读成"Hindu"，而"Hindu"一词从波斯传入希腊后则被按希腊语音译为"Indus"，并用来称呼印度河流域及其以东地区。英语的"India"（印度）就是从古希腊语"Indus"演变而来，后来印度成为英国殖民地，"India"成为印度最普遍的称呼，不过今日印度宪法依然使用两个国名，一个是"India"（印度），另一个是"Bharat"（婆罗多）。

印度河发源于青藏高原，流经喜马拉雅山与喀喇昆仑山两山脉之间，河流冲积而成的印度河平原是世界十大平原之一。印度河流域和尼罗河流域、两河流域一样大部分是热带和亚热带干旱气候，炎热少雨、万里狂沙，而印度河也和尼罗河、幼发拉底河和底格里斯河一样滋润着两岸贫瘠干旱的大地。印度河一年一度的泛滥给两岸的农作物带来了充足的水和肥沃的土壤。在古代，印度河是南亚文明的发源地，在今日依

印度河流域

旧是巴基斯坦最重要的农业灌溉和生活水源,河流两岸居住着巴基斯坦80%的人口。

印度河流域在巴基斯坦境内的部分和最早的农业中心新月沃地间隔着伊朗高原,在约公元前7000年,与伊朗相邻的巴基斯坦俾路支斯坦省最先进入新石器时代农业社会。从地理和文化面貌上看,巴基斯坦俾路支斯坦新石器文化明显是受邻近的伊朗新石器文化影响而产生的。俾路支斯坦的主体俾路支高原本属伊朗高原的一部分,现代的俾路支人也是东伊朗人的一支,其最早农牧作物也都来自西亚。历史上伊朗高原和印度河流域联系十分紧密,伊朗等西亚势力曾经多次统治过印度河流域,如今的巴基斯坦与西亚各国一样普遍信仰伊斯兰教。印度河流域强盛时期也曾向西北扩张到伊朗高原,今巴基斯坦领土就包括伊朗高原东南部地区的俾路支高原。

从新石器时代开始,印度河流域就受到来自伊朗的影响,伊朗西部山脉和新月沃地同为西亚最早的农牧业中心,伊朗高原和印度河流域的关系,好比黎凡特、小亚细亚高原和两河流域的关系。两河流域的农业在刀割火种时代落后于黎凡特与小亚细亚高原,但随着灌溉农业的出现,西亚的农业中心开始从黎凡特与小亚细亚高原转入两河流域。同样,印度河流域的农业也晚于伊朗高原,出于灌溉的需要,部分伊朗高原的农民向东南迁移到印度河流域。印度河流域早期最重要的农业遗址梅赫尔格尔就坐落在连接伊朗高原与印度河平原的交通要道上。

梅赫尔格尔聚落的人口在公元前6000年就达到了1000人。约公元前5500—前4800年梅赫尔格尔进入二期有陶新石器时代,开始出现陶器和陶窑。除种植来自西亚的农作物外,梅赫尔格尔居民开始了最早的棉花种植,培育出亚洲棉。亚洲棉属于粗绒棉,虽然现今除了印度之外已经很少种植,但在美洲棉引进之前,亚洲棉与亚麻同为亚欧大陆最重要的纺织原料,在中国元朝,亚洲棉已经替代麻成为主要衣料。梅赫尔格尔人还成功将当地俾路支山地牛瘤牛驯化为家畜,瘤牛因肩背上长有巨大的肉瘤而得名,在今日印度和巴基斯坦普遍饲养。除瘤牛外,印度河流域的人们还驯养了水牛垦田。印度水牛属于河水牛,和东南亚的沼泽水牛属于不同品种。

瘤牛
梅赫尔格尔人驯化的俾路支山地牛,因肩背上长有巨大的肉瘤而得名。

约公元前 4800 年，印度河流域梅赫尔格尔进入三期（公元前 4800—前 3500 年）铜石并用时代，发现了熔炼坩埚、刀、斧、钻、镜、凿、锤、匕首、镯、环、别针、铜条等红铜器物，黄金也开始被使用，还有上釉彩陶和精美的女性俑，这是南亚最早发现的陶瓷雕像。

约公元前 3300 年，印度河流域进入早期哈拉帕文化阶段。哈拉帕文化因其主要城市遗址哈拉帕而得名，在这里发现了印度河流域最早的刻有图画文字的黏土和石碑。广义的哈拉帕文化的时间跨度约为公元前 3300—前 1300 年，可分为早期哈拉帕文化（公元前 3300 年—前 2600 年）、中心期哈拉帕文化（公元前 2600 年—前 1750 年）、后哈拉帕文化（公元前 1750 年—前 1300 年）三个阶段，有些著作中的哈拉帕文化仅单指中心期哈拉帕文化阶段，即印度河文明阶段。而早期哈拉帕文化则是后来印度河文明的前奏，在这一时期，水利灌溉设施和用牛犁地开始出现，并发现了以青铜箭镞和青铜锄、镰刀为代表的青铜器。到了约公元前 2800 年，早期的哈拉帕文化进入果德迪吉文化时期，代表遗址果德迪吉已经是一个有城墙和堡垒的城镇，居民住在石基泥砖房中，用来自阿富汗的天青石制作的手镯、珠子以及象牙雕刻和黄金制品是当地的主要奢侈品。遗址中还发现了供小孩玩耍的玩具轮车，说明印度河流域也开始使用轮式车辆。此外还出土了染缸和用染色印版（压印刻版）染制织品上的图纹。不过就其发展程度而言，这一时期印度河流域尚未迈入文明社会，不仅远不如两河流域与尼罗河流域，也不及当时的欧洲地区。

## 二、农业在欧洲的扩张

与印度河流域的哈拉帕文化遗址一样，这一时期的欧洲史前文化遗址也没能留下相关文献记载。希腊是欧洲文明的摇篮，也是欧洲最早的新石器文化中心。约公元前 7000 年，与印度河农业文化出现大体同期，希腊也出现了欧洲最早的农业文化。

在地理上，希腊紧连西亚的小亚细亚半岛，是连接欧亚两地的交通要道。创造希腊最早新石器文化的并非欧洲土著，而是来自小亚细亚、黎凡特地区的西亚移民，被称为地中海民族。受干旱气候的影响，奉行刀耕火种的西亚农夫不仅开始向周边大河流域迁移发展灌溉农业，而且也开始向降雨量较丰富的欧洲扩散，继续进行开垦工作。欧洲全年有雨的湿润气候、便于灌溉的密集河网，吸引了因干旱而迁移的小亚细亚农夫，他们将西亚的农业文化带入欧洲。

希腊半岛新石器文化分为北方内陆色萨利平原和南方沿岸伯罗奔尼撒半岛、克里特等爱琴海诸岛两大区域，其中北部的色萨利平原是最早的新石器文化中心。和西亚农业先于陶器出现相同，农业也先于陶器传入希腊，约公元前6800—前6500年为希腊前陶新石器文化时代，约公元前6500年后希腊才进入有陶器新石器时代。到约公元前5000年，希腊半岛色萨利平原出现了一个大规模定居点赛斯克罗，其面积达20万平方米，包括防御城墙、公共谷仓、街道广场以及500—800座石基土坯房，人口为3000—5000人，规模远超过除两河流域以外的世界其他地区。

在赛斯克罗城达到全盛的同时，其周边古希腊第二座古老城镇迪米

希腊半岛新石器时代的陶器

尼城兴建起来。迪米尼生产比赛斯克罗更富丽的彩陶，其制作风格奔放、富于变化，以回绕器壁的带纹大花之间穿插螺旋纹图案出名，被认为是希腊史前彩陶的杰作。比彩陶更出名的是它的防御建筑，建在小丘之上的圆形城堡长宽均约百米，由内至外共有6道高约2米、厚0.8米的石砌围墙，各围墙之间有横墙阻断，最里一圈墙垣结构最为厚实，其内为一中央庭院，筑有一座长11米、厅内宽约6米的麦加伦型（长方形有柱廊的）厅房建筑，是整个城堡中最重要的建筑物，这种城堡建筑是后来古希腊卫城的先驱。迪米尼的城堡显示出他们尚武的特征，人口众多的赛斯克罗城最终惨遭迪米尼入侵而被摧毁，以后直到青铜时代到来，希腊半岛才有超过赛斯克罗人口规模的定居点。

希腊不仅是欧洲最早的农业中心，也是欧洲农业传播的始发地，与尼罗河和印度河流域不同，农业传入埃及尼罗河流域后就难以扩张，由于埃及和非洲其他地区的地理隔绝性，农业种植仅限于尼罗河下游两岸，尼罗河以西的沙漠草原不适合种植农作物，尼罗河第一大瀑布以南的激流险滩，以及非洲内陆的热带草原与热带雨林气候同样不利于西亚麦类作物生长，这也是撒哈拉以南非洲地区农业发展相对缓慢的重要原因。至于南亚的印度河流域以东地区，属于季雨量大、长期高温的热带季风气候，不耐湿热的西亚麦类作物在此也水土不服，南亚农业的全面普及要等到水稻普遍种植后才得以实现。

相比之下，欧洲南部沿海地区和农业发源地西亚黎凡特同为地中海气候，西亚农作物在此生长毫不费力。早期农业因为刀耕火种，经常需要更换地点，有迁移性的特点，而欧洲平原多、降水多，正适合它发展。来自西亚的农业文化很快从希腊扩张到了整个南欧三大半岛和欧洲南部沿岸，南欧三大半岛自东到西依次是巴尔干半岛、亚平宁半岛和伊比利亚半岛，也是欧洲文明依次出现的地方。其中巴尔干半岛又称为东南欧地区，包括希腊、保加利亚、罗马尼亚、阿尔巴尼亚和塞尔维亚、黑山等，亚平宁半岛又名意大利半岛，而伊比利亚半岛是西班牙、葡萄牙所在的半岛。从约公元前6400年开始，农业从巴尔干半岛西端沿地中海一线扩张，到约公元前5400年已扩张至意大利全境和法国南部及西班牙、葡萄牙沿海地区。由于该线路上的文化陶器表面多压印几何纹做装饰，所以被统称为印纹陶文化。印纹陶文化不仅在欧洲地中海沿岸传播，还扩张到西北非地区，由于东北非埃及尼罗河以西的沙漠草原不适合农业种植，所以农业无法进一步向西扩张，但是纬度较高、邻近欧洲的西北非地区和欧洲南部一样为比较湿润、降雨较充沛的地中海气候，适合农作物的种植。在西南欧的西班牙和西北非的摩洛哥之间的直布罗陀海峡最窄处宽仅13公里，约公元前5000年，欧洲印纹陶农业文化正是经此传入非洲，形成西北非的地中海印纹陶文化。

农耕社会除了在南欧地中海沿岸扩张外，也向中欧和西欧扩张，这次扩张可能源自一次灾变。约公元前5500年，全球气候迎来一个变暖时期，地中海海平面不断上升，最终突破了西亚小亚细亚半岛和欧洲巴尔干半岛之间的地峡，形成土耳其海峡，海水经土耳其海峡进入巨大的尤克森湖中，将其变成了面积更大的黑海，黑海的泛滥使得北岸欧洲的农耕人口开始迁入中西欧地区。

中西欧地区多为温带海洋性气候，全年温和多雨，与地中海沿岸的黎凡特气候不同，所以农业扩张较为困难。不过欧洲内陆密布的河网为农业扩张提供了十分便利的条件，和两河流域、尼罗河流域等干旱地区的大河流域不同，欧洲农业沿河迁移主要不是为了便于农业灌溉，更重要的原因是欧洲内陆大部分土地为森林所覆盖，新石器时期的农夫没有大面积开垦茂密丛林的能力，河谷地区的森林不太茂密，可以开展集约型园圃农业，同时河流还为农业扩张提供了便利的交通。

多瑙河也是这次农业扩张的生命线。多瑙河是仅次于伏尔加河的欧洲第二长河，它发源于德国南部，自西向东流经9个国家后注入黑海，是世界上干流流经国家最多的河流。欧洲早期的农夫正是从注入黑海的多瑙河出发,一路沿河迁移,将农业传入德国南部多瑙河的源头。在多瑙河源头不远处就是莱茵河,农夫继续顺着莱茵河北上,至约公元前5200年,农业已达莱茵河入海口处,今荷兰鹿特丹地区,并进一步扩张到周边今法国北部塞纳河一带。因这一路多瑙河文化遗址出土的陶器上常见各种线状刻画纹,故又称为线纹陶文化。

多瑙河线纹陶文化分布地带的气候普遍阴冷潮湿,西亚、南欧的种植大麦加牧羊组合在此并不适用,所以该地居民以种植小麦、牧牛为主,后期出现养猪业,牛来源于西亚,猪则是从本地欧洲野猪驯化而来。西亚、南欧流行的泥砖房、石凳在此也被当地由木头、茅草建成的长方形房屋和木制长椅凳取代。在新石器时代欧洲的湖岸水域地区还出现了湖桩建筑,通过在水下竖立紧密排列的木桩,在木桩上平铺涂有黏土的木板形成建造房屋的平台,从而制成建在水上的桩屋。代表有阿尔卑斯的史前湖桩建筑群(2011年被列入联合国教科文组织《世界遗产

复原的阿尔卑斯史前湖桩建筑

名录》)。在线纹陶文化遗址中还发现了榫卯结构工艺的木结构水井,其年代早于中国河姆渡遗址出土的木构水井(约公元前3600年)。

欧洲新石器时代留下的最著名的遗存就是所谓的巨石建筑群,约公元前5000—前2000年,欧洲西部出现了大范围的巨石建筑,被称为巨石文化,最早出现在西班牙和葡萄牙,后来遍及整个欧洲西部地区。巨石建筑可分为石墓、独石、列石、石圈、石座、石台、石庙和金字塔形建筑等,所用石头规模巨大,后世多传说为巨人所建。位于法国的卡纳克石阵建造年代始于约公元前4300年,由1099块巨石排成长约1000米、宽约100米的矩形石阵,石块中最大的重约350吨,高达20米,是早期巨石阵的典型代表。爱尔兰首都都柏林以北的博因河谷巨石墓地由三座大型石墓组成,其中最大的纽格兰奇巨墓约建造于约公元

马耳他巨石神庙

英格兰索尔兹伯里巨石阵

前3200年,由20多万吨石土块垒成,共用了97块数吨重的大石头铺就。马耳他岛上的巨石神庙群也都用数吨石灰岩巨石建成,其中最高的神殿高达8米以上,神庙前有长达660米的铺路石板。除了在地上修建神殿外,马耳他居民还在地下10米深处建起哈尔·萨夫列尼地下宫殿,作为举行关于死亡、丧葬和来世仪式的死亡神庙。而最著名的巨石文化建筑当属建于约公元前4000—前2000年英格兰索尔兹伯里平原上的巨石阵,巨石阵由100多块高6—7米、单块重30—50吨的巨大砂粒岩环绕而成,形成柱廊形状。考古证明,此巨石阵并非修建于一时,而是在千余年中分几个不同阶段完成的。巨石阵采用木结构建筑常见的榫卯结构,但这其实是十分费力而又效果不佳的石材连接方法,榫卯结构更适合木建筑,研究认为石阵的榫卯结构制作的灵感可能来自当时附近的巨木阵,巨木阵距离巨石阵只有800多米,由环绕深坑的大木柱组成,其规模与巨石阵不相上下,只不过是用木头建造的,被认为可能是巨石阵的前身。

### 三、欧洲大陆的铜石并用文化

在小亚细亚的农业文化传入欧洲千余年后,其冶金工艺也传入欧洲,欧洲三大半岛中的巴尔干半岛是欧洲最邻近小亚细亚的地区,这里也是欧洲最早的铜石并用文化中心,巴尔干半岛中部盛产铜矿,在这里形成了以温查文化为代表的铜石并用文化。温查文化因最早在塞尔维亚的温查村发现而得名,存在时间约在公元前 5500—前 4500 年,主要分布在巴尔干半岛的塞尔维亚、罗马尼亚和保加利亚的多瑙河中游地区。其中单是在塞尔维亚就发现了 20 多座约公元前 5000—前 4000 年的铜矿,而在塞尔维亚南部约公元前 5400—前 4700 年的布洛克尼克遗址发现的鲁德纳格拉瓦铜矿更是已知欧洲最早开发的铜矿。布洛克尼克的工匠已经懂得使用蓝铜矿、孔雀石、赤铜矿等铜矿提炼颜色,并用冶炼红铜做串珠装饰和小工具,在遗址的一个金属铸炼房屋里发现了青铜铸造的凿、锤、斧等工具,这是世界上最古老的锡青铜器,其时间约在公元前 4500 年,不过这些锡青铜器与仰韶文化的"姜寨黄铜"(公元前 4600—前 4400 年)一样是直接由天然共生矿冶炼而成,当地居民并没有掌握人工配比的青铜冶炼术,因此也并未进入青铜时代。

在温查文化遗址中还发现了大量刻在泥板上的书写符号,已发现的温查符号总数超过 200 个,其中约 30 个是主体符号,其余是变体和复合造字,它们大多数雕刻在护身符、陪葬陶俑、雕塑以及陶土器上。所有刻有符号的出土文物都是在神庙和祭祀场所发现的,这表明这是一种祭司专用的宗教符号,祭司通过这种方法记载宗教礼仪、祭祀活动和殡葬仪式。

在温查文化之后,巴尔干半岛保加利亚普罗瓦迪亚附近的索尼萨塔古镇出土了约公元前 4700—前 4200 年的 3000 件黄金

刻有温查符号的文物
在多瑙河流域一带的遗址中多有发现。图为在保加利亚 Gradeshnitsa 考古发现的刻有温查符号的石板。

饰品，这是已知世界上年代最早的黄金制品，表明在黄金工艺上，欧洲地区的发展可能早于两河流域与古埃及。

从考古上看，欧洲出土的车轮在年代上也早于两河流域，1989年，在德国夫林班克的一座墓冢中发现了三道车轮的印辙。这些车轮印痕的校正年代为公元前3650年—前3400年，属于欧洲新石器时期的漏斗颈陶文化时期，其年代略早于两河流域乌鲁克文化时期出现的轮式运输工具（约公元前3500—前3100）。在波兰南部的布洛诺西漏斗颈陶文化遗址中也发现了年代约为公元前3530—前3310年的带车形图案的陶器罐子。而在斯洛文尼亚发现的约公元前3150年的卢布尔雅那沼泽轮则是现存世界上最古老的轮子。可见，在公元前4千纪中后期，两河流域、中欧及东南欧地区都发现了世界上最早的轮车，因此也有学者认为车子是在欧洲及两河流域分别独立发明出来的。欧洲最早的轮车和两河流域一样都是四轮的，所不同的是，两河流域的车子多用驴拉，而欧洲拉车的主要是牛。轮式运输工具带来的运输革命也让这个时期的欧洲能像两河流域一样出现大规模的城镇。

在今乌克兰和罗马尼亚境内，约公元前4000年，兴起了特里波利耶-库库泰尼文化（简称特里波利耶文化）是这一时期欧洲铜石并用文化的典型代表。该文化因乌克兰境内的特里波利耶遗址和罗马尼亚境内的库库泰尼遗址而得名，主要分布于罗马尼亚东喀尔巴阡山至乌克兰第聂伯河中游一带，以铸造铜器和制造彩陶出

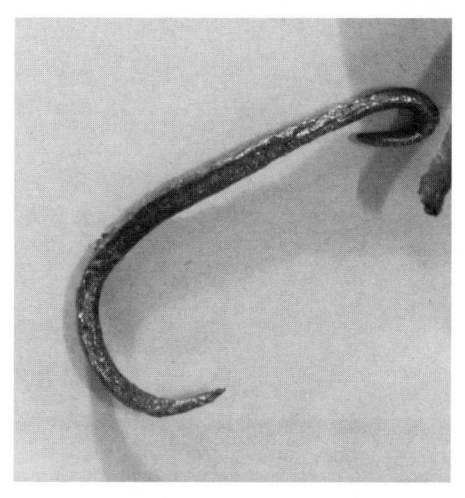

特里波利耶-库库泰尼文化铜针

名，其红铜器具的锻造采用了焊接技术，并开始铸造斧、锥、凿、刀、剑等铜制品。特里波利耶-库库泰尼文化最出名的就是其大规模的城市遗址群，该文化有90个超过10万平方米的居住点遗址，其中29个超过100万平方米，6个超过200万平方米。其典型遗址爱莱斯德、库库泰尼、特里波利耶等人口达1万—2万，其中最大的塔利安基城人口有2万—3万，面积更达到335万—450万平方米，是当时世界上面积最大的城址。各大城址外有壕沟土墙，内有街区和大型公共仪式建筑，城内居民普遍居住在2—3层楼房中，遗址呈现出市中心、城镇、村落三个层次聚落等级。特里波利耶文化遗址中还发现了西方最早的类似于太极的图案，这是当地流行的部落图腾，特里波利耶太极图曾在上海世博会乌克兰馆中展出，引起轰动。

### 四、印欧游牧民来袭与基克拉迪青铜文化

特里波利耶文化堪称当时世界上规模仅次于两河流域的铜石并用文化，已经处在文明的前夜，却最终没能继续发展，现多认为特里波利耶文化衰落和东部印欧人的入侵有关。

印欧人是使用印欧语系人群的总称，印欧语系包括日耳曼、拉丁、凯尔特、斯拉夫、印度、伊朗等诸多语族，语言学界认为这些语族彼此之间具有亲属关系和相似性，都是从"原始印欧语"分化出来的。原始印欧语的起源目前尚存争议，主要存在两种假说，即"库尔干假说"和"安纳托利亚假说"。"安纳托利亚假说"认为，印欧语系语言起源时间较早，于公元前7500年到前6000年间在安纳托利亚地区扩散开来。而"库尔干假说"则认为，印欧语系最初是在公元前4500年到前3500年间随着畜牧业而发展和传播开来，这也是目前最被广为接受的有关印欧人起源的学说。

"库尔干假说"通常又被称为"坟冢假说"，根据这一假说，古印欧

人最早应生活在特里波利耶文化分布地区以东乌克兰和俄罗斯南部的东欧大草原（又称南俄罗斯草原）上，主要以牧牛为生，并从事少量的耕作。东欧大草原气候适宜、水草丰富、地势平坦，是捕猎游牧的理想之地。在这里发现的"坟冢文化"也是目前所知年代最早的印欧人的考古文化，该文化因印欧人用石头或木头筑成的房屋状圆顶的坟冢而得名。

由于印欧人主要靠畜牧为生，所以他们和蒙古人一样逐草而居，"坟冢文化"呈现随季节和水草迁移的特点，没有发现大规模的定居点。原始的游牧部落往往是半农半牧或半猎半牧的，畜牧往往依附在种植或狩猎的基础上，这是因为人类自身移动的距离有限，无法实现大规模的迁移放牧。在车轮被发明出来从而引发交通革命之时，印欧人实现了另一项引发交通革命的壮举——马匹的驯化。当时的东欧平原上活跃着奔跑迅速、性格温顺的欧洲野马，对世界上所有人工驯养马种的DNA检测结果表明：世界上所有的人工驯养马种都来源于哈萨克和东欧草原上的欧洲野马。而考古遗址中的发现也证明了这一点，已发现可能是最早的驯养马的骨骸便出现在乌克兰的斯莱德涅斯多格文化（约公元前4500—前3500）与哈萨克斯坦的波泰文化（约公元前3700—前3100）的遗址中，而这两处文化都与印欧人有关。

马的驯养解决了空旷原野的交通运输问题，在一些不适合种植的干旱地区，畜牧业开始完全脱离农业和狩猎而快速发展起来，从中国东北到中欧的辽阔草原地区兴起了游牧文化。马可以说是对人类文明影响深远的牲畜，古代游牧民族正是靠马匹征服了人口超过自己千百倍的农耕民族。相比农业，游牧生活需要有大面积的天然牧场，而且要随着水草迁移，所以游牧地区的人口密度非常低，每平方公里内往往只有1—5人，如此低的人口密度和四处迁移的生活方式自然难以形成发达的经济。游牧经济产品单一，所以他们经常靠着战马这项古代最重要的军事优势侵掠物产丰富的农耕民族，这种局面直到火器革命粉碎骑兵的巨大

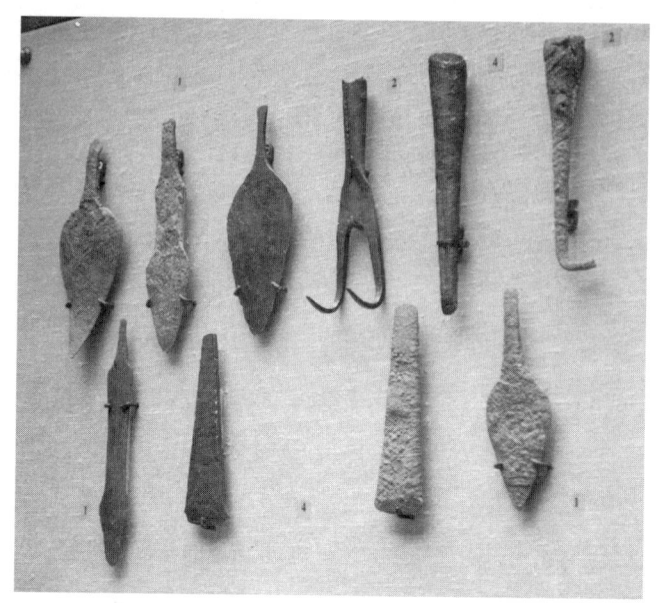
印欧人坟冢中的青铜器

优势之后才发生改变。

除了驯化马匹,印欧人还将笨重的四轮车改装成轻便的能够灵活转向的两轮车,高大的马和轻便的两轮车组成的马拉战车,其威力远比其他地区的牛车和驴车更强悍迅捷,这为他们日后的大迁徙提供了技术上的保障。由于印欧人所处的东欧大草原和欧洲最早的青铜文化发源地高加索山脉的迈科普文化①相连,所以印欧人也成为最早一批掌握青铜武器使用的欧洲人。手持青铜武器,驾驭马拉战车的印欧人,就此开始了大规模的种族迁徙。

从新石器时代起,欧洲实际上可以分为两大区域,一个是东欧的原始印欧语文化区,另一个是由非印欧语居民占据的古欧洲区。东部印欧

---

① 高加索山脉的迈科普文化时间为公元前3700—前3000年,在迈科普文化遗址中发现了青铜剑和其他一些青铜物品,其年代与伊朗早期青铜器相当,同为世界上最早的一批冶炼砷青铜。高加索山脉就在伊朗高原北部,因此有许多考古学者认为伊朗—高加索一带共为青铜冶炼技术的起源地,西亚的砷青铜冶炼术正是经高加索山脉的迈科普文化传播到欧洲内陆。

区过着游牧或半游牧的生活，生产力较为落后，尚武好战；而西部的非印欧语居民则过着定居的农业生活，生产力较为发达。在以后的历史进程中，较为落后却好战的东部印欧游牧民，凭借着青铜武器和马拉战车的军事优势逐步征服了西部非印欧语居民。在欧洲，印欧人向四方分化为好几支：一支向南穿越喀尔巴阡山脉，进入巴尔干半岛，形成希腊和色雷斯人；一支向西南翻越阿尔卑斯山进入意大利，形成拉丁人；一支向西进入法国、英伦三岛，形成以高卢人、苏格兰人、爱尔兰人为代表的凯尔特人；一支向中北欧扩张，形成以德国人和北欧人为代表的日耳曼人；一支向北进入波罗的海，形成以立陶宛人、拉脱维亚人为代表的波罗的人；还有一支进入中东欧地区，形成以罗斯人（包括俄罗斯人、乌克兰人、白俄罗斯人）、波兰人、捷克人为代表的斯拉夫人。这些入侵的印欧人取代了当地土著，成为欧洲的主人，使欧洲大规模"印欧语化"①，而首先遭殃的就是和印欧人地理位置相连、同处乌克兰平原的特里波利耶文化，在印欧人侵略浪潮的冲击下，欧洲内陆的定居农业文化陷入严重倒退。一直到千年之后才出现人口与特里波利耶文化相当的城市。从此，欧洲的文化中心从内陆的大河平原转向爱琴海上的岛屿及面向爱琴海的希腊半岛。

约公元前3200年，西亚青铜文化通过贸易传入巴尔干半岛与小亚细亚之间的爱琴海地区，爱琴海上的群岛也开始进入青铜时代，爱琴海是位于地中海东北部希腊半岛和土耳其小亚细亚半岛之间的海湾。其岛屿星罗棋布，是世界上岛屿最多的海湾，亦名群岛海。爱琴海地区主要可以分为东部的爱琴海诸岛、南部第一大岛克里特岛与希腊半岛三大区域，在公元前3200—前2600年，这三个地区先后进入青铜器时代。其

---

① 直到古典时期，西欧依然还存在大量非印欧语的民族，如西班牙的伊比利亚人、意大利的伊特鲁里亚人。西欧完成印欧语化要等到罗马帝国全面征服以后，不过直到今日，在西班牙和法国边境山脉地区依然存在非印欧语族的巴斯克人。

中爱琴海诸岛最早,约自公元前 3200 年开始;克里特岛次之,约从公元前 3000 年开始;希腊半岛则直到公元前 2600 年左右才进入青铜器时代。这反映出源自西亚的青铜文化自东向西从东部爱琴诸岛逐渐传播到西部希腊半岛的过程。爱琴海诸岛是希腊最早的青铜文化中心,其中基克拉迪群岛是古希腊最重要的群岛,也是爱琴海文明的最早源头,群岛在希腊雅典的东南方向,共包括约 220 个岛屿,大多由火山喷发形成。基克拉迪意为"圆环",它的名字源于这些岛屿围绕提洛岛环绕分布成圆圈形状。基克拉迪群岛是由塞浦路斯、小亚细亚运输铜矿等金属原料通往希腊半岛的要道,西亚青铜冶炼术正是从这里传入希腊。

除了青铜器外,基克拉迪群岛还以大理石雕像闻名,由于属于火山岛,大理石矿丰富,提供了丰富的雕像原材料,这些雕像造型简洁抽象,利用轮廓和凹线来表现身体结构的意象,用纯白色的大理石雕刻而成,开

基克拉迪文化的大理石雕刻

开创了后来希腊大理石雕刻艺术的先河。

创了后来希腊大理石雕刻艺术的先河。爱琴海基克拉迪文化在约公元前2800年进入全盛时期,出现了大地母神像和奏琴吹笛者等优秀的大理石雕塑作品,其中最高的帕里斯大理石像高达150厘米。手工艺的发展也促进了城市的繁荣,基克拉迪文化埃维亚岛上的古城人口多达6000—13500人,是这一时期欧洲最大的定居点,在以后的历史发展中,正是爱琴海上的贸易文化孕育了欧洲最早的文明。

## 第五节 各大河流域总论

> 东方国家文明的形成与发展,在早期与大河流域的协同治理存在着极大关联。
>
> ——[英]阿诺德·汤因比,《历史研究》

在农业革命之后,由于大河流域地区的农业优势,人类历史的重心开始逐渐转向大河流域地区。在这一章中我们看到了两河流域、尼罗河流域、黄河流域、长江流域、印度河流域、多瑙河流域、第聂伯河流域的兴起。其中两河流域拔得头筹,最早进入文明时代,出现了最早的城邦国家;尼罗河流域则后来者居上,先两河流域一步完成统一,建立了最早的领土国家;黄河流域、长江流域、印度河流域虽然尚未进入文明时代,但也取得了许多突出的文化成果,并将在以后的历史中得到进一步发展;唯独欧洲的多瑙河流域与第聂伯河流域的农业文化,在昙花一现般兴起后,便转而走向衰败。

那么同样是大河流域地区,为什么是两河流域与尼罗河流域先进入文明时代?有哪些因素制约了当时黄河流域与长江流域的发展?河网密布的欧洲又为何没能发展出大河文明呢?

显然两河流域能最早进入文明时代是受了诸多因素的影响,比如这里是距离早期农业中心黎凡特最近的大河流域地区。同时两河流域南部泛滥的河水和干旱的气候，又促使原本分散的各聚落联合起来，共同修建大规模的灌溉防洪工程，而要联合各聚落共同修建大型的公共建筑工程需要一个强有力的统治机构，这就促成了国家的出现。两河流域资源匮乏，但水陆交通便利，因此商业贸易十分活跃，而这里最早的文字正是起源于商业贸易的需要。此外，两河流域周边的伊朗高原、小亚细亚等地的铜矿与冶金术也是促进两河文明的出现的重要因素。

与两河流域一样，尼罗河流域在地理上也与最早的农业中心黎凡特相连，同时这里也是距离最早的文明中心两河流域最近的大河流域地区，而黎凡特正是连接尼罗河流域与两河流域的桥梁。因此尼罗河流域地区能够迅速吸收两河流域的文明成果，进而发展出属于自己的文明。至于印度河流域，距离最早的农业中心黎凡特、最早的文明中心两河流域都较远，其水利灌溉条件也远不如尼罗河流域，因此其文明形成的时间也相对较晚。

中国与黎凡特同为欧亚大陆的两大农业革命中心，但在这一时期，黎凡特两旁的两河流域与尼罗河流域都已进入文明时代，而中国的黄河流域与长江流域却依然处在新石器文化时期。如果说正是灌溉农业促成了两河文明与尼罗河文明的兴起，那么灌溉农业发展不足也正是这时期黄河流域与长江流域还未能形成文明的重要原因之一。

黄河流域的农业文化又被称为"粟文化"，粟（小米）、黍（黄米）和菽（大豆）是上古先秦时期中国最重要的农作物，这三种读音相近的农作物有着共同的特点，那就是它们都是生长期比较短的耐旱作物，非常适合刀耕火种的原始农业。黄河流域泛滥成灾，而华北平原上的黄土疏松而又肥沃，当地的农耕者只要开垦这片黄土地，播种粟、黍、菽等旱地农作物，就能获得较好的收成。黄河的洪水、黄土的土壤特性和旱作农业的特征，使华北平原早期的农耕者远离黄河进行种植。因此这一时期中国北方的新石器文化更多是根植于黄土的黄土文化,而非依赖黄河灌溉的黄河文化,主要体现为刀耕火种的原始迁移农业的农耕者扩散到整个华北平原与黄土高原,而非灌溉农业的农耕者向黄河周边靠拢。

与黄河流域不同,这一时期长江流域的新石器文化遗址倒是大多沿江聚集,但主要原因并非为发展灌溉农业。虽然现在的水稻要比小麦产量高,但是在上古时期,稻米的产量却并不理想。这是因为在当时没有优良的稻种,一年只能种一季,而且水稻种植对技术要求较高,需要在特定时期栽培与插秧,刀耕火种的上古先民还未能掌握这项技术。长江流域拥有相当丰富的鱼类资源,因此长江流域的新石器文化属于"半农半渔"文化。长江流域的上古先民沿江而居,主要不是为了引水灌溉,而是为了捕鱼。同时他们修筑起大规模的堤坝型城墙,以防止洪水泛滥带来的危害,这也是长江流域这一时期的城址要比华北平原数量更多、规模更大的重要原因之一。当然修建大规模的堤坝型城墙也促成了强有力的统治机构的出现,所以在接下来的历史中,长江流域将会比黄河流域更早出现更加复杂的社会,如良渚古国等。

如果说长江流域的新石器文化属于"半农半渔"文化,那么这一时期在欧洲多瑙河流域与第聂伯河流域兴起的铜石并用文化则属于"半农半牧"文化。从西欧到东欧辽阔平原上的土壤多为黏质土,含水量高,翻耕不易,在上古时期难以开垦,而欧洲的地理气候环境又非常适于多汁牧草生长,发展畜牧业。在印欧人的游牧社会兴起后,以畜牧业为主的游牧文化,取得了更大优势。多瑙河中下游与东欧的第聂伯河流域原本就有大片适于放牧的肥美草场,在印欧游牧民的冲击下,这里的许多"半农半牧"社会甚至进一步演变成"纯游牧"社会,自然也发展不出以灌溉农业为经济基础的大河文明。至于多瑙河上游、莱茵河流域、塞纳河流域等地因为离最早的农业中心较远且森林茂密,很晚才得到充分开发,这也是古代欧洲大陆长期没能出现大河文明的重要原因。

## 历史大事件对照表

| | 黄淮流域 | 长江流域 | 两河流域 | 欧洲 | 印度河流域 | 尼罗河流域 | 伊朗高原及周边 | 美洲 | 东南亚 |
|---|---|---|---|---|---|---|---|---|---|
| | 公元前7000—前5800年留存于今河南贾湖遗址是迄今所知淮河流域年代最早的新石器文化遗存。 | 公元前7000—前6300年留存于今湖南彭头山文化遗址发现了大量的水稻遗存。 | 公元前7000—前5800年留存于今东北部的耶利哥克遗址是两河流域典型的农业遗址。 | 约公元前7000年,在今希腊出现欧洲最早的农业社会。 | 约公元前7000年,印度河流域出现最早的农业区域梅赫尔格尔。 | 公元前6500—前5500年,埃及尼罗河下游法尤姆地区是埃及最早的农业地区。 | 约公元前5500年留存的今伊朗高原扎格罗斯山西北部哈吉菲鲁兹土丘发现了世界上最古老的葡萄酒。 | 约公元前5000年,南美洲安第斯山脉地区的居民驯化了豚鼠作为食物。 | 公元前3600—前1000年,今泰国的班清墓地地区是东南亚最早的青铜文化中心。 |
| | 约公元前5800年出现的位于今甘肃天水的大地湾一期文化是中国北方的彩陶文化。 | 约公元前6000年留存于今浙江的跨湖桥文化遗址出土了中国最早的独木舟和世界现存最早的漆制品。 | 公元前6000—前5250年,两河流域的哈苏纳纺织文化出现了灌溉农业和印章。 | 约公元前6300年,发源于土耳其半岛的印纹陶文化向西沿地中海传播,到约公元前5400年已到达今法国、西班牙南部沿海。 | 约公元前5500年,梅赫尔格尔文化二期有陶新石器时代。 | 约公元前5500年,上埃及社会巴达里文化。 | | | |
| | 约公元前4700—前3600年留存于今陕西西安半坡遗址是仰韶文化的典型遗址。 | 约公元前5000—前3300年留存于今长江下游浙江余姚河姆渡文化遗址,发现了中国最早的干栏建筑、榫卯结构,织布机,以及最早的农具耒耜。 | 公元前5500—前4800年,两河流域的萨迈拉文化开始普遍使用陶纺轮,西亚扩张至维织布,出现了牛耕和大规模农业灌溉设施。 | 公元前5500年,巴尔干半岛中部的温查文化进入铜石并用阶段,出现书写符号,最早的锡青铜器。 | 公元前3500—前2800年,印度河流域梅赫尔格尔人三期铜石并用时代。 | 约公元前4400年,塔萨文化进入铜石并用的拜达里文化阶段。 | 约公元前3800年,伊朗苏萨遗址的居民已开始冶炼砷青铜。 | 约公元前3200年,南美洲安第斯山脉今秘鲁中北部海岸线形成了小北文化。 | |
| | | | | 公元前4500年,多瑙河的线纹陶文化将农业扩张至欧洲中北部地区。 | | | 约公元前3200年,今伊朗西南部埃兰形成以神庙为中心的城邦国家。 | 约公元前3200年,今秘鲁首都利马附近出现了美洲最早城镇——班布里亚古城,城内有规划严整的环形剧场和土石搭建的金字塔。 | |

续表

| 黄淮流域 | 长江流域 | 两河流域 | 欧洲 | 印度河流域 | 尼罗河流域 | 伊朗高原及周边 | 美洲 | 东南亚 |
|---|---|---|---|---|---|---|---|---|
| 公元前4400—前2400年留存的今陕西姜寨仰韶文化遗址中发现了已知中国最早的铜制品。公元前4300—前2500年,黄河下游存在大汶口文化。公元前3300—前2800年留存的今山东城子崖古城遗址,是黄河中游已知中国北方最早的王居城。 | 约公元前5000—前4000年留存的今长江中游的城头山遗址,是已知中国最早的古城遗址。公元前3600—前3350年,两河流域的今安徽凌家滩遗址是长江下游已发现面积最大、保存最为完整的新石器时代聚落遗址,以精美玉器闻名。公元前3300—前2600年,长江中下游存在良渚文化。 | 约公元前5000年,美索不达米亚北部哈拉夫文化进入铜石并用阶段,出现最早的城头,是已知中国最早的铜制品。约公元前4300年,两河流域的欧贝德文化向北扩张覆盖哈拉夫文化。约公元前3500年,苏美尔乌鲁克文化进入大城邦文明时代,出现神庙建筑、大型塔庙和迄今最早的文字。公元前3100—前2900年,苏美尔文明进入杰姆代特·奈斯尔文化阶段。 | 公元前5000—前2000年,欧洲西部出现大范围巨石建筑,被称为巨石文化。公元前4000—前2750年,东欧的特里波利耶文化是欧洲最繁荣的铜石并用文化。约公元前4000年,东欧大草原出现印欧人的坟冢文化。公元前3500—前2500年,东欧大草原印欧人的颜那亚文化向西迁徒到西欧伯利亚和中亚地区,形成以米克金盆地为中心的阿凡纳细沃文化,是南西伯利亚牧业文化最早的青铜与牧业文化。约公元前3200年,希腊基克拉迪群岛进入青铜代。 | 公元前3300—前2600年,早期哈拉帕文化阶段为印度河文明的前身。 | 公元前4000—前3500年,上埃及人涅伽达文化一期阶段,出现人工灌溉、村落转变为市镇。公元前3500—前3100年,上埃及人涅伽达文化二期,出现王权标志墓葬及王国文物。约公元前3250年,上埃及涅伽达文化三期,发现了蝎子王权标头等人类最早的一批国王文物。约公元前3100年,美尼斯统一埃及,建立古埃及第一王朝(公元前3100—前2890年),早王国时代开始。 | 公元前3200—前1800年留存的今伊朗东南部"焚灭之城",是青铜器时代大型考古遗址。 | 约公元前3000年,安第斯山脉中部居民开始驯化美洲驼。 | |

第二章 大河流域的兴起（公元前9000—前2200年）

139

# 第三章

# 炎黄部落与人类早期文明的发展

(公元前 2900—前 2300 年)

生存环境的不同，决定了人类各自生活方式的不同，同样地理环境的差异，也使人类文明形成诸多不同的类型。两河流域密布的河网将平原分割成数块，因此其最初的文明只能是相对分散的城邦文明，而集中在尼罗河两岸的古埃及各州因能通过尼罗河联成一体，进而形成统一的古埃及文明。正所谓"合则强，分则弱"，十分明显，虽然城邦国家也能十分繁荣富裕，但一个统一的领土国家能拥有更强大的国力与民族凝聚力，因此在国与国的竞争中，城邦国家往往最终会发展成为领土国家。在本章中我们将看到统一的埃及古王国是如何集聚起全国之力建起世界奇迹；两河流域的诸城邦将会如何逐步走向统一；中国传说中最早的一次与统一相关的战争也将发生在这一时期。与此同时，印度河流域也开始步入文明时代，当时各大河流域之间交流与联系的情况也将是本章讨论的话题。

## 第一节　苏美尔早王朝

> 众神之父，恩利尔，普天之下的主宰，从日出至日没之山，大地中再无另主，你是唯一之王。
>
> ——《宇宙主宰恩利尔赞歌》

### 一、圣城尼普尔

约公元前 2900 年苏美尔大洪水之后，与古埃及第二王朝大体同时，苏美尔也进入早王朝时代。在这个时期，两河流域居民开始普遍用青铜制造斧、矛、锯、刀、剑等工具和武器，还出现了已知世界上最早的铜镜，在各城邦遗址中都发现了大量的熔炉，说明苏美尔地区已经全面进入青铜时代。这一时期苏美尔城市化进入加速时期，共形成了数十个独立的城邦国家，所以又被称为"城邦时代"。苏美尔各城邦由中心城市和附属的城镇和村庄组成，人口少则数千人，多则十几万，各城市都建有城墙和街道，重要建筑和城墙大多用泥砖建造。

苏美尔各城邦首领有三种称号，分别是"恩""恩西"和"卢伽尔"。其中恩和恩西是城邦主神代理人的称号，卢伽尔有"大人"和"主人"的意思，一般只有强大国家的统治者才能称卢伽尔，但实际上这三种称号时常混用。城邦首领为城邦主神的最高祭司和贵族会议首领，主管宗教和世俗职权，但是其权力也受到城邦会议的制约。城邦会议是早期城邦最高权力机构，包括长老会议和公民大会。长老会议由城邦贵族组成，其权力往往要大于城邦首领。公民大会是由全体"成年自由男子"组成的会议，是高于长老会议的最高权威。

苏美尔各城邦为争夺苏美尔地区的霸权而争战不断，但是却有一座城市从未被战火殃及，它就是位于今伊拉克南部的尼普尔。尼普尔从来没有成为苏美尔城邦中的霸主，但该城的地位是至关重要的，因为诸神之王恩利尔的祭祀中心就在这里。

恩利尔作为苏美尔神话中开天辟地之神，他所在的尼普尔城也被认为是世界的中心，被称为"天地之纽"。尼普尔因此成为美索不达米亚的宗教文化中心，同时也是学术教育中心。这里发现了约公元前3000年世界上最早的图书馆，图书馆位于神庙内，在遗址中找到了约6万块楔形文字泥版书。在图书馆附近还有世界上最早的学校，用于培养神庙的书吏，在学校教室中有供习作的石凳和水槽。

神庙学校是苏美尔地区最早出现的学校类型，在以后又出现了负责培养王室和政务管理者的宫廷学校和职官学校，以及书吏学校等私人教育机构。从各学校遗址中出土的泥板教科书和作业本可知，当时学校主要教授语文、计算、测量土地（几何）、宗教、自然、社会等课程。一些教科书在苏美尔各城邦的学校遗址中被普遍发现，说明这些书籍相当于今天各学校的通用教材。苏美尔语文书上的诗歌、神话故事是人类历史上最早的文学作品。苏美尔的数学书上记载了加、减、乘、除的计算

尼普尔神庙遗址

方法,以及最早的"乘法表"和"平方表",运算时可根据需要从不同的表格中寻找答案,另外他们还首创了测时和量角的单位,懂得计算矩形和各种不规则多边形的面积及锥体的体积。在学校遗址中还发现了世界上最早的绘制地图,上面绘有山脉、河道和城镇,并用文字标明土地所有者和土地的面积。由于泥板很重,所以在苏美尔,读书写作不仅需要智力,还是一件辛苦的体力活。

在苏美尔神话中,恩利尔是"创造世界,使世界有秩序"的人间主宰、王权的授予者。根据王权神授的观念,恩利尔所在的尼普尔是唯一能够赋予其他城邦君主"王权"的城市,任何称霸苏美尔的统治者都必须得到恩利尔的认可。苏美尔的历任霸主也都热衷于控制尼普尔城,为恩利尔神庙兴修土木、敬献贡品,以此获得王权的合法性,在尼普尔出土的《苏美尔王表》就记载了美索不达米亚城邦争霸的过程。

## 二、基什之王

按照《苏美尔王表》记载:大洪水之后,王权自天而降,第一个就落到了基什,基什成为大洪水之后苏美尔城邦联盟的盟主,号称"基什第一王朝",基什的守护神是诸神之王恩利尔的儿子战神扎巴巴。基什位于古巴比伦城以东12公里处,向北80公里就是今天伊拉克首都巴格达,其地处两河流域中部,地势极佳,极富战略意义。基什城原本与乌鲁克城一样,以神庙建筑为中心,但在苏美尔早王朝时期,王宫逐渐取代神庙成为最主要的建筑,基什城内的王宫鳞次栉比,千门百户,结构复杂多变,阶梯走廊曲折相通,还有大规模的皇家园林,表明随着苏美尔城邦战争日益频繁,军事长官掌握了大权,世袭制开始形成,军政王权逐渐取代神权政治。

基什的前11位国王只留下了名字,并无详细的记载,第12位国王伊塔那是传说中苏美尔历史上第一个统一者。在创作于古巴比伦时期的《伊塔那史诗》中,他被视为基什第一王朝的创建者,起初是个牧羊人,后来统一了所有国家,并成功救出神鹰,让鹰将自己驮上天国,但当鹰就要接近目标时,他却被神力从高空摔下,坠海身亡。

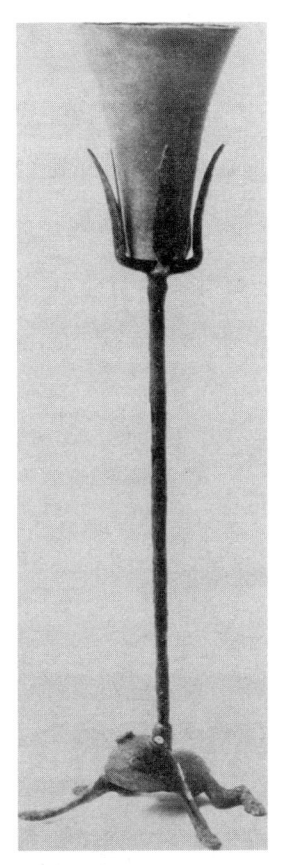

**青铜饮用器皿**
基什遗址出土,其支架的底座为一只铸造的青蛙。

因为基什是大洪水之后的第一个王朝,"基什之王"于是成为后来苏美尔霸主的称号,该头衔要在尼普尔的恩利尔神庙加冕获得,而不是特指基什城统治者。获得"基什之王"称号通常就意味着成为苏美尔的城邦霸主,不过据考古发现,也有一些"基什之王"并没有出现在《苏美尔王表》中。有据可查的最早一位没有出现在《苏美尔王表》中的"基什之王"是麦西里姆,麦西里姆是阿达布城的恩西,阿达布在当时是一个约有 11 000 人的中等规模苏美尔城市,麦西里姆曾在约公元前 2750 年调解过拉格什国王与温马国王的领土纠纷,为两个城邦划定边界,设立界碑,使双方遵守。"依神的意愿,麦西里姆,基什王,为他们丈量领土并立碑为志",这一出土铭文记载的是已知世界上最早的记录国际外交历史事件。此外,麦西里姆还以基什王的名义在拉伽什建造了神庙,献给其守护神宁吉尔苏。能够仲裁城邦之间的边界纠纷,并在别的城邦修建神庙,说明得到基什王的称号就拥有了高于各城邦君主的政治地位。

基什第 21 位国王美巴拉格西是《苏美尔王表》中已被考古证实真实存在的第一位王者,他的名字被发现于早王朝时期基什东北的图图波城中月神庙的两个石碗上:"美巴拉格西,基什王奉上。"表明他是位真实存在的人物,并曾经将刻上自己名字的石碗献给图图波城的月神。

据《吐马尔铭文》记载,美巴拉格西是最早在尼普尔修建神庙的国王,他率领苏美尔各城联军攻略了东方的埃兰国。埃兰在苏美尔语中意为"高国",埃兰人自称其国为"神之国",其地位于两河流域东部、伊朗高原西南角的胡泽斯坦(来源于古波斯的埃兰名字)省。胡泽斯坦省因地处伊朗最大的平原胡泽斯坦平原而得名,该平原由发源于伊朗高原的卡鲁恩河与克尔凯河流入两河流域底格里斯河东部波斯湾的咸水湖(现已干涸)冲积而成,号称"小两河流域"。从地理上看,胡泽斯坦平原既是两河流域平原的一部分,又是伊朗高原的延续,因为紧靠伊朗高原扎格罗斯山地,有着丰富的森林、矿产和畜牧资源,自古以来这里就是两河流域平原主要的资源供应地,而富饶的两河流域平原也是处于山地的埃兰想要侵掠的对象。两河流域与东部埃兰的关系,好比埃及和南部努比亚的关系,紧密联系在一起。受苏美尔文明影响,埃兰地区产生了伊朗最早的文明。地处埃兰中心的苏萨是埃兰文明的发源地,苏萨早在欧贝德文化时期就出现了搭建在高台上的寺庙,在乌鲁克文化时期苏萨城受两河文明影响,形成了以金字塔神庙为中心的城邦国家,人口多达 1 万人,在苏萨古城遗址中出土了超过 1500 块原始埃兰图画文字的刻板。埃兰最让人赞叹的是其金银工艺,裂瓣纹金银器是古代埃兰文化的代表,埃兰人制作的银上镶金的金银塑像在各大博物馆中多有收藏。基什王美巴拉格西就在这次出征埃兰的战役中夺取了埃兰金银神器在内的诸多战利品。

### 三、伊南娜与乌鲁克王杜姆兹

作为最早霸主的基什在当时人口多达 4 万人,但苏美尔第一大城的位置仍然被乌鲁克城所垄断。当时乌鲁克人口多达 5 万—6 万人,是世界第一大城市。与基什王美巴拉格西同期的乌鲁克国王是杜姆兹,传说杜姆兹本是"一个渔夫",因被选为乌鲁克女神伊南娜的丈夫,升级为乌鲁克第四位国王。在乌鲁克和基什的战争中,有神力相助的杜姆兹英勇过人,单枪匹马就抓获了万军之中的基什王美巴拉格西,可能由于这一时期基什统领盟军数量太过强大,乌鲁克依然承认基什的霸主地位。

杜姆兹的风光日子没持续太久,根据苏美尔神话《伊南娜和杜姆兹》的记载,杜姆兹的妻子伊南娜身为天女,是主管光明、爱情、生命和丰饶的女神;她的姐姐伊瑞绮嘉拉和她正好完全相反,为统治阴间的冥后,是主管黑暗、悲伤、死亡和凋零的女神。伊南娜为同时拥有生死明暗两大对立面的统治权,先是企图色诱姐夫冥王古加尔安纳,造成了两姐妹的矛盾,在姐夫古加尔安纳过世后,伊南娜带上自己七种神圣力量的套装来冥界争夺王位。她要求地府守卫打开大门,不然就破门而入。接到通报的伊瑞绮嘉拉下令让伊南娜进来,并声称:"不归之乡的宫殿会因你的光临而欢欣。"伊南娜由此进入地府,地府内外有"七重门",伊南娜每过一道门,门旁的守卫就脱掉她身上的一件物品,当她询问原因时,得到的回答都是:"请进,我的女主人,不要感到疑惑,这是不归之乡的待客之礼。"这规矩与苏美尔葬礼中给死者穿戴首饰以贿赂阴间守卫及审判者相同。等到伊南娜最后见到姐姐伊瑞绮嘉拉时她

两河流域浮雕《伊南娜与杜姆兹》

已经被扒得一丝不挂,她把伊瑞绮嘉拉赶下王座,自己坐上去。伊瑞绮嘉拉唤来冥界恶灵对伊南娜释放出六十种痛苦,失去神装的伊南娜神力大减,被痛苦折磨而死,成为一团腐肉。

伊南娜虽然不自量力,但她还是事先留有后路,她出发前曾命令侍女,如果她超过三天没回来,就立刻去求助恩利尔、恩奇和南纳三位大神。由于伊南娜是主管性爱繁衍的女神,她下地界后,"公牛不再跳到母牛的身上,公驴不再使母驴妊娠,男人睡在自己的房间,少女也独守空房"。人类和所有生物都将面临绝种的危险,多次拯救人类的恩奇再次施出援手,派出两个无性的天使,复活了伊南娜,但是按照冥界的规矩,任何进入不归之乡的事物都不能够重返世间,除非找个身边亲近的人做替死鬼。冥界的恶鬼看上了伊南娜的化妆师,但是爱美的伊南娜舍不得自己的化妆师,决定找别人替代。她回到城中,看见自己的丈夫,也就是乌鲁克国王杜姆兹,不但没有为自己的死服丧难过,反而悠然自得地享受人生,水性杨花的伊南娜早就厌倦了杜姆兹,如今看到他幸灾乐祸的样子,更是火冒三丈,便将丈夫杜姆兹作为替死鬼打入冥界。杜姆兹在人群中有着万夫不当之勇,在鬼神中却只有逃命的份儿,众魔鬼三度抓获潜逃的杜姆兹,把他打得奄奄一息,押送冥府。后来伊南娜回心转意,为自己一时气愤而后悔,再下冥界拯救死亡的丈夫,不过也无法将杜姆兹完全带回人间,每年杜姆兹还是要在冥界待上六个月。

"伊南娜下冥界"的故事被苏美尔人用来解释四季更迭,伊南娜除了是性爱和战争女神外,还是丰饶女神,她的丈夫杜姆兹则象征着水,在每年六七月杜姆兹会死去,被带到冥界,形成当地炎热干燥的夏季。到了秋天,作为丰饶女神的伊南娜到冥界接回丈夫,没了丰饶女神的大地百草凋零、万木枯萎,也就是秋冬季。等到苏美尔的新年,伊南娜才通过重重考验将杜姆兹从冥界带回来,他们两个结合让自然界恢复生机和繁荣,也就是春季。苏美尔人每到春分(象征伊南娜的金星升起时)的新年庆祝大典,就会举行隆重的"圣婚"仪式,由高级男祭司扮演杜姆兹与代表伊南娜的女祭司在庆典上交合来祝福新的一年万物滋养,农业丰收。

苏美尔四季交替来源的说法可能也是后来古希腊冬季来源说法的源头,只不过从妻子找丈夫变为母亲找女儿。古希腊版本是丰饶女神德墨忒尔的女儿珀尔塞福涅因被冥王强抢为妻,无法回到人间,所以德墨忒尔便恳求宙斯允许她下到冥界陪伴自己的女儿,但是人间如果没了丰饶女神德墨忒尔,万物就无法生长繁衍,所以宙斯答应德墨忒尔一年中只有三个月可以下到冥界,形成万物荣枯的冬季。

## 四、英雄的祖先

杜姆兹下地狱成为伊南娜的替死鬼后,吉尔伽美什成为乌鲁克第五位国王,吉尔伽美什意为"英雄的祖先",他是著名史诗《吉尔伽美什》的主人公。乌鲁克是苏美尔文明中著名的史诗之城,人类最早也是苏美尔最著名的九大史诗分别围绕乌鲁克的三个中心人物恩美尔卡尔、卢伽尔班达和吉尔伽美什展开,他们分别是乌鲁克第一王朝的第二、第三和第五位国王,其中吉尔伽美什的英雄事迹在整个美索不达米亚地区都广为传唱,在著名的《吉尔伽美什》开篇中表达了苏美尔人民对他无限的热爱和崇敬:

神人合一,生而为王。
他的三分之二是神,三分之一是人!

他拥有超越所有君主的功绩,
是乌鲁克王朝当之无愧的王者。
在奋勇杀敌时,他总是冲锋在第一个,
在需要断后时,他也总是走在最后一个。
滔天巨浪,有着可以击碎石墙的波涛,
但是威严的神之子,吉尔伽美什仿佛坚不可摧的堤岸。
哪个君王能够与他相提并论?
谁又能够像他一样对天地呼喊:我是国王?
哪个人的名字,自从他出生开始就能够被称呼为——"吉尔伽美什"(英雄的祖先)
……

两河流域浮雕《吉尔伽美什》

史诗记载了吉尔伽美什的英俊潇洒、武艺超群,但在他统治乌鲁克初期,却作恶多端、欺男霸女,就连贵族和战士的妻子也不放过。乌鲁克百姓苦不堪言,向天神求助道:"纵使吉尔伽美什强大而有荣耀,可他总是抢走新郎的新嫁娘,尽管他是我们的统帅与保护者,但他的残暴日日夜夜毫不停息!"于是天神创造出一个半人半兽的勇士恩奇都,去与吉尔伽美什搏斗,两人大战几百回合还是不分胜负,双方惺惺相惜,最终握手言和,结为生死之交,吉尔美伽什也从此浪子回头。

苏美尔霸主基什国王美巴拉格西过世后,其子阿伽继位,阿伽自恃基什是众邦之主,强迫乌鲁克为其兴修水利。吉尔伽美什召开"长老大会"询问对策,长老们纷纷表示愿意妥协答应基什的要求。吉尔伽美什没有将长老们的话放在心上,他又召开由成年男子组成的"公民大会",请他们决定是战是和。出席公民大会的男人们个个义愤填膺,表示宁愿决一死战,也不能向基什投降,吉尔伽美什非常高兴,当即对恩奇都表示"要让基什王阿伽尝尝乌鲁克战士宝剑上的锋芒"。

还不到五日,基什王阿伽统领苏美尔联军兵临乌鲁克城下,把乌鲁克团团包围,乌鲁克的战士在阿伽的猛烈进攻下渐渐招架不住,城内顿时人心大乱,不过战役的最后结局却是阿伽被吉尔伽美什所俘虏。吉尔伽美什没有杀害阿伽,而是将他放回基什,但基什的霸主地位则从此转移到乌鲁克的手中,史称乌鲁克第一王朝。

称霸两河流域后,吉尔伽美什继续为人民造福,在乌鲁克附近有一片属于神灵的松林,由神兽洪巴巴守护,只要凡人一进入就会受到伤害,于是吉尔伽美什决定要为民除害,与恩奇都同心协力成功消灭了神兽。吉尔伽美什的勇武和魅力让以放荡著称的性爱女神伊南娜倾倒,但她向吉尔伽美什求爱的时候,却遭到了吉尔伽美什的拒绝。吉尔伽美什大声数落伊南娜水性杨花,到处留情,只要被伊南娜爱上的人都命运悲惨。被拒绝的伊

恩奇都战神兽的圆筒印章浮雕

南娜由爱生恨，请求其父天神安派出天牛下凡复仇，却又被吉尔伽美什和恩奇都合力杀死，他们因此成为众人拥戴的英雄，人们高唱赞歌：

啊，谁是男子汉中的英雄？谁是大丈夫中的好汉？
吉尔伽美什是男子汉中的英雄，恩奇都是大丈夫中的好汉！

但是吉尔伽美什和恩奇都的行为最终惹怒了天神，众神开会商议对策，吉尔伽美什和恩奇都闯入松林，杀死神兽洪巴巴与天牛，为了赎罪两人之中必须死去一个，最后恩奇都得病死去。挚友的离去让吉尔伽美什感到死亡的可怕，他因此决定去寻找大洪水后得到永生的人类始祖——"不朽者"乌特纳比西丁，探求永生的奥秘。他突破众多半蝎人的层层阻拦，在太阳落山之前通过峰峦高耸入天、山麓与地底相连的太阳升落之处——马什山，历经艰难，渡过死亡之海，来到乌特纳比西丁的居住地——"幸福岛"。

乌特纳比西丁告诉吉尔伽美什自己在大洪水后被诸神赐予永生的故事，并表示除非吉尔伽美什能六天七夜不睡觉，他才答应助其完成永生的心愿。结果吉尔伽美什最终没通过测试睡着了。不过乌特纳比西丁还是告诉他在死亡之海里有一株多刺的仙草，能使人返老还童，重获青春。吉尔伽美什冒死潜入大海，成功找到仙草。谁知在洗澡时，突然出现一条蛇把仙草给吞食了，从此蛇就能够通过蜕皮来恢复青春，而吉尔伽美什追求永生的希望却彻底破灭，他悲伤得在地上号啕大哭。

历经重重艰苦、到头来却一场空的吉尔伽美什只能回到乌鲁克城。后来他统一了美索不达米亚，并派兵远征狄勒蒙（巴林群岛）和阿曼诺斯山（今土耳其南部），将乌鲁克城带入全盛时代。当时的乌鲁克城内"三分之一是神庙，三分之一是手工作坊，三分之一是宫殿园林"。吉尔伽美什为乌鲁克城所修建的长达9公里的城墙是他最引以为豪的杰作，吉尔伽美什声称:"宏伟的城墙,似尘雾,接地连天,它全部用石头与烧砖建筑,并非土坯堆砌,七个智者为之奠基,看那台基,无与伦比。"

从乌鲁克遗址可知,在传说中的吉尔伽美什时代(公元前2800—前2600年),乌鲁克城内人口多达8万人,超过基什(约4万人)与古埃及都城孟斐斯(约3.5万人)人口的总和,乌鲁克遗址覆盖面积更达550万平方米,仅城墙就有9公里长,但是城墙并非史诗中所称全部都用石头和烧砖建造,而只是部分地使用了这两种材料。在这一时期,乌鲁克城内用于祭祀天神安的白庙进一步加高,规模庞大的白庙坐落在21米高的阶梯金字塔台基的顶端,其外表以石膏粉饰,使它可以像镜子一样反射太阳光线,从而增加神秘感,白庙也因此得名。通往神庙的梯道用苏美尔极为珍贵的石灰石铺成,长86米,宽33米,十分宏伟雄壮。在安神金字塔庙的北缘之下,还有一座巨石神庙,在神庙前面的广场则是乌鲁克城召集民众会议、欢送战士出征、庆祝胜利、举行宗教仪式的中心。

### 五、乌尔第一王朝

乌鲁克的霸主地位传到第12位国王卢伽勒吉吐恩时,乌鲁克遭到兴起的乌尔城击败,苏美尔的王权就此转移到了乌尔,史称乌尔第一王朝。乌尔位于邻近波斯湾的幼发拉底河沿岸,是当时波斯湾地区最为重要的商业口岸与两河流域水上交通的枢纽,所有通过海路进入美索不达米亚的物品都需经过乌尔城这一中转站,所以其商业贸易相当发达。

乌尔城的主神是月神南纳,他在苏美尔诸神序列上排名第五,是神王恩利尔的长子。月神的诞生神话记载在祭祀恩利尔的圣城尼普尔出土的9块泥版文献上。神话开头描述了未有人类之前只有神灵居住的尼普尔,在尼普尔生活着诸神之王恩利尔,以及一位老妇人嫩巴儿什古努,还有她的女儿宁利勒。老妇人嫩巴儿什古努为了能让美貌的女儿宁利勒成为神后,便让她到恩利尔常去的嫩比尔杜河中洗澡。恩利尔果然被在河中洗澡的宁利勒所吸引,乃至不顾她是否愿意,将其占有。虽然恩利尔是诸神之主,但诸神得知恩利尔的暴行后,仍然决定惩罚他。五十位天神和七位决定命运的神灵在王宫中抓住恩利尔,将他贬入地下冥界。这时已经怀有身孕的宁利勒又不顾一切跟随恩利尔到冥界去,并在冥界生下儿子南纳。按照冥界的规矩,没有替身就别想再出去。恩利尔为此先后化身为冥界里的守门人、冥河的守卫者及摆渡亡灵的人,用这三个身份分别与宁利勒交合,生下三位冥神待在冥界,作为他们一家三口的替身,然后得以回到神界,恩利尔恢复了众神之主的位置,宁利勒成为王后,他们的长子南纳则成为月神。在两河流域的神话体系中,月神南纳是太阳神和火神的父亲,光明实际上来自夜晚的月亮。每到晚上,月神南纳便乘船巡行天宇,用他皎洁无比的光辉照耀黑暗的大地。在苏美尔人看来,月神南纳搭乘的小船就是一轮明亮的新月,当新月变圆之时,就是月神戴上冠冕的时候,月神因此又被称为"冠冕之主",出土

印章

坐着的人物是乌尔国王,新月形象则代表月神本人。

的泥板古诗歌颂道：

> 每月之初你光照大地，
> 一弯新月宛如双角辉映六天。
> 第七天你的王冠分为两半；
> 第十四天作变幻呈现满月。
> ……

这首古诗不仅是献给月神的赞美诗，同样也反映出月亮与时间的关系，苏美尔人根据月亮的盈亏制定出阴历。阴历是人类最早的历法，这是因为月亮在每个月的盈亏一目了然。苏美尔人通过观察月亮将一年分为12个月，每月以刚刚露出月牙的这一天为开端，以月亮最圆的一天为月中，以月亮又变成月牙的那一天为一月的终结。一年12个月中有6个月每月为30天，另6个月每月为29天，全年共354天。这种历法的缺点就是一年少了11天，过两三年就要差一个月，他们就隔两三年设置闰月加以补充。如今在大多伊斯兰教国家和地区使用的伊斯兰历仍为阴历。

乌尔月神庙的祭司被认为可能是苏美尔阴历的制定者，作为月神的主城，历届的乌尔王都要将长女立为月神庙的高级祭司，作为月神在人间的配偶，一生专门在神庙内侍奉月神。个别女祭司可以结婚，但绝对不许生育后代，以防止她们的儿子自称是月神之子，进而威胁到乌尔国王的统治。乌尔第一王朝首王美斯安耐帕达留下的铭文已被发现，证明他确为真实存在的人物，而且势力远及幼发拉底河中游，并获得"基什之王"的称号，此外他还在乌尔附近的欧贝德建造了规模庞大的埃尔·欧贝德神庙。

在乌尔第一王朝时期，苏美尔人的青铜冶炼技术取得了革命性的突破，冶炼用的泵、高炉、阀门、风箱等都已发明出来并得到广泛应用，出现铜、锡、铅三元合金，通过在铸造锡青铜中加入一定的铅，增加熔液的流动性，从而铸造出细节更加精致、表面更有光泽的青铜器。在乌尔城遗址中出土了许多铸造精美的铜制工艺品和雕像，其中哈法加神庙里的青铜香炉架，四脚底座上站着一裸体男子头顶支架，显示了精湛的铸铜技术。在阿格拉卜丘沙拉庙的祭坛中，考古学家还发现了一个苏美尔王驾驭着一辆四头驴拉的车的小铜像，这是目前发现的最早的用失蜡法铸造的铜器之一。失蜡法铸造的优点是简化了制模的工艺，铸件的形状较少受到工艺限制，并且表面更具光洁度，不会留下范线等痕迹。失蜡法后来取代范铸法成为西方青铜铸造主流，在东方，中国的商周时代原本一直以范铸法铸造青铜，到春秋晚期也逐渐开始使用失蜡法，至明、清，铸造青铜器已大多采用失蜡法。

乌尔第一王朝留下了苏美尔历史上最豪华的墓葬，在乌尔城附近发掘出了大规模的王陵区，王陵有用石砖砌筑成拱顶和穹顶的墓室，规模宏大，里面有许多贵重的金银珠宝等祭品，还有精美的服饰和武器。此外还发现了大规模的殉葬，其中在乌尔王后苏巴德的陵墓中，陪葬人数达74人，他们身穿华服，手捧珠宝黄金和各类的祭品，服毒后陪主人死去。

乌尔王陵出土的金银珠宝器物代表了当时世界上最先进的奢侈品工艺，包括梅斯卡拉姆沙尔王的金盔、舒巴特女王的黄金玉饰和贝壳状金粉盒、镂孔金杯、白银船模型、带天青石的黄金短剑和金银丝制短剑鞘、天青石制成的圆筒印章、金银塑像、精致的花瓶、各种金属挂牌、两河最早的桌棋——乌尔王族局戏，还有用象牙、玛瑙、贝壳、天青石等各类宝石镶嵌、黏合成的各种饰物以及世界上最早的琉璃制品。琉璃是以各种颜色的人造水晶为原料、采用古代青铜失蜡铸造法高温脱蜡而成的水晶制品，乌尔出土的琉璃包括镶金琉璃头饰、琉璃剑柄、彩色琉璃砖等，豪华富丽，工艺精湛。

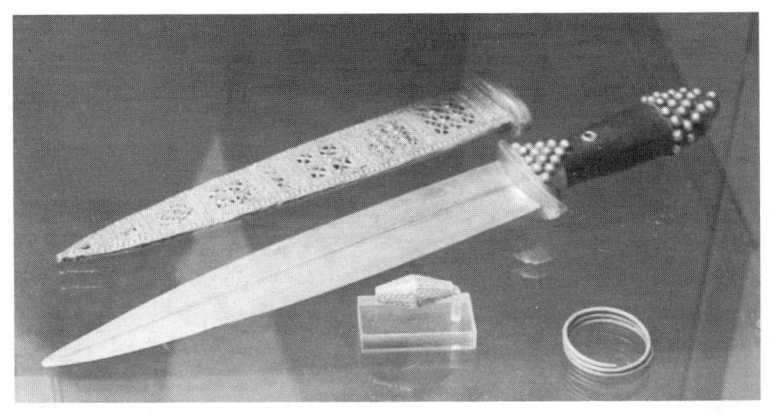

乌尔王陵内的黄金短剑

在乌尔国王阿巴尔吉和王后苏巴德的陵墓内发现的金牛头竖琴，有1.2米高，1米宽。其琴身用黄杨木雕刻而成，七弦琴下的牛头用纯金制作，牛的眼睛、胡须、牛角尖都是用蓝宝石镶嵌的。琴身上有用天青石、贝壳、蓝宝石、金箔镶嵌出苏美尔神话中的乌鲁克王吉尔伽美什的神话事迹等场景图案。这是世界上迄今为止发现的最早的竖琴，也是世界上最古老的拨弦乐器，苏美尔的竖琴后来传到埃及和欧洲，演化出七弦诗琴等西方古代的主流拨弦乐器。

灌木丛中的金山羊是王陵出土的另一件杰作，这是用黄金、闪绿岩、天青石做成的一只腿架在灌木丛上的山羊，灌木丛、山羊的头和腿是黄金制成，山羊身体则用贝壳和蓝宝石镶嵌，体现了高超的制造工艺，现收藏于伦敦大英博物馆。

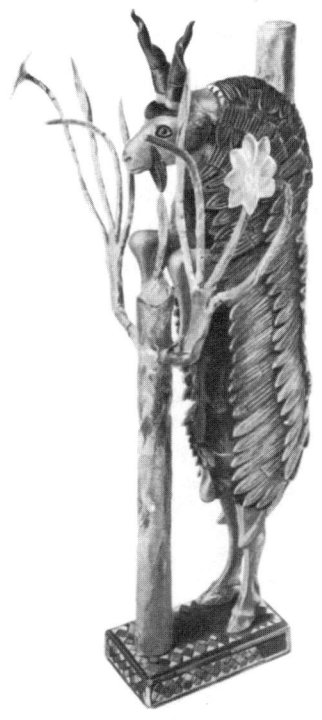

乌尔王陵出土的《灌木丛中的金山羊》

乌尔王军旗

  乌尔王军旗是苏美尔镶嵌技术的杰出代表,通过用贝壳、天青石、闪绿岩等宝石精心镶嵌的图案在沥青为底的木板正反两面分别呈现出征与凯旋两个不同的场景,共有100多个人物与动物形象。通过乌尔王军旗等出土资料可知,苏美尔军队包括战车兵和步兵。战车由四头驴拉,车轮是实心的,车上站着驭手和战士,战士佩战斧和长矛,通过站在战车上朝敌人掷标枪,杀死敌人。战车还可用以当观战台和冲敌溃阵,不过由于驴的速度慢,杀伤力有限,所以更主要的用途是运输。军队的真正主力是步兵,分为轻装兵和重装兵,轻装兵披着毛毯斗篷,重装兵则穿戴盔甲。当时苏美尔士兵已装备了世界上最早的青铜盔,而乌尔王陵出土的梅斯卡拉姆沙尔王的金盔则是已知世界上最早的镀金铜盔。

## 第二节　埃及古王国时期

  没有任何一个国家能像埃及那样有这样多的令人惊讶的事物,也没有任何一个国家能像埃及有这样多的非笔墨所能形容的巨大成绩。

——［古希腊］希罗多德《历史》

## 一、金字塔时代的开始

以乌尔王陵为代表的苏美尔墓葬文化的确令人叹为观止，但如果与古埃及的墓葬文化相比，则无疑是小巫见大巫。在乌尔第一王朝时期，古埃及也从早王朝时期过渡到古王国时期，也就是埃及第三王朝到第六王朝时期，正是在古王国时期，埃及留下了上古文明最宏伟壮观的墓葬遗迹——金字塔。

通过早王国前两王朝时期的统一战争、大一统社会的建立，国王的权力日益强大。考古发现从第三王朝开始，国王的名字开始和后世的文献相一致。古埃已进入全新的历史时期。埃及王朝变化和中国朝代更替不同，他们不是完全以政权或王室血缘变化为依据，而是后世学者根据自己判定的不同阶段的历史时期进行划分。如埃及第三王朝的首任国王内布卡一世就是第二王朝末代国王哈塞海姆威的儿子，第二王朝到第三王朝的过渡与中国商代夏、周代商的朝代更替没有任何的可比性。

内布卡一世在位时镇压了利比亚人民的叛乱，不过短命的他不久后就过世了，由他弟弟左塞尔王继位。左塞尔王进一步扩张领土，向东出征亚洲西奈半岛，向南征服努比亚的北部，并在尼罗河第一瀑布以南修建防御工事。在他统治时期，中央集权不断加强，国王日益被神化，拥有至高无上的权力，其君主专制程度比起中国帝制时代有过之而无不及。国王总揽了一切权力，国王之下是以维齐尔（宰相）为首的文武百官，地方分为42个州，其中上埃及22个、下埃及20个。一切高官显吏均由国王指定，维齐尔等掌握实权的中央官吏和地方重要州的州长大多由王室成员担任，形成王室即国家的现象。

王权强化不仅表现在政治上的专制，也表现在国王对经济的控制上。王室垄断对外贸易，控制了经济生产，还负责全国产品分配，据称"所有人的食物供给都由国王负责"，全国人民都被视为国王的奴仆。这

左塞尔梯形金字塔

种专制将国家的兴衰系于国王一身,国王个人的喜好造成了人力和物力资源的巨大浪费,金字塔就是这种制度下的产物。

左塞尔王下令修建金字塔作为他的陵墓,这里埃及第一座典型的金字塔,金字塔因远望像汉字里的"金"字而得名。在金字塔出现之前,古埃及国王和贵族坟墓是石灰岩砌成的长方形高台坟墓——"马斯塔巴",左塞尔王想要修建一座与众不同的坟墓,好突出国王和其他凡人的不同。这个神圣的任务落到他的维齐尔伊蒙霍特普身上。

伊蒙霍特普出身贫寒,他最早是国王的御医,后来凭着杰出的才能一路升职为农业水利大臣、建筑大臣、祭祀长,直至仅次于国王的维齐尔。作为御医的他是古埃及医学的奠基人,古埃及最重要的医学文献《艾德温·史密斯纸草文稿》就被认为是后人根据伊蒙霍特普留下的资料汇编而成的。身为祭祀长的他规定了祭祀用的礼仪。任农业水利大臣时他建造了截留尼罗河泛滥的截水坝(蓄水池),保证旱季也能灌溉作物,在埃及东部沙漠有一条砖石结构的水坝,据说就是由他建造的。而真正让他名扬千古的就是他所建造的埃及最早的金字塔。

伊蒙霍特普先建造了一个高达 11.48 米的巨大的石造马斯塔巴墓,然后在它上面又加盖了 5 个一层比一层小的马斯塔巴,成为一个阶梯状的金字塔。它高 61.2 米,底边东西长 123.3 米,南北长 107.4 米,金字塔旁建有祭庙,整个建筑群外有围墙环绕。金字塔底是国王的墓室,在金字塔内的墙壁上有着展现国王生前事迹与享乐场景的浮雕与壁画,为确保金字塔中主人身体的不朽,古埃及人用花岗岩、闪绿石、玄武岩等质地坚硬的石料雕刻国王、王妃的像,作为死者的替身放置于陵墓与祭庙中,出土于左塞尔金字塔的地下室的左塞尔王石灰坐像就是古王国时期埃及石雕艺术的早期代表。

左塞尔王石灰坐像

伊蒙霍特普设计的金字塔被称为"梯形金字塔",在《金字塔铭文》中有这样的话:"天空把自己的光芒伸向你,为他(国王)建造起上天的天梯,以便他可由此登上天界。"金字塔就是这样的天梯,古埃及人认为国王是神在人间的负责人,死后也将升天成神。伊蒙霍特普设计的金字塔逐级向上的台阶,暗示通往天国的阶梯,死去的国王会踏着金字塔的阶梯到达太阳神界。

左塞尔梯形金字塔是人类历史上第一座留存至今高度超过 60 米的建筑,它的设计展现出马斯塔巴王墓到大金字塔的发展和演变。左塞尔王金字塔的修建开启了埃及大规模建设金字塔的时代,从他以后整个古王国时期的历代国王都竞相效仿，热衷于建造更大更高的金字塔，进而留下了古埃及历史上最多的金字塔，古王国因此号称"金字塔王朝"。

左塞尔王的继承者塞凯姆凯特在左塞尔王的梯形金字塔西边修建了一座规模更大的梯形金字塔，但遗憾的是，该工程并未完成。他的儿子哈巴也只建成了一个"梯形金字塔"的半成品——埃及唯一的"层级金字塔"，就撒手而去了。哈巴之后的胡尼王是埃及第三王朝最后一位统治者，也是第三王朝在位时间最长（33年或34年）的国王，漫长的统治时间让他有足够精力为自己建完一个8层高的梯形金字塔，但是现在仅仅残留了3层平顶，因而被称为"截顶金字塔"。

第三王朝末代国王胡尼的儿子斯尼弗鲁是一位具有雄才大略的君主，他即位后就出兵南征，从努比亚俘虏男女7000人，获大小牲畜20万头，并在南部边界修建了一道叫"斯尼弗鲁之家"的长城。他向东进军亚洲的西奈半岛，霸占了当地的绿松石矿，归国后在尼罗河三角洲东北一带修筑了"大公墙"，以防御西奈半岛各族的入侵。斯尼弗鲁还组建了已知世界上最早的一支舰队，由40艘海船组成，其中的旗舰长度达52.3米，是当时世界上最大的船舰，这支舰队主要用于前往西亚黎巴嫩的比布鲁斯运回埃及所需要的雪松木。

斯尼弗鲁最让人称道的成就就是他在金字塔建筑上的巨大突破，他先后至少组织修建了3座金字塔，而且这3座金字塔都留存至今。第一座金字塔承袭左塞尔梯形金字塔的样式，本是一座普通的阶梯金字塔，斯尼弗鲁尝试用石灰石将各层阶梯填平，结果由于设计不合理导致石灰石脱落，只能废弃不用，这座金字塔因此被称为"崩塌金字塔"。第二座金字塔虽然解决了外部石灰石附着的问题，却又因为设计角度的误差，从而成了一座弯曲形金字塔，又称菱形金字塔，该金字塔高度达101.1米，是世界上最早超过百米的建筑。斯尼弗鲁对这座金字塔弯曲

**斯尼弗鲁的红金字塔**
它完成了从梯形金字塔向角锥体金字塔的转变。

的造型并不满意,开始修建第三座金字塔。吸取前两次失败的教训,他终于成功将各层阶梯用石灰石填平,并在金字塔顶端加了一个用黄金制成的金顶,从而成功建成了世界上第一座角锥体金字塔,也就是类似汉字"金"字形的金字塔,因该金字塔外观呈微红色,所以被叫作红金字塔,其高度达104米,是古埃及历史上第三高的金字塔。斯尼弗鲁用自己的天才构思设计出这座建筑,完成了从梯形金字塔向角锥体金字塔的转变,开创了金字塔建设的新时代,历史学家将他开创的王朝称为古埃及第四王朝。也正是在古埃及第四王朝,金字塔的兴建达到顶峰,其成果就是开罗附近的吉萨三大金字塔。

## 二、吉萨三大金字塔

在仅仅100多年时间里,古埃及人连续创造了3个当时世界最高建筑的纪录,而斯尼弗鲁的儿子胡夫将把金字塔建筑推向一个以后几千年都难以逾越的高度。他在位时期任命他的侄子赫米乌努为维齐尔,修

吉萨三大金字塔

建了埃及历史上最宏伟的金字塔——吉萨大金字塔（胡夫金字塔）。该金字塔底边原长 230.37 米，现长 227.5 米，相当于 5 个足球场大，金字塔高 146.6 米，塔顶尖端用黄金制成，当然这黄金早已不在了，现剩高 138.75 米，相当于 40 层摩天大楼高。它完全靠石块堆砌而成，没有使用任何黏合剂，但未受风化的石缝之间几乎找不到空隙。整个工程共使用了 230 万块石材，石材经过认真打磨，表面光滑，每块平均重 2.5 吨，大的甚至超过 15 吨，建成 210 个石阶，其中一些石块要放置到距离地面 140 多米的地方，整座大金字塔的石头重 684 万吨，所用石材都是从尼罗河东岸的图拉采石场开采的。有学者估计，如果把这些石头凿碎，成一立方英尺的小块，再沿赤道排成一行，其长度相当于赤道周长的三分之二。

胡夫大金字塔的总工程师赫米乌努是个堪比伊蒙霍特普的天才建筑家和施工工程师，他引进竞争机制，要求工人们分组施工。金字塔出入口被设计成三角形，从而成功将 100 多米高的金字塔巨大的压力均匀地分散开，避免被压塌。金字塔的周长和高度之比等于圆周率的两倍，正好等于圆的周长和半径之比。胡夫金字塔的方位与结构设计都和埃及人所崇拜的天狼星等星象对应，其内部的直角三角形厅室，各边之比为

3∶4∶5，符合勾股定理①的数值，体现了埃及人在数学和天文学上极高的造诣。金字塔不仅是建筑奇迹，也是运输上的奇迹。古埃及人利用尼罗河水上涨从南方运输建筑金字塔的巨石，在陆地上运输巨石时则利用湿泥的润滑性，使用可拖动滑引的木橇，前面绑上长长的拉绳拖运。

据希腊历史学之父希罗多德记载，胡夫为修建金字塔搜刮神庙财产，强迫10万人服徭役，共花了30年的时间才完成这一建筑奇观，头10年在修筑运石头的道路和地下墓室，后20年用于修建金字塔本身。在金字塔周边，好几个村镇拔地而起，以安置修建金字塔的民工，最新研究表明，这些民工不是奴隶，而是平民，国王需要向他们支付面包和啤酒②作为酬劳，在金字塔工人村镇的发掘过程中发现了大量屠宰牛、羊和猪的痕迹，表明建造大金字塔的工人们经常都能吃上肉类，生活水平高于普通的民众。

大金字塔被公元前3世纪的腓尼基旅行家昂蒂帕克列为"世界七大奇迹"之首，而如今这"世界七大奇迹"只有金字塔历经数千年留存下来。吉萨大金字塔世界上最高建筑的称号保持了约3900年，一直到14世纪初，才被英国林肯教堂等几座中世纪时期的教堂超越，而且这些教堂只是算上尖顶十字架部分而非建筑主体超过了胡夫金字塔，直到1884年落成的华盛顿纪念碑才真正在建筑本身上超过胡夫金字塔。虽然胡夫金字塔不再是最高的建筑，但其600万吨的重量依然比截至2018年时世界最高的迪拜哈利法塔重7倍，相当于约18个纽约帝国大厦的重量！如埃及谚语所说："人类惧怕时间，而时间惧怕金字塔。"金字塔虽然没能让国王复活，但却让古埃及文明的遗迹保存至今，呈现在我们面前。直到今天，金字塔依然给埃及带来大量的游客，旅游业也是

---

① 古埃及人已懂得运用勾股定理，知道用绳结三角和毕达哥拉斯数字构成直角，所以现代的埃及人把勾股定理称为埃及三角形。
② 古埃及人最先掌握发酵面包的技术，制作出最早的面包，并用蜂蜜做调味剂。他们留下了最早的养蜂记录，通过养蜂来提供蜂蜜和蜂蜡。世界上最早的啤酒也是古埃及人用大麦面包酿造而成。在古埃及，无论富人或穷人，主食都是面包和啤酒，上层阶级还饮用葡萄酒、椰枣酒和棕榈酒等。

看守哈夫拉金字塔的狮身人面像

今日埃及四大经济支柱之一。

胡夫的儿子（一说是胡夫的弟弟）哈夫拉，在胡夫的大金字塔西南处为自己修建了历史上第二大金字塔，该金字塔高143.5米（现高134.6米），塔基长215.25米，由于所处地势较高，所以看上去高度超过胡夫大金字塔。不过让哈夫拉真正出名的不是金字塔，而是以他为原型雕刻的狮身人面像。在古埃及神话里，狮子乃各种神秘地方的守护者，也是地下世界大门的守护者，狮身人面像正是哈夫拉金字塔的守护神。该雕像身长约73米，高21米，脸宽5米，除狮爪是用石块砌成之外，其他都是在一块巨大的天然岩石上凿成的，如今狮身人面像和金字塔一样成为古埃及文明的重要标志。

目前没有发现任何同时代的铭文证明是哈夫拉修建了狮身人面像，将狮身人面像与哈夫拉联系起来的是狮身人面像附近的哈夫拉河谷神庙中发现的哈夫拉坐像。哈夫拉坐像用闪绿岩雕刻，高168厘米，其面部特征与狮身人面像十分相似，这是支持狮身人面像属于哈夫拉国王的有力证据。与哈夫拉坐像同时被发现的还有他的侍从雕塑,包括他的御医与书吏等人的雕塑。

哈夫拉的儿子(一说是胡夫的儿子)孟卡拉所留下的孟卡拉王和王后双人像是埃及最早的国王与王后双人立像。国王夫妇如真人大小,并肩而立。国王雕像外表威严,双手握拳,显示出强健有力的一面。王后左手放在国王左胳膊上,右手臂搂抱着国王的腰,呈现协调柔和的美,后来古埃及的夫妇立像基本都参照这一标准格式。

孟卡拉修筑了吉萨三大金字塔的第三座——孟卡拉金字塔,不过这座金字塔只有66米高,还不如前两座的一半高,体积更是仅有胡夫大金字塔的十分之一,而且所用的石块雕凿较粗糙,这表明两大金字塔耗费了埃及大量人力、物力、财力,埃及已经再无力修建大型石制金字塔,从此以后埃及改用泥砖替代石头修建不超过70米的简单金字塔,辉煌一时的金字塔王朝结束了。

### 三、太阳神的国度

孟卡拉建成吉萨三大金字塔中最后也是最小的一座后,他的儿子舍普塞斯卡夫不再建设金字塔,重新以马斯塔巴为坟墓。研究人员认为金字塔本来是太阳神崇拜的一个标志,金字塔的尖锥形状代表了光芒四射的太阳神——拉神,金字塔建设代表了太阳神崇拜的兴起。太阳神拉的主城赫利奥波利斯城的祭司集团成为一股强大新兴势力,舍普塞斯卡夫改修建马斯塔巴的做法可能是对太阳神祭司集团的抵制,因为当时他的王权受到他们的威胁。

舍普塞斯卡夫在位仅4年就不知原因地死去,是第四王朝的最后一位国王。当时埃及有流传预言称第四王朝将被一个来自太阳神殿的王室取代,这个预言将未来王朝的统治者视为太阳神之子,表明太阳神祭司集团在与王权斗争中显出优势。第五王朝开朝君主、自称是拉神之子的乌舍尔卡弗，在太阳神祭司集团的支持下僭取了王位。为了平稳过渡，他娶了前王室成员肯特卡维斯为妻。靠太阳神庙势力扶持上位的乌舍尔卡弗自然不忘本，太阳神拉成为埃及的国神，埃及国王自称"拉之子"，以神权为名推行专制，自他以后，第五、第六王朝的诸王都大肆兴建太阳神庙，并大量向太阳神庙捐赠土地和财物。

乌舍尔卡弗改进了太阳神庙的建设，各太阳神庙环绕着露天庭院建造，中间竖立着"奥贝里斯克"，这是世界上最早的方尖碑。方尖碑是古埃及崇拜太阳神的纪念碑，碑身用整块花岗岩雕凿而成，刻有浮雕及象形文字，碑的尖端呈圆锥形，形似金字塔尖，镀以金、铜或金银合金等金属，在太阳的照射下闪闪发光，象征着太阳发出的光芒。此外，方尖碑还是埃及神庙中最重要的计时器，古埃及人根据方尖石塔的阴影观察太阳变化，将一天分为中午前和中午后，并进一步划分出若干个小时，同时通过一年中阴影的变化得知一年中白天时间最长和白天时间最短的一天分别是什么时候。

崇拜月神的苏美尔人通过观察月亮发明了最早的阴历，而崇拜太阳的古埃及人则通过观察太阳发明了最早的阳历。古埃及的阳历是从阴历发展而来，由于月亮的阴晴圆缺更便于观察，所以古埃及人最初也和两河流域一样使用基于月亮运行周期而制定的阴历，不过和两河流域以日落时

被运到巴黎协和广场的古埃及方尖碑

西方的新月作为每月的开始不同,崇拜太阳的埃及人是以日出时东方的新月作为每月开始的。通过对日出天象和尼罗河河水上涨周期的长期观察,古埃及人发现每年大约在6月15日,也就是尼罗河泛滥潮头到达孟斐斯的那一天,在下埃及便可以看到太阳和天狼星同时从地平线上升起,古埃及把这一天定为一年的开始。古埃及人将一年分为泛滥、播种和收割3个季节,每一季节各4个月,共12个月,每月分成3旬,每旬各10天,岁末还剩5天称"闰日",依次作为冥神奥西里斯、鹰神荷鲁斯、风暴之神塞特、生育女神伊西斯与死亡女神奈芙提斯的庆典。为了使新历法更有效,他们还把天球细化为36个部分,即黄道12宫的10度,其中每一个10度都标志着一旬的开始,每旬的开始借黄昏时分升起的特殊恒星或星团来确定,并通过设定"天狼星年"(后来的闰年)将一年精准到365.2507日。这种新历法是以地球绕太阳公转的运动周期为基础制定的阳历,和现行的阳历(公历)相比有四分之一天的误差,我们今天使用的阳历就由此发展而来。

对太阳神拉的崇拜日益兴盛,最终太阳神在众神中取得了至高无上的地位,埃及原本的保护神奥西里斯和荷鲁斯父子的形象也开始被与太阳神拉的形象结合起来,形成拉—奥西里斯—荷鲁斯的组合。拉代表日光,冥王奥西里斯代表拉死后在

古埃及壁画
拉神与荷鲁斯神合为一体,组成头顶太阳的拉—荷鲁斯。

冥界现身,荷鲁斯代表日出,最终形成古埃及的三位一体:圣父奥西里斯、圣子荷鲁斯、圣灵拉。古埃及王权也和太阳神结合起来,国王是太阳神之子,他在世时是拉神在人间的代理人和化身,死后也将与太阳神合一。王权在埃及被神化,国王是神意的代言人,为神圣不可侵犯的最高统治者。在国王面前,所有文武百官都必须高唱赞歌,拜倒在地,只有最亲密的大臣才能进一步亲吻国王脚前的尘土,在一位驸马的墓志铭①中,他大肆炫耀自己亲吻过国王的脚,大臣们都以挨过国王的巴掌为莫大的光荣。这种将拉神和国王结合的君权神授说无疑加强了国王的专制统治,但同样也大大提高了拉神祭司的地位,拉神祭司们开始拥有巨大的权力,在第三、第四王朝时期,维齐尔的职务基本都由王子担任,但是从第五王朝开始,竟然没有一个王子担任,反而大多由来自拉神殿的祭司担任,拉神集团快速发展成王室之外最强大的势力。

## 四、埃及古王国的对外扩张

停止建设大型金字塔后,埃及国力逐渐恢复,从第五王朝开始,埃及的重心又放到了对外征服上。此时埃及出现了已知世界上最早的中央军事后勤机构——军械院,这是管理武器、船舶制造、军队补给和防御工事等事务的专门机构,其首领为军械院院长。第五王朝的第二位国王萨胡拉号称古埃及的海军创始人,他设立管理造船厂的长官——船舶建造者,以及负责指挥搭乘战船运输步兵的长官——战船队首长,多次组织远征海战,曾前后派遣了合计近2500艘海船去黎凡特和东非蓬特(位于东非海岸的索马里和厄立特里亚)进行商业贸易和军事征服。萨胡拉祭殿里的壁画反映了从这些地方俘虏的奴隶、掠夺来的牲畜和各种

---

① 从第三王朝开始,许多大臣的墓室墙壁上或墓碑上刻有墓主生平事迹的简单铭文,不过这算不上文学创作。目前所发现最早的人物传记作品是第三王朝末、第四王朝初的大臣梅腾所留下的《梅腾自传铭文》,这部传记加入叙事成分,将简单的铭文变为长篇的自传,生动描述了大臣梅腾飞黄腾达的一生。以后埃及的权贵纷纷在坟墓中留下长篇幅的自传铭文,成为现今研究古埃及历史的重要史料。

战利品，以及通过贸易获得的芳香树脂、琥珀和木材等埃及稀有的物品。

萨胡拉之后的纽塞拉王对利比亚人和西奈半岛的亚细亚人进行了军事征服，将埃及势力扩张到非洲以外。到纽塞拉王的继承人门卡霍尔统治时期，埃及已经与两河流域的城邦建立起外交和直接贸易联系。

门卡霍尔的儿子杰德卡拉是第五王朝在位时间最长的国王，

古埃及海军之父——萨胡拉国王像

他曾举行过"三十年庆典"，他统治期间埃及保持着富庶，每隔十年便进行一次远征。杰德卡拉时的大臣普塔霍特普在后世的名声比他所效劳的国王还高，他创著的《普塔霍特普箴言录》是埃及古王国时期最著名的教谕文学作品①，这是普塔霍特普晚年教导他儿子的40多段训诫、箴言，讲述人生与仕途的行为准则，类似于中国的家训，后来成为权贵子弟担任高级官员之前的必读书目。

第五王朝末代国王乌那斯与南方努比亚间开展了长途商业贸易，并接见了当地的首领。在乌那斯死后入葬的金字塔中发现了埃及最早的金字塔铭文。金字塔铭文是在金字塔内壁上铭刻的咒语经文，主要是对国王沿着金字塔顺利通向天国的祝福以及各种咒语、祷文等，后来的古埃及国王也纷纷效仿留下铭文。乌那斯没有子嗣，王位由他的女婿特悌继承，埃及由此进入第六王朝。

---

① 迄今最早的教谕文学作品是古王国时期的《对卡盖美尼之教谕》。

第六王朝对内延续第五王朝崇拜太阳神的传统,在第六王朝时期有6位国王建造了太阳神庙,其中的佩皮一世分别在塔尼斯、布巴斯悌斯、阿拜多斯等地建立了神庙。第六王朝对外推行第五王朝侵略加贸易的政策,发动了对黎凡特、利比亚、努比亚、蓬特等地的一系列侵略战争,掠夺了大量财富与奴隶,并在努比亚地区建立起军事要塞和商业据点,进一步巩固了埃及对周边地区的政治经济控制。

随着这一时期埃及对外贸易和掠夺的增加,埃及得到了大量本土稀缺的木料,如雪松、云杉、松树、紫杉、黑檀木等,埃及的木制品工艺也因此得到突飞猛进的发展,木头开始取代草,成为埃及家具的主要材料。埃及木质家具和中国古典家具一样使用榫卯结构,包括床、桌椅、凳、梳妆盒等,王室家具木材都用优质的镀金、象牙、彩釉、宝石镶嵌,座椅、床、挂帘框架都是包金的木制品。世界上最早的锁也是埃及木工发明的,这是一种木制的门闩,上面有让门锁锯齿进入的插孔,必须用锯齿形部分与门闩对应的钥匙才能打开。

可以说第五、第六王朝是埃及对内神化王权、对外军事扩张的时代。如果单从军备上看,埃及的兵器远比两河流域原始,他们的武器大多是石制的,铜制只占少数,青铜更为稀有,士兵大多没有护甲;而苏美尔士兵都装备青铜武器,普通士兵戴皮盔、穿斗篷、配盾牌,重步兵则配备铜盔大盾。埃及的强大不在于军备,而在于因为国家统一能集结起规模更庞大的军队。和大一统的埃及古王国时期不同,苏美尔城邦时代,又被称为苏

古埃及的木质家具

美尔战国时代，大部分时间都处在分裂和战争中，严重消耗了苏美尔人的力量。在苏美尔乌尔第一王朝第四任国王巴鲁鲁在位时期，两河流域东部伊朗埃兰地区的阿万城邦兴起称霸，史称阿万第一王朝。日益强大的埃兰人忘不了曾被苏美尔人侵略掠夺的耻辱，埃兰阿万城邦国王美西里姆带领埃兰人大举入侵两河流域，击败了苏美尔霸主乌尔王巴鲁鲁，以外族统治者的身份称霸两河流域。阿万城邦国王美西里姆甚至控制了基什，自称"基什的卢伽尔"，苏美尔文明因埃兰人的入侵一度陷入中衰。导致这种局面的一个重要原因是苏美尔城邦政治难以形成大一统的强大国家，在古代社会大一统的局面需要一个更专制的政权才能实现，随着战争日益频繁，两河流域的城邦政治开始向君主专制转变，两河流域就此从分裂走向统一，建立了比古埃及更强大的领土国家。

## 第三节　两河流域的统一与印度河文明

> 他（萨尔贡）使全国上下只有一张嘴。
>
> ——阿卡德萨尔贡铭文

### 一、拉格什与温马之争

苏美尔各城邦之间的混战使外族的埃兰阿万第一王朝称霸苏美尔地区长达百年，苏美尔各城邦当然不服这一外族霸主，他们反抗埃兰人的起义从来没有间断过，当初正是基什带领苏美尔各城邦侵略了埃兰，这次同样又是他带领苏美尔各城推翻了埃兰人的统治，并又一次进军埃兰，摧毁了埃兰阿万第一王朝。不过基什并没有在埃兰立足，在阿万第一王朝灭亡后，就撤兵回去了，埃兰人首领皮利再次在阿万城建立阿万第二王朝。

驱逐埃兰的基什再次成为苏美尔各城邦的霸主，史称基什第二王朝，苏美尔早王朝进入第三时期。在这一时期，城邦战争进入白热化阶段，在《苏美尔王表》上各王朝林立，哈马兹王朝、乌鲁克第二王朝、乌尔第二王朝、阿达布王朝等先后争霸。其中阿达布王朝被认为是一个较强盛的王朝，其国王卢伽尔安尼蒙征服了从波斯湾到扎格罗斯山的整个美索不达米亚以及埃兰地区。

除了《苏美尔王表》上的霸主外，此时苏美尔地区还存在一个十分强大的城邦拉格什。可能因为拉格什国王曾经得罪过圣城尼普尔，所以在《苏美尔王表》中并未提及这个强大的城邦，但是通过考古发现证实，拉格什曾经控制苏美尔南方的大半城邦，并获得过"基什之王"的称号。拉格什在乌鲁克城以东，幼发拉底河与底格里斯河相汇处的西北，城邦中心由拉格什和祭祀中心吉尔苏两部分组成，其守护神是军神宁吉尔苏。在苏美尔神话故事中有关于他为各种石头分类的故事，宁吉尔苏与敌作战，石头们纷纷表明拥护或反对的立场。宁吉尔苏获胜后，将拥护他的石头们变成了用于做塑像、神坛和首饰的宝石，而反对他的石头们则成为用于铺路或无价值的石子儿。

军神宁吉尔苏（拉格什守护神）与魔兽搏斗的浮雕

拉格什发现的王室铭文详细记载了从公元前2500—前2350年的约150年间拉格什城的兴衰，其起点源于和邻国温马的领土纠纷。早在公元前28世纪，拉格什与温马两国就因边界的问题战争不断，基什之王麦西里姆曾经为拉格什和温马两邦划定边界，设立界碑，在以后数百年间，两国都遵守这个界碑。约公元前2480年，乌尔南什成为拉格什的恩西，开创了乌尔南什王朝，他重启了和温马的战争，取得了辉煌的胜利，俘获了温马的恩西和他的宰相，并击败了强邦乌尔成为苏美尔南方霸主，其统治的地区可能已达波斯湾沿岸。他开挖水渠、建筑城墙，并派出船队从波斯湾地区的巴林岛运来木材为拉格什主神宁吉尔苏兴建神庙。拉格什逐步兴盛。

不过到了乌尔南什之子阿库加尔任统治者时，对邻国温马的挑衅他不断退让，在斗争中处于下风。约公元前2445年，在位不到5年的阿库加尔过世了，其子安纳图姆继位，温马恩西埃纳卡里试图趁其刚继位、立足未稳之际，违背协定移动石碑，占据有争议的地区，并率领军队大举入侵拉格什。

事实证明，面对温马的侵略行为，安纳图姆可不像他父亲那样好欺负，他亲自率军迎战，取得了巨大胜利，击败了温马恩西埃纳卡里，约定了新边界并重新树立了界标。为了纪念这一伟大的胜利，安纳图姆在拉格什和温马之间竖起一座高1.8米、宽1.3米、厚0.11米的胜利纪念碑，因上面刻有一群兀鹫啄食阵亡者尸体的场面，故被称为"鹫碑"。碑上还刻有守护神宁吉尔苏撒网擒敌和安纳图姆率军战胜温马的场面。鹫碑上的铭文是已知世界上最早的军事外交条约，铭文上段叙述了安纳图姆取得的胜利，下段则是拉格什强迫温马恩西埃纳卡里对神灵许下誓言："我永不侵犯拉格什的保护神宁吉尔苏的边界，也决不侵犯他们的堤堰和水渠，不推倒他们的石碑。我以恩利尔的名义起誓，如果我进犯边界，愿恩利尔从天上降下，用捕获俘虏的舒什伽尔网，罩住温马城邦。"

后人将鹫碑上刻画的拉格什勇士称为兀鹫战士,通过鹫碑和出土的同时期的武器可知,由于这时还不能打造较长的青铜长剑,苏美尔军队最常用的短距离兵器是青铜斧,并配合使用短剑、匕首进行近距离穿刺,长矛是最重要的长距离兵器,也是拉格什重装步兵最主要的装备。这些重装步兵手持长矛和大盾,戴着铜盔,身着毛毯斗篷和皮革裙,排列出整齐密集、训练有素的长枪方阵,这是已知最早的军事阵列。

正是这批兀鹫战士支撑起了拉格什恩西安纳图姆的霸业,将宿敌温马击败后,安纳图姆把矛头对准苏美尔其余各邦,先后发动了一系列的征服战争,击败了乌鲁克、乌尔、基什等昔日霸主。不堪失败的基什联合北方大邦阿克沙克,西方大邦马里,并勾结外族埃兰人大举入侵拉格什,却又被安纳图姆率领的兀鹫战士击败,拉格什的势力范围扩张到整个苏美尔,连苏美尔之外的埃兰也表示臣服,安纳图姆不仅使用"基什之王"的称号,还自称为"纳姆·卢伽尔",意为"苏美尔各邦之霸主"。

鹫碑上宁吉尔苏神撒网擒敌的浮雕

鹫碑上刻画的兀鹫战士

善战者死于兵，安纳图姆在位5年就死在统一苏美尔的征战中，他的弟弟埃纳纳吐姆继位。新任温马恩西乌尔伦马乘机再次违约越过边界，毁掉了拉格什和温马所立的界碑，并联合外族军队大举进攻拉格什。埃纳纳吐姆明显没有兄长的军事才华，拉格什损兵折将，连连退却。关键时刻，他的儿子恩铁美纳被任命为拉格什全军统领，他雄心勃勃、智勇双全，先通过挑拨离间之计造成温马内乱，后院起火的温马将士无心恋战，恩铁美纳乘势一举出击，亲自驾驶战车杀入敌阵，拉格什的兀鹫勇士们看到领袖亲自冲锋陷阵，也都变得毫无畏惧，奋勇直前。这边拉格什军队统领恩铁美纳在带头冲锋，那边温马恩西乌尔伦马却在带头逃跑，他见拉格什军队势猛，转头便走，他的军队也纷纷向领袖看齐，随之溃逃，温马军大败，一路奔回国境。恩铁美纳一路穷追不舍，侵占温马境内数里，温马被迫再次承认拉格什的霸主地位，拉格什王朝势力达到极盛。

恩铁美纳班师回朝后成为拉格什新任恩西。趁拉格什主力撤走，温马恩西乌尔伦马的侄子爱尔率军驱走留在温马境内的拉格什军队，成为新任温马恩西，再次挑起两国争端。恩铁美纳深知新立的界碑占了温马的命脉水道，温马一定不会善罢甘休，而拉格什常年征战，人民苦于战争，所以他同意和温马谈判。和议的结果是两国的界碑依然有效，但是温马可以引用界渠中的水，两国从此度过了一段和平期。

解除外患后，恩铁美纳专心治国，他下令修建了连接幼发拉底河与底格里斯河的运河，并下令免除平民债务，拉格什在其统治下十分繁荣，政治与经济力量进一步壮大，是当时世界上仅次于埃及第五王朝的强大势力。和埃及一样，拉格什开始宣传君权神授观念和王位世袭制度，乌尔南什家族自称是拉格什主神宁吉尔苏的后代，无所不能的神赐予王室"无敌的力量"，任命他管理拉格什事务。神授王权的说法为拉格什乌尔南什家族的世袭统治提供了解释，但是同时也加强了神庙的势力,拉格什和埃及一样陷入王权和神权的冲突中。

约公元前 2390 年,恩铁美纳在位 10 年后死去,其子埃纳纳图姆二世继位,为乌尔南什家族的末代君主。他统治时期,神权势力十分强大,据出土泥板文书记载,单是主神宁吉尔苏神庙内奴隶就有 1200 多人,王权和神权的斗争导致国内动荡,外敌埃兰也乘机入侵拉格什,埃纳纳吐姆二世无力面对内忧外患的局面,在位仅 4 年就被拉格什主神宁吉尔苏神的神庙大祭司恩嫩塔尔西推翻统治,乌尔南什王朝灭亡,拉格什就此陷入内部斗争与动乱中,苏美尔霸主地位不再。

恩嫩塔尔西死后,其子卢伽尔安达(公元前 2384—前 2378 年在位)继位,他大肆搜刮全国财物,连神庙的财产也不放过,不仅没收了拉格什主神宁吉尔苏及其妻巴乌女神神庙的土地,还要求原来免税的神庙向国家缴纳赋税。他又在全国各地设关立卡,派驻税吏,猛增苛捐杂税。当时拉格什贪官污吏横行,王室侵占平民的良田,买卖不公,人们生活没有任何保障,农民、牧民和渔民赖以为生的土地、船只和牲畜被夺取,手工业和商人因税收太高纷纷破产。在拉格什的全部 12 万人(其中拉格什城内人口约有 4 万)之中,奴隶就占到四分之一,拥有土地、能服兵役的公民只有约 3600 人,其余大多是无地或半无地的依附者——"古鲁什"。广大民众生活在水深火热之中,社会矛盾空前尖锐。约公元前 2378 年,无法生存下去的拉格什人民爆发了反对卢伽尔安达暴政的起义,贵族出身的乌鲁卡吉那乘机发动政变,推翻表兄弟卢伽尔安达的统治夺取了政权。

乌鲁卡吉那是迄今为止人们所知的世界上最早的改革家,他上台后,为缓和社会矛盾,以城邦主神的名义进行了一系列改革,保障平民的权利,是世界上最早有文字记载的改革,其主要内容如下:

一是撤销遍布全国各地的监督和税吏,"从宁吉尔苏边境直至于海,不再有收税人",减免各种捐税、欠税,豁免平民积欠王室的赋税。

二是将卢伽尔安达霸占的神庙土地和财产归还给神庙,并废除神庙的纳税义务,同时减轻死者家属付给神庙的殡葬费用,精简殉葬礼仪。

三是禁止当权者侵占平民财产,保障财产私有权和业主权利。

记录乌鲁卡吉那改革的文献残片

四是取消平民家人除户主外其他男丁的无偿劳役;禁止债务奴隶,并释放因债务而被奴役或遭拘禁的平民。

五是减免结婚和离婚的费用,推行一夫一妻制,禁止劫掠、残杀和欺凌孤寡。

六是恢复大部分平民的公民权,使公民人数增加了10倍,达到了36000人,从而让军队成分由贵族垄断改为以平民为主,并成为改革的主要支柱。

乌鲁卡吉那是世界上最早提出"强者不得欺凌弱者"的政治家,这个口号在后来两河流域出土的法典中基本都会出现。乌鲁卡吉那的改革限制了欺压百姓的贵族权力,大大减轻了平民的负担,堪称一位伟大的仁君。他也认为自己是前所未有的统治者,便改变了拉格什恩西头衔,首称王卢伽尔。但乌鲁卡吉那称王却是拉格什城邦末日的开始,由于乌鲁卡吉那改革限制了贵族的利益,他们勾结了拉格什的死对头温马的统治者卢伽尔扎吉西,在乌鲁卡吉那改革的第4年,大举进攻拉格什。

卢伽尔扎吉西本是温马的祭司,后来发动政变成为温马王,他趁着拉格什贵族不满之时,联合乌鲁克组成联军进攻拉格什。拉格什王乌鲁卡吉那由于把精力都放在内部改革中，疏于外部防范，在内奸的出卖下，拉格什遭遇惨败，国内反对派乘机发起叛乱，拉格什陷入前所未有的危机中。温马王卢伽尔扎吉西乘胜追击，这次他不仅要收复曾经被拉格什占有的土地，更要彻底消灭拉格什。约公元前2371年，在乌鲁卡吉那改革的第7年，拉格什被攻陷，乌鲁卡吉那逃到祭祀宁吉尔苏神的中心吉尔苏，改革时期在这里兴建的城墙一时挡住了敌人军队，乌鲁卡吉那通过向温马称臣，继续当了几年吉尔苏之王。

击败拉格什这个最强大的对手后，温马王卢伽尔扎吉西如虎添翼，一路势不可当。他不顾先前与乌鲁克的同盟关系，率军进入乌鲁克，占领了这座苏美尔第一大城①，并迁都于此，自称乌鲁克之王，史称乌鲁克第三王朝。卢伽尔扎吉西声称："从东到西，恩利尔使他所向无敌，苏美尔各城邦和外国的君王们都承认他在乌鲁克的统治权。"随后，卢伽尔扎吉西继续南征北战，先后占领拉尔萨、札巴兰和尼普尔等大小50个城邦，大有一统两河流域的势头，一个统一的苏美尔国家呼之欲出，如不出意外，卢伽尔扎吉西将成为苏美尔人的"秦始皇"，可惜一个来自闪米特人的伟大王者的出现让苏美尔的"统一大业"最终落到外族闪米特人的手中。

## 二、天下四方之王——萨尔贡

在两河流域，闪米特人可能是比苏美尔人更早的居民，因为从古至今，从地中海到两河流域、从托罗斯山脉到亚丁湾之间的广大地区最主要的居民就是闪米特人。当外来的苏美尔人到达两河流域时，本地的闪米特人逐渐变为他们的附属。苏美尔城邦兴起后，又吸引更多来自西北部叙利亚和西南部阿拉伯半岛上的闪米特人部落，他们通过和苏美尔

---

① 当时乌鲁克城人口已经从8万锐减到5万，但依然是两河流域人口最多的城市，同时期温马人口约为3.4万人。

人混居，进行贸易，充当劳役和雇佣兵，形成一种共生关系。这些闪米特人主要生活在苏美尔人的北部，在苏美尔人影响下也建立了一系列城邦，最具代表的分别是底格里斯河中游的亚述城，以及两河流域以外西北叙利亚大沙漠中的埃勃拉古城，这两座城市都是当时的商贸枢纽，亚述曾同埃勃拉签订过一个有关商业贸易的《卡努姆条约》，这是至今发现的最早的国际贸易协议。

虽然两河流域的亚述在以后的历史中一度称霸中东，但在这一时期，两河流域以外叙利亚沙漠中的埃勃拉才是最强大的闪米特人城邦。埃勃拉的原意是"白石头"，指的就是在岩石上建造的城市。该城地处塞浦路斯、小亚细亚和两河流域贸易中心，是苏美尔人羊毛、香料制品的供应地，经济与贸易十分发达。约公元前3000年，埃勃拉形成城邦国家，最初的国家统治者还是通过选举产生的，到约公元前2700年，埃勃拉进入世袭王朝时代，出现了大规模王宫和王室档案馆，出土王表记载了历届国王的名字。埃勃拉人使用苏美尔人创造的楔形文字，在

叙利亚沙漠中埃勃拉遗址

埃勃拉王室的档案馆（又称"埃勃拉图书馆"）遗址中发现了近2万块泥板书和堆放这些泥板书的木架残骸。埃勃拉遗址出土的泥板书80%用苏美尔语书写，其余的则用闪米特语，这说明苏美尔语可能是埃勃拉王国的官方用语，而民间用语则大多是闪米特语，被称为"埃勃拉语"，这也是已发现的最早的闪米特语文字。在埃勃拉图书馆中有一本迄今为止人类历史上最古老的翻译词典，将埃勃拉语翻译成苏美尔语。

在埃勃拉泥板文书中，"马里"这个名称出现过不止500处，地处叙利亚东南部的马里城是扼幼发拉底河中游的交通和战略要地，来自西北叙利亚一带的木材和金属及北部陶鲁斯山口的矿产，大多要经此处输往南部各地，是两河流域重要的商业中心之一，并一度称霸，建立了《苏美尔王表》中的第十个王朝——马里王朝。底格里斯河中游的亚述城也曾经被马里统治，据埃勃拉出土的泥板文中记载，埃勃拉国王伊卡布丹姆（约公元前2450年在位）宣称自己打败了两河流域中游霸主马里城和亚述城的国王伊布鲁尔·伊尔。战争的起因是当时的马里城侵占了埃勃拉的一个商业殖民地，埃勃拉国王伊卡布丹姆随即发动对马里的战争，逼其投降，并派其子前去统治马里城邦。

马里衰败后，苏美尔地区的王权转移到了基什，一位名叫库巴乌的酒店侍女成为基什女王，建立基什第三王朝，她也是《苏美尔王表》中唯一的女王。后来随着基什女王年老，无力保持基什的霸权，阿克沙克的国王普鲁尔尼拉赫击败基什成为苏美尔新霸主。但不久后，基什女王的儿子普萨苏恩成为基什国王，他带领基什击败阿克沙克，再次夺取苏美尔地区的霸权，史称基什第四王朝。

地处苏美尔北部的基什也是一座闪米特人占比较高的苏美尔城市，这从早期许多基什国王名字在闪米特语中都能找到对应名词就可看出。正是一个基什的闪米特人的弃婴成为乌鲁克王卢伽尔扎吉西霸业的终结者，这个弃婴后来被人们称为"萨尔贡"，其意是"真正的国王"，而他

基什王宫的园丁萨尔贡

的本名已不可知。萨尔贡是其母偷情所生，一出生就被放到篮子里随幼发拉底河漂流，被一个园丁发现并抚养成人。他长大后继承父业成为基什王宫的园丁，后来又通过接近国王的机会成为基什国王乌尔扎巴巴拉的侍酒童，进而成为国王的亲信。

  这一时期美索不达米亚依然处在基什第四王朝时代，基什仍旧是苏美尔各城的霸主，但是苏美尔城邦格局已发生大变动，南方乌鲁克王卢伽尔扎吉西已经统一苏美尔南部地区，并率军北上，与北方霸主基什决战，基什王惨败，乌鲁克第三王朝取代基什第四王朝成为苏美尔地区的新霸主。这引起了基什人民的强烈不满，萨尔贡抓住了这一有利的时机，在基什战败的第二年（约公元前2358年）联合基什城内的闪米特民众，推翻了国王的统治，成了新的基什之王。

  政变的成功让萨尔贡懂得了军队的重要性，他即位后组建起一支5400人的以闪米特壮丁为骨干的亲卫军，这是世界军事史上第一支常备军,这支军队直接归萨尔贡指挥,与他一起用餐,享受最优厚的待遇。

在萨尔贡定都基什的 23 年(约公元前 2358—前 2335 年)时间里,萨尔贡通过这支闪米特常备军的力量,南征北战,统一巴比伦尼亚的北方,和南方的乌鲁克国王卢伽尔扎吉西南北分治。因为基什是属于苏美尔人的城邦,萨尔贡觉得根基不稳固,所以他于约公元前 2334 年在基什以北修建了以闪米特人为主的城市——阿卡德城,并迁都于此,阿卡德王国正式建立,阿卡德人也成为萨尔贡这支闪米特人的称呼。巴比伦尼亚从此分为南北两部,北部称为阿卡德,南部称为苏美尔,正如前面所说,苏美尔这个名字并不是苏美尔人自己的称呼,而是阿卡德人对其的称呼,苏美尔人称自己为"黑头的人"。

萨尔贡建立阿卡德王国后,南方乌鲁克王卢伽尔扎吉西向躲在吉尔苏的拉格什王乌鲁卡吉那发动最后的进攻,乌鲁卡吉那向北方阿卡德王萨尔贡求助,萨尔贡以此为由挥师南下和乌鲁克王卢伽尔扎吉西展开南北统一大战。卢伽尔扎吉西统领由 50 个苏美尔城邦组成的联军,其兵力数倍于萨尔贡,但是他岁数已高,不如萨尔贡年盛力强,50 个苏美尔城邦组成的杂牌军也都是一群乌合之众,无法和萨尔贡 5400 人的亲卫军相比。战争结果是卢伽尔扎吉西兵败如山倒,自己也被萨尔贡俘虏,被用套狗的绳圈拖到尼普尔城的恩利尔神庙充当人祭,萨尔贡在此登基,称阿卡德与苏美尔之王。尼普尔出土铭文记载"恩利尔把王权交给萨尔贡,阿卡德进入太平盛世"。随后萨尔贡陆续消灭苏美尔境内的所有城邦,将所有曾经辉煌的城邦都踩在脚下,萨尔贡号称"阿卡德城之王,基什城之王,国土之王,安的祭司长(乌鲁克城),恩利尔的大恩西(尼普尔城)"。至此,巴比伦尼亚终于被这位闪米特人的弃婴萨尔贡所统一。

统一巴比伦尼亚这份空前的伟业远不能满足萨尔贡的雄心,他开始向两河流域的边缘扩展阿卡德王国的领土。向北他击败亚述,统一今日伊拉克全境，甚至侵占土耳其东南部地区。向东他远征埃兰，攻取了阿万和苏萨等城邦，让伊朗高原西南部成为阿卡德王国的属地。向西他侵入叙利亚和巴勒斯坦，迫使叙利亚埃勃拉古国臣服，将阿卡德势力范围一直扩张到地中海沿岸。他先后经历34战，俘获50个城邦恩西，其领土"从日出处"（东部埃兰）到"日落处"（西部的叙利亚和巴勒斯坦），远远超过原来苏美尔文明所覆盖的区域。阿卡德史诗写道："恩利尔把上海（地中海）到下海（波斯湾）的土地都交给了他。"萨尔贡就此自称"天下四方之王"。

萨尔贡王青铜头像

征服战争使王权更加强大，王成为集各项大权于一身的至高无上的统治者。王权强大带来的是中央集权，萨尔贡让"天下只有一张嘴"，各地皆听命于中央，他以10日行程为范围划分行政区，由中央派遣官员统治，就连重要神庙的祭司也都由国王任命，以此限制神庙权力。他统一文书、度量衡，全国开放通商，保护商路的畅通。他设立全国水利大臣职务，兴修规模巨大的灌溉网络和许多渠网运河连接各个城市，当时阿卡德统治下的各城邦都有专门管理水渠和运河的人员，平民使用运河来灌溉他们的土地，富人则有他们自己的水渠。在阿卡德王国时期，桔槔汲水工具首次出现在圆筒印章的雕刻中，桔槔是一种前后纵列的汲水吊杆，通过杠杆原理从河中汲水倾入较高处的田地沟渠或蓄水池中，极大地促进了农业的发展。

与拥有强大王权的古埃及王国一样，这一时期两河流域也出现了诸多有关国王的雕塑品，相比之下，古埃及出土的石雕让两河流域难以望其项背，而两河流域的青铜塑像同样也让古埃及人望尘莫及，尼尼微出土的萨尔贡王青铜头像，其造型威严庄重、写实逼真，铸造精细到须发，雕像的眼睛中本来嵌有珍贵的宝石，但现已遗失，成了两个空洞。萨尔贡青铜头像完全用青铜浇铸而成，相比之下，同时期埃及第六王朝国王佩皮一世的铜像并非浇铸，而是以木为底，再用锤子把铜片锤贴上去的，反映出当时埃及的铸铜技术与两河流域的巨大差距。

阿卡德人统一苏美尔后，用苏美尔楔形文字符号创建了"阿卡德语文字"，随着阿卡德对周边地区的征服，阿卡德语在西亚得到更广泛的使用，如埃兰就开始改用阿卡德楔形文字，在埃兰苏萨的学校出土了阿卡德语教材，阿卡德文字是近东各国书信往来中通用的外交语言文字，连埃及和西亚各国之间的通信都是用阿卡德语书写的，在被字母文字替代前，阿卡德语是当时世界上使用最广的语言。阿卡德人继续崇拜苏美尔人的神灵，阿卡德的主神兼萨尔贡的个人神——伊拉巴，一般认为就是基什主神——战神扎巴巴的变体名称。萨尔贡在征服月神的城邦乌尔后，也遵照历届乌尔王的习俗，将自己的女儿恩海杜安那任命为乌尔城邦月神庙的最高女祭司，恩海杜安那也是人类历史上第一位有明确署名的诗人，她为38座城市所崇拜的42位神灵创作了赞美诗，其中最著名的有《伊南娜的晋升》《伊南娜与埃比赫》等。

### 三、阿卡德强大的神——纳拉姆辛

虽然阿卡德人给苏美尔人带来了和平与统一，但自认为是"文明人"的苏美尔人依然无法忍受"蛮族"阿卡德人，苏美尔各邦只要一有机会就试图脱离阿卡德的统治，约公元前2306年，一次大规模的苏美尔城邦叛乱将已经年迈的萨尔贡围困在阿卡德城内。萨尔贡之子里姆什乘机发动政变逼迫萨尔贡将王权让给他，年富力强的里姆什成功镇压了苏美尔各城邦叛乱，先后俘虏了乌尔王及战士5460人，卡札鲁恩西及战士5864人，阿达布、扎巴兰、德尔和拉格什四城的恩西及战士14576人，当德尔再次联合温马反叛时，他又俘虏了德尔王等3540人，并将数百名居民处死。他两次东征埃兰，击败强邦巴腊赫西，俘虏其副王等4000人，让埃兰再次成为阿卡德的附属国，并获得了大量的战利品，单是供奉给尼普尔的恩利尔神庙就有15千克黄金和1.8吨铜。

里姆什频繁征战反映了他天才的军事指挥能力，也说明阿卡德国王的统治是建立在军事暴力基础上的，政权极不稳定，里姆什最终被贵族用石制印章杀死，他的兄弟马尼什图苏即位。因王位更迭，苏美尔各城邦乘机再次独立，但很快就被马尼什图苏成功镇压。这时东方埃兰安善城邦兴起，率领埃兰各城邦再次脱离阿卡德的统治，马尼什图苏率领大军东渡波斯湾，征服了以安善、苏萨为首的32个埃兰城邦并强迫他们纳贡，他还将自己的雕像放进了埃兰苏萨主神那鲁特的神殿，并在苏萨城内建起苏美尔和阿卡德神的庙宇。

马尼什图苏的军事才能不亚于兄弟里姆什，他也和他的兄弟一样不得善终，约公元前2237年，马尼什图苏被杀，萨尔贡之孙纳拉姆辛即位，继续前王的平叛、征服之路。这时苏美尔各城邦的独立战争愈演愈烈，中央的基什率领西帕尔、库塔、狄尔巴特、卡札鲁等10个城邦脱离了阿卡德，东方的埃兰在阿万城邦带领下再次掀起反阿卡德浪潮，南方的乌鲁克联合温马和尼普尔宣布独立，西方的马里和阿皮沙勒联合波斯湾马干等7国出兵支援阿卡德国内的叛军，阿卡德王国面临前所未有的危机。

事实证明，萨尔贡家族代代都是军事天才，纳拉姆辛先后平定国内以基什和乌鲁克为首的南北叛乱，并击败入侵外敌。随后，纳拉姆辛反守为攻，发起对四周地区的征服之战，他先是西征叙利亚地区，攻克幼发拉底河中游的霸主——叙利亚的马里国，俘其王，进而对叙利亚最大的城邦埃勃拉发起进攻。这一时期埃勃拉古国人口有26万人，其中大约有3万人住在城内,超过两河流域大部分城市。一块泥板文书上记载的埃勃拉王宫内饷金名单中人数多达11700人,其中有4700人在4座巨大的宫殿内就职,宫殿的城墙高达15米,包括数百间居住的厅房和供官员及书吏使用的办公室。在军事上,埃勃拉实行募兵制,拥有一支兵种齐全、装备精良、训练有素的军队,但这支埃勃拉之师最终也不敌纳拉姆辛的大军,埃勃拉城被纳拉姆辛攻占,整座城市被大火烧成废墟。打败埃勃拉后,纳拉姆辛继续西征,摧毁了地中海沿岸阿皮沙勒城邦,然后砍伐当地最重要特产——阿马奴斯山上的雪松木,将珍贵的雪松木运回阿卡德建神庙。到此阿卡德王国领土西达地中海沿岸,打通了前往地中海的商路。为同时控制波斯湾的商路,纳拉姆辛向南方进军地处阿拉伯半岛阿曼角的马干国,俘虏其国王,将阿卡德领土扩张到波斯湾南部。向东北方向,他征服了托罗斯山脉北部的高山部落,然后在扎格罗斯山中的崖壁上刻上纪念胜利的浮雕。

纳拉姆辛胜利石柱

最初发现于巴比伦遗址、现收藏于巴黎卢浮宫的纳拉姆辛胜利石柱就是表现纳拉姆辛率军征服山地部落的纪功碑，这是一块高2米、用红砂石制成的大型浮雕板，在石板上，高大的纳拉姆辛王站立在最高处，手持弓箭，神情威严坚毅，敌人则倒地身亡或跪地求饶，画面采用了对角线的构图，从而更具动感和空间感。

阿卡德的领土随着纳拉姆辛的征服战争而扩大，阿卡德王的君权也随之提高。纳拉姆辛进一步神化自己，除了称"天下四方之王"外，他还自称"神圣的纳拉姆辛"和"阿卡德强大的神"，是第一位自封为神的美索不达米亚国王，并声称他封神的举动受到包括恩利尔、伊南娜在内的7位大神的认可，他和神一样头戴牛角的形象出现在各城的主庙中。此时的阿卡德王国无论面积、人口还是综合国力都已经远远超过同时期的埃及第六王朝，是当时世界上最强大的帝国。整个中东地区的各个国家、部落都与阿卡德王国有着密切的政治或经济联系，已出土的阿卡德时期涉及经济贸易的文件多达14000块，提到有关贸易联系的西亚地名有5000多处，包括黎巴嫩、巴勒斯坦、埃及、伊朗等国家的商业城市。其中一份文件提到阿卡德还曾经与东方的麦鲁哈进行贸易，这里的麦鲁哈现已证明是印度河流域的城市。

### 四、印度河文明

约公元前2600年，在埃及开始修建金字塔之时，印度河流域也步入文明时代，今学术界称作"印度河文明"或"哈拉帕文明"。印度河文明是印度次大陆已知最早的城市文化，印度河流域没有留下像埃及那样宏伟的金字塔或苏美尔人那样华丽的神庙，但是却有着世界最领先的城市建设，在规模设施、建筑技术、供排水系统及城市规划布局等方面都达到了当时世界最先进的水平。整齐规划的城市遍布整个印度河文明区，这一时期共出现了1052处城市和村镇，其遗址范围北起阿富汗，南达印度河入海口,东至印度中部,西至伊朗,辐射范围达250万平方公里、大约500万的人口,远超过同时期的两河流域和埃及,是当时面积最大的青铜文化区。

在所有印度河城市遗址中,尤以被称为"双都"的北部上游哈拉帕与南部下游摩亨佐·达罗规模最为宏大,这两座城市人口都约有4万人,其中摩亨佐·达罗规模还要更大一些。两座城市结构与建筑风格相似,均由位于高处的卫城和地势较低的下城两部分组成,卫城位于城市的中心,四周建有高达15米、基座厚达12米的巨大高墙和塔楼防范,城墙外围还掘有壕沟。城里建筑基本都是用窑内烧制的标准尺寸的砖块建成,就连普通住宅也是用窑烧砖建成的两三层楼房,而在两河流域的城市中,只有王宫、神殿和城防设施才由烧砖砌成,大部分居民只能用太阳晒干的土坯砖。印度河流域城市的砖块都呈4∶2∶1的合理比例,他们设计了一种分成十等份的尺,砖的规格一般是这种单位的整数倍,在整个印度河流域文明的遗址中,做砖的模子只有两种标准尺寸,说明度量衡已经统一。

摩亨佐·达罗城内的大浴场

摩亨佐·达罗卫城中心有一个被建筑群包围的长方形砖砌大浴池，长40米，宽约20米，深2.4米，能容纳上百人，底部还有防止漏水的沥青和进排水设施，这是已知世界上最早的大型公共浴池。大浴池周边设有较小的沐浴平台、会所和为入浴者准备的更衣室等。研究认为大浴池不仅仅是一个公共洗浴区，也被用于宗教的洗礼仪式，这种仪式在今天的南亚地区依然非常盛行。在浴池周边有一个宏伟的行政议事厅，为城内政治中心，其周边房屋多为3—4层的豪华楼房，里面包括10多个房间和1个中心庭院，还有少数非常大的房子，里面有数十个房间和多重院落，应该是统治阶级和贵族办公、居住的地方。

城市的下城区既是商业区，也是平民区，城里街区规划整齐，四通八达，一条10多米宽的大马路自北向南纵贯城市，每隔几米就有一条东西向的小街垂直相交，还有小巷组成的不规则的路网与小街相连。各大街道笔直宽阔，能同时行驶好几辆马车，两边开有作坊和商店，有些十字路口还设有灯火照明系统。

整个城建系统中最先进的要属其发达的供水和排污系统，每个街区都配有水井为城内居民提供方便的淡水来源。城内的居民房屋里不仅有卧室、起居室、厨房，还有洗浴室、厕所等卫生设施，在厕所、洗浴室下建有倾斜的排水沟，使水流向地下水道。有些住宅外墙里面还有倾倒垃圾的滑运道，将废物滑到屋外街边石板盖下小沟里的下水道系统。城市下水道是印度河文明的核心所在，各下水道用陶制的管道构造，纵横交错，遍布全城，将各家流出的污水和垃圾带走。如此现代化的卫生设施，出现在4000年前简直是难以想象，可是印度河文明做到了，因此考古学家又称这个时代为"清洁时代"。印度河文明城市遗址的代表摩亨佐·达罗更被誉为"青铜时代的曼哈顿"和"罗马建城前最完美的城市"。

除城市建筑外，城外防洪建筑也十分先进，印度河和黄河一样经常泛滥成灾，印度河流域的人们用土坯和砖修筑河堤，哈拉帕城和摩亨佐·达罗都建筑在洪水水位线以上的人工岗堤上，规模宏伟、工程巨大。除了防洪外，他们还兴修水利，在印度河流域东南角的洛塔尔城（今古贾拉特邦内），至今仍留了一条当时修建的宽7米的人工渠道，与一个大的天然水库相连。

要规划建设如此复杂宏伟的城市，必然存在强大的行政机构，在摩亨佐·达罗卫城内有一座非常大的粮仓，谷物被作为赋税征收，存放在大型粮仓之中，以备饥荒之用，从粮仓巨大的规模可知，其统治范围至少覆盖周边很大一片收纳谷物的附属村镇。但是在印度河文明城市遗址中并没有发现王宫和神殿，只在摩亨佐·达罗遗址中出土了一件制作相当精美的祭司模样的人像，这是一件高19厘米、身披法袍的男子半身石灰石雕像，其神情庄严肃穆，被认为可能是印度河文明统治者的塑像。这说明印度河文明并没有形成至高无上的王权，各城邦可能由城里贵族和祭司组成的议会掌控。

目前对印度河文明的社会情况仍只能从考古遗址中推断，因为在发掘中发现的印度河文明印章文字至今仍无法破译。目前在印度河文明遗址里发现了2500多枚刻有象形文字符号的印章，此类符号累计有500多个，印章上的文字有序排列，笔画由直线和弧线组成，从右向左书写，字数一般不超过10个。印章上不仅刻有文字，还有许多形象生动的浮雕图案，其中出现最多的是一种类似犀牛图案的独角兽印章。还有一个印章上有一个盘腿而坐的三面神，头戴牛角王冠，手佩饰物，身束腰带，四周则分别有

刻有公牛图像与象形文字符号的印度河文明印章

大象、老虎、犀牛、水牛、羊等动物，内容十分丰富。各印章材质常以块滑石制成，也有用天青石、象牙、玉等昂贵材质的，是印度河文明最著名的工艺品。

除精美的印章外，印度河文明的主要工艺品还有铜器、石器、陶制品、黄金珠宝等，印度河流域铜器主要采用铸造的方法，当时人们已经掌握了焊接技术，当地最常见的铜器为铜锅，并出现了精美的青铜雕塑，如摩亨佐·达罗遗址出土的青铜舞女雕像，该女子身材修长、全身裸

摩亨佐·达罗遗址出土的青铜舞女雕像

露、叉腰翘首，展现出合乐起舞的姿态。不过和两河流域相比，印度河文明铜器大多数属于红铜。而比较合比例的青铜器仅占总数的14%，说明当时冶炼青铜的技术还不太成熟。当地的工具还是以石器为主，在摩亨佐·达罗城东北发现了大规模的石刀制作作坊，这里出产的石刀在周边许多地方都有发现。出土的塑像中青铜制品也只占极少数，大多数为石雕和各种烧制陶俑，其中又以印度河谷女神俑最为常见，这些女神俑通常饰有臂钏和手镯，露出巨大的乳房，双眼以小石子做成，发型塑造精细，佩戴贝壳等饰物。

在黄金珠宝工艺方面，印度河流域在古代盛产黄金，当地的金匠已掌握了黄金拉丝、焊接和制造中空黄金饰品的工艺，遗址中发现了中空的圆锥形耳坠、带波纹的戒指、带孔的圆形大牌饰和小如粟米的金珠。珠饰工艺更是印度河文明的强项，主要城市遗址中都发现了珠宝生产中

心，其中出产的珠宝大多以宝石和半宝石质料为主，其中又以象牙珠、玛瑙珠和红玉髓珠最受欢迎，也包括其他各式质料的珠子，如金属珠、木珠、磁铁珠等。直径约3厘米的管形珠是当时的典型式样，能在这么大的珠子上钻孔，可见钻孔技术的发达。除珠饰外，他们用宝石制成的项圈、手镯、臂钏也非常漂亮，具有特色。当时印度河流域与两河流域的主要贸易品就是这些黄金珠宝工艺品。

印度河入海口的洛塔尔遗址是印度河文明的重要海港城市。这座海滨古城除了有上下城、谷仓和城市排水系统外，还发现了一座长225米、宽37米的大型船坞，以烧砖和沥青修筑，有可以开启的闸门，这是目前世界上发现的最早的海港船坞，印度河的货物正是通过这里沿着印度河河口与波斯湾之间的阿拉伯海的海岸线抵达两河流域。印度河流域的人们用本地的黄金、象牙、珠宝、棉纺织品等交换苏美尔人的羊毛、皮革和青铜制品。国内亚述学专家刘昌玉先生在《古老商路沟通中亚与西亚》一文中写道：

> 从公元前5000年至前2500年，中亚与西亚之间的贸易路线主要是北路，即从两河流域经伊朗高原到中亚的陆上贸易路线。公元前2500年左右（印度河文明兴起后），两河流域商路发生转变，贸易重心由陆路转向海路，即由北路转向南路。苏美尔中止了途经伊朗高原直通阿富汗的陆路贸易，转向波斯湾到印度洋和阿富汗的海路贸易。从这一时期开始，楔形文字文献中出现了三个有机组合的异域地名：狄勒蒙、马干和麦鲁哈。①

狄勒蒙也就是波斯湾的巴林岛（今巴林王国），在当时这里是两河流域与印度河流域两大文明之间海运贸易的一个中转站，这里同时出土

---

① 刘昌玉：《古老商路沟通中亚与西亚》，《中国社会科学报》2016年1月25日第4版。

了苏美尔文明的圆柱印章与刻有印度河文明象形文字符号的印章，苏美尔文献提到的许多来自狄勒蒙的商品，其原产地其实在印度河流域。位于巴林岛的世界文化遗产卡拉特考古遗址是公元前 2300 年由当地居民人工垒起的一座台形土墩遗址，被认为是上古时期巴林狄勒蒙文明的都城中心，见证了印度河文明和两河文明的贸易历史。

马干专指阿拉伯半岛东南沿海的阿曼角，阿曼盛产两河流域所需的铜矿和闪长岩，扼守波斯湾通往印度洋唯一出口霍尔木兹海峡，印度河流域的船只一般要先抵达马干，再前往巴林岛（狄勒蒙），最后才到达两河流域。

麦鲁哈就是指印度河流域沿岸地区，在当时"麦鲁哈不仅直接出口本地物产，而且在阿富汗的绍图盖伊建立殖民地，垄断当地的青金石和锡矿资源，并将其运输至两河流域"①。进而导致原先途经伊朗高原陆路到两河流域的阿富汗青金石和锡矿贸易，转变成了途径印度河流域、印度洋、波斯湾到达两河流域的海路贸易。当时有大量麦鲁哈人来到两河流域进行商贸活动，阿卡德王萨尔贡曾经炫耀说：麦鲁哈的船只停泊在阿卡德城。在两河流域发现了大量与麦鲁哈相关的印章，其中一枚阿卡德时期的圆筒印章上标明持有者的身份是"麦鲁哈的翻译员"。还有许多麦鲁哈移民来到两河流域定居，当地甚至出现了一个"麦鲁哈村"。

由此可知，在约公元前 2500 年，以中东的两河流域为中心，西到尼罗河流域，东到印度河流域，上古四大河流域文明中的三个都已经建立起紧密的贸易联系。而中国的黄河流域与长江流域由于与另外三条大河流域的距离过于遥远，故连当时的间接贸易联系都难寻踪迹②，也正因为如此，中华文明的形成也明显不同于其他三个大河流域的文明。

---

① 刘昌玉：《古老商路沟通中亚与西亚》，《中国社会科学报》2016 年 1 月 25 日第 4 版。
② 由于印度河的源头位于中国西藏自治区冈底斯山西麓，因此印度河文明与中国的边境地区可能存在贸易行为，但目前尚不能确认当时的贸易能远及黄河流域。

## 第四节　炎黄部落时代的传说与考古遗址

> 昔少典娶于有蟜氏,生黄帝、炎帝。黄帝以姬水成,炎帝以姜水成。成而异德,故黄帝为姬,炎帝为姜。二帝用师以相济也,异德之故也。
>
> ——[春秋]《国语·晋语》

### 一、长江流域的古城遗址

很多学者将印度河与恒河分别比作中国的黄河与长江,这其实很不恰当,因为后来在恒河流域兴起的印度文明不是印度河文明向东发展而来的,印度文明的母亲河是恒河而非印度河。在上古时期,印度河流域城市文明的出现远早于恒河流域。中国文明的母亲河是黄河,但在这一时期,长江流域城市文化的发展程度超过了黄河流域。

与统一的印度河流域城市文明不同,长江流域的上古城市文化分为上游、中游、下游三大区域。长江中游是长江流域城市文化的发源地,在这里发现的城头山古城不仅是中国已发现的最早的城址,而且从约公元前 4000 年的大溪文化到约公元前 2600 年的屈家岭文化时期都是长江流域的重要区域文化。约公元前 2600 年,长江中游的屈家岭文化被石家河文化所替代,石家河文化因发现于湖北省天门市石河镇而得名,石家河文化遗址的代表天门石家河古城面积约 120 万平方米,远远超过了先前的城头山古城(占地面积约 15 万多平方米,城内面积约 8.8 万平方米),围绕着石家河古城周边共发现有 17 处城址及 40 余处遗址点,表明当时已经形成以石家河古城为中心的城镇群,这也是长江中游地区已知分布面积最大、保存最完整、延续时间最长的史前聚落群。

长江上游的宝墩文化是成都平原迄今为止能追溯到的最早的考古学

文化，形成时间约在公元前 2500 年，宝墩古城是已知新石器文化时期川西地区最早和最大的古城，其面积最初为 60 万平方米，后来扩建为 276 万平方米，面积是长江中游的石家河古城的两倍多，被认为可能是古蜀国的开国之都。

而这一时期中国最大的城址则是长江下游地区的良渚古城，良渚古城是良渚文化的代表城址，良渚文化的时间跨度从公元前 3300—前 2000 年，分早、晚两期。早期时间跨度从公元前 3300—前 2600 年，以钱山漾、张陵山等遗址为代表，这一时期的良渚文化并没有出现大规模的城镇，发展程度也不如长江中游地区。约公元前 2600 年，与印度河流域摩亨佐·达罗古城建成大体同时，良渚文化进入晚期阶段，在今杭州市余杭区良渚镇出现了一座面积约 290 万平方米的超大规模的史前城址，其面积不仅超过当时中国境内所有城址，甚至在印度河流域第一大城摩亨佐·达罗（约 260 万平方米）之上。

和长江流域的所有古城一样，良渚古城依然是典型的水城，其城墙底宽 40—60 米，堪称中国历史上最宽的城墙，高度却仅有 4 米左右，至今只发现 1 座陆城门，却有 8 座水门，城墙更符合堤坝的建筑特色，防御性不强，主要作用是防洪。古城内部拥有庞大的内湖和发达的运

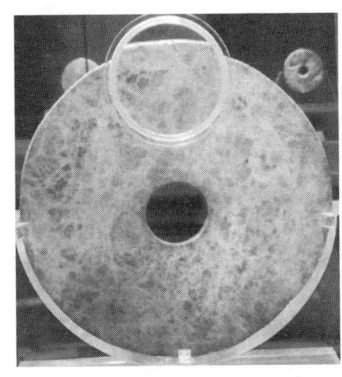

良渚文化精美玉器

良渚文化嵌玉漆杯

河，其中还有一条木构水街，水街由底下的枕木、中间的横木和上面的木板构成，配有码头停泊船只，居民临河而居。

位于古城中心的莫角山巨型台址高8—10米，面积有32万平方米，这是同时期世界最大的土台，在土台上有着面积达3万平方米的夯土建筑基址，基址上有成排直径为0.9—1.5米的大柱洞，被认为可能是宫殿或神庙遗址，其周边还有大莫角山、小莫角山和乌龟山三座小型的二级土台。莫角山遗址北部有"王陵"之称的反山墓葬是中国新石器时代出土玉器最多的豪华墓葬。在良渚古城外西北部塘山还建有延绵20公里的大堤，是当时世界上宏大的防洪工程之一。

然而良渚古城发达的城市文化却没能发展出后续文明，从约公元前2300年起，繁荣一时的长江流域的古城先后遭到毁灭性的打击。几乎一夜之间退化回到部落形态，原本制作精美的玉器、象牙工艺品和漆器也都消失了，长江流域人口锐减，良渚古城成为一片废墟。良渚文化结束后，统治太湖地区的广富林文化是由黄河流域的龙山文化造律台类型演化而来的，① 所以一般认为良渚文化的灭亡应该与黄河流域龙山文化部落的入侵有关。

### 二、黄河流域的炎黄部落

龙山文化因最早发现于山东龙山镇而得名，其典型出土文物是许多薄、硬、光、黑的陶器，尤其以蛋壳黑陶最具特色，所以也称"黑陶文化"。除了黑陶制作外，龙山文化遗址还发现了以玉冠饰、玉璇玑为代表的精美玉器。在农业上，龙山文化拥有中国最早人工灌溉的迹象，并出土了最早的人工栽培的大豆的遗存，证明中国是大豆的起源地。

在龙山文化之前，中原地区是东部黄河下游的大汶口文化与西部黄

---

① 龙山文化造律台类型是指豫东以及鲁西南，皖西北地区以河南省永城县造律台遗址为代表的一类龙山期文化遗存。

河中游的仰韶文化两大势力东西对峙。在约公元前 2600 年，新兴的龙山文化以压倒之势覆盖了早先黄河中、下游地区的各个文化区，原本黄河中游的仰韶文化、黄河下游的大汶口文化都被龙山文化取代，考古学家把这个时期统称为龙山文化时代，而这一时期正好也是传说中黄帝统一中原的时代。

龙山文化黑陶

黄帝是《帝王世纪》中三皇的最后一位，也是《史记》中五帝的第一位。现今采纳的比较常见的黄帝继位时间是公元前 2697 年，这是清末革命党人所提出的"黄帝纪元"①的第一个甲子年，公元前 2697 年 1 月 1 日对应的是黄帝元年甲子 11 月 13 日，至于中国历史上官方正式确认的第一个甲子年则是汉安帝延光三年甲子岁（公元 124 年）。根据清末的"黄帝纪年"，黄帝在位时间长达近 300 年（公元前 2697—前 2401 年），比中国后世的大部分朝代还长。而如果根据战国史书《竹书纪年》所记载的上古历代帝王的在位时间，可推

黄帝

---

① 清末革命党要推翻清王朝，自然不能使用清朝的年号纪年，不过当时革命党各派别所主张的黄帝纪年各不相同，时间相别很大，其中同盟会曾采用的黄帝元年为公元前 2697 年。中华民国成立后，停止使用黄帝纪年，全国统一采用公历。

算出黄帝继位时间为公元前 2394 年（丁卯年），比传说中晚了 300 多年。

据《国语·晋语》载："昔少典娶于有氏，生黄帝、炎帝。"这是最早记载黄帝、炎帝出生地的文献资料。可见在《国语》中黄帝与炎帝是两兄弟，并且黄帝还排在炎帝之前。炎帝生活的地方姜水一说是宝鸡市渭滨区的清姜河，一说是宝鸡市岐山县的岐水，二者都在宝鸡市境内。相比之下，黄帝的所在地姬水则有陕西武功漆水、甘肃天水清水、河南新郑溱水等多种说法。《史记·五帝本纪·索隐》又引皇甫谧云："黄帝生于寿丘，长于姬水，因以为姓。居轩辕之丘，因以为名，又以为号。"因此山东寿丘、甘肃天水、河南新郑、陕西武功等地都在争黄帝故里。

《史记·五帝本纪》记载，黄帝，是少典部族的子孙，姓公孙，名叫轩辕①，在轩辕氏时期，神农氏的统治日渐衰落，各部落纷纷独立，互相征战，其中蚩尤在各诸侯中最为凶暴。炎帝想要侵凌诸侯，诸侯便都来归顺轩辕。轩辕实行德政、整顿军旅，训练熊、罴、貅、貔、虎等猛兽，先在阪泉打败炎帝，后在涿鹿擒杀蚩尤，于是四方诸侯都尊轩辕为天子，取代神农氏，因为轩辕以土德闻名，故称黄帝。

吕思勉等近代史学家以《水经注》对涿水的记载为主要根据，考证出黄帝与炎帝大战的"阪泉"和黄帝与蚩尤大战的"涿鹿"都在今河北涿鹿，从而得出"蚩尤炎帝一人，阪泉涿鹿一役"的结论。蚩尤是炎帝的另一个证据是，蚩尤和炎帝一样，同为姜姓，面如牛首。而且汉高祖曾以赤帝（炎帝）之子自居而祀蚩尤。《史记·封禅书》就称："汉兴，高祖之微时，尝杀大蛇。有物曰：'蛇，白帝子也，而杀者赤帝子。'高祖初起，祀蚩尤。"

不过更多学者认为蚩尤并非炎帝，《路史·蚩尤传》载："蚩尤姜姓，炎帝之裔也。"《史记·五帝本纪》载："（黄帝）与炎帝战于阪泉之野，三

---

① 古籍《越绝书》记载："轩辕、神农、赫胥之时，以石为兵，至黄帝之时，以玉为兵。"这段话中轩辕和黄帝同时出现，但并非指同一个人，而且轩辕氏的排名还在神农氏之前。

战,然后得其志。蚩尤作乱,不用帝命。"可知黄帝打败炎帝后,蚩尤在名义上已经归属黄帝,随后"蚩尤作乱,不用帝命",最终被黄帝擒杀。由此可见蚩尤可能与炎帝同族,原归属炎帝,在炎帝被黄帝击败后,蚩尤起兵反抗黄帝,最后兵败被杀。

传说蚩尤部落共分为九个,被称为九黎部,今人常称蚩尤是东夷部落的首领,将其部众称为东夷九黎,并认为黄帝战蚩尤,是西部的

汉代壁画中的蚩尤形象

黄帝部落东进,战胜东部的蚩尤部落。但是如果认为蚩尤与炎帝同属一个部族,那么蚩尤部落应该在黄帝部落的西面,而非东面。从考古上看,这一时期遍布黄河中下游的龙山文化遗址,以山东地区发现最多且最为发达,山东龙山文化由东夷人的大汶口文化发展而来,被称为典型的龙山文化。中原地区的龙山文化则由仰韶—庙底沟二期文化发展而来,在早期发展水平略低于山东龙山文化。陕西龙山文化出现的时间则比中原龙山文化更晚。龙山文化兴起于山东,呈现自东向西传播的趋势,如果传说要和考古对应,那也是东方中原地区的黄帝部落打败西方的炎帝蚩尤部落,自东向西统一中原。因此无论从传说还是考古上看,蚩尤明显不是东夷。

黄帝部落统一炎帝部落后,其成员达到一百多个不同姓的氏族,被称为百姓,而战败的蚩尤九黎部落则被称为黎民,九黎部落的黎民和炎黄部落的百姓,合称为"黎民百姓",本来"黎民"和"百姓"分指两个不同的阶层,"百姓"是指有姓之人,为贵族上层阶级,而"黎民"则是被征服的没有姓的下层阶级,后来随着"百姓"人数增加,地位降

低,"百姓"和"黎民"都成了普通人民的称谓。

黄帝正妻嫘祖为黄帝生了玄嚣、昌意两个儿子,据《史记》记载,他们的后裔建立了司马迁所知道的从五帝时期到西汉几乎所有的国家。这和司马迁之前的许多文献,如《诗经》中商、周最初的始祖皆无父而生的记载不符。司马迁在《史记》中将黄帝之后所有帝王都视为黄帝后代,这其中还包括匈奴、古越国、古蜀国等非华夏族国王。为此司马迁还在《史记·卷十三·三代世表》中解释道:"舜、禹、契、后稷,皆黄帝子孙也。黄帝策天命而治天下,德泽深后世,故其子孙皆复立为天子,是天之报有德也。人不知,以为泛从布衣匹夫起耳。夫布衣匹夫,安能无故而起王天下乎?其有天命然。"意思就是:舜、禹、契、后稷,所有王位统治者都是黄帝的后代,黄帝顺应天命而治理天下,恩德泽被后世。所以其子孙纷纷复为天子而拥有天下,这是上天的安排,回报他的恩德。世人不知道,以为平民百姓也能授天命,平民百姓怎么可能无故拥有天下?他们拥有天下是因为他们有天命在身啊!

《史记》创立了黄帝后代才能为天子、得天下的说法,黄帝后裔成为帝王血统的象征,以后的帝王自然都要将自己定为黄帝之后。不仅是古代帝王,如今中国人也自称炎黄子孙,黄帝作为各百姓部落的统领,中国老百姓在编写家谱时也大多把他追认为自己的祖先,从百家姓起源上看,属于黄帝后代的占了大多数。不仅是汉族,入主中原的少数民族也有些将自己的祖先追溯到黄帝,如鲜卑慕容部自称"其先有熊氏(黄帝)之苗裔",鲜卑拓跋魏称"魏之先出自黄帝轩辕氏",以表明自己的"正统"。

### 三、金天氏少昊

据《史记》记载,由于黄帝命长,他的两个儿子玄嚣和昌意都没继位,直接到他的孙子颛顼才继位。但另一种说法是在黄帝和颛顼之间,还有一位叫少昊(少皞)的帝王,如《世本》载:"少皞是黄帝之子,金天氏少皞,青阳即少皞,黄帝之子,代黄帝而有天下。"《国语·楚语》载:"颛顼继少昊之后主政。"就连司马迁在《史记·历书》中也称:"少皞氏之衰也……颛顼受之。"说明司马迁也认为在颛顼之前存在少昊氏。

《帝王世纪辑存》载:"黄帝在位百年而崩。""少昊在位八十四年而崩。""颛顼在位七十八年。""帝喾在位七十五年……子帝挚立,在位九年。""帝尧即位九十八年,年百一十八岁。""舜百岁癸卯崩。或云舜年一百五岁,亦云一百一十二岁。"《帝王世纪》中排列的三皇五帝顺序是:太昊帝伏羲氏、炎帝神农氏、黄帝轩辕氏为三皇,少昊帝青阳氏、颛顼帝高阳氏、喾帝高辛氏、尧帝陶唐氏、舜帝姚虞为五帝,少昊为五帝之首。

据有关少昊最早的文献《左传》记载:"太皞氏以龙纪,故为龙师而龙名,我高祖少皞挚之立也,凤鸟适至,故纪于鸟,为鸟师而鸟名。"《山海经·大荒东经》载:"东海之外大壑,少昊之国。"可见少昊和原本东方首领太昊关系密切,是以鸟为图腾的东方民族的首领,这些东方民族被后世统称作东夷人。在传说中的黄帝时期,山东地区的龙山文化是华北地区最发达的新石器文化,可见当时东夷族的强盛。

对于少昊的身世,除了认为他是黄帝的儿子外,在《孔子家语》中又记载:"黄帝者,少昊之子,曰轩辕。"在这里黄帝又成了少昊的儿子,这与黄帝生于山东寿丘的说法相吻合,乃至有学者认为黄帝源自东夷族。

我们也可以这样推测,黄帝是上古

少昊金天氏

中原地区华族部落的首领，少昊是上古山东地区东夷族的首领，两者没有血缘关系，后世将少昊安排成黄帝之子，是因遵照五行相生之说，给上古帝王排序。如东汉蔡邕根据兴盛的五行学说撰《独断》载："《易》曰：帝出于震。震者，木也。言宓牺氏（伏羲氏）始以木德王天下也。木生火，故宓牺氏没，神农氏以火德继之。火生土，故神农氏没，黄帝以土德继之。土生金，故黄帝没，少昊氏以金德继之。"少昊氏因又称"金天氏"，所以被认为属性是金，土（黄帝）生金（少昊），所以少昊就排在黄帝之后，成了黄帝的儿子，因为金的位置是西方，作为东方民族首领的少昊只好背井离乡去做了西方之神。在神话中少昊是太白金星之子，主宰西方，那里有一棵穷桑树，其果实万年一结，吃了长生不老，故又称为"穷桑氏"。

### 四、颛顼与帝喾

根据五行理论，因为金生水，故少昊氏没，颛顼氏以水德继之。颛顼是黄帝的孙子、少昊的侄子，国号为"高阳"，即高阳氏，为五帝中第二位，在天神中是主管北方的天帝，又称黑帝或玄帝，以水德闻名。所谓水德应指他打败了被称作水神的共工氏。《列子·汤问》载："共工氏与颛顼争为帝，怒而触不周之山，折天柱，绝地维，故天倾西北，日月星辰就焉；地不满东南，故百川水潦归焉。"

水生木，颛顼死后由其侄子少昊之孙高辛以木德继之，为五帝第三位的帝喾。帝喾留下的史料很

颛顼

少，但是以王国维为代表的学者认为帝喾就是甲骨文中记载的最早帝王——高祖夒。

高祖夒是商朝甲骨卜辞中所追认的最早始祖，他的甲骨文图案是鸟的头，猕猴的身子，一只足，手里拄着一根拐杖。而据《史记》记载，商朝帝王的先祖是契，王国维通过甲骨文《商王世系表》和《史记·殷本纪》的商王世系的人物对应顺序得出高祖夒应为契的父亲。据《史记·殷本纪》记载，帝喾妃子简狄吃玄鸟卵而生契，契名义上是帝喾的后代。而且《礼记·祭法》也说："殷人禘喾而郊冥，祖契而宗汤。"所以王国维在《殷卜辞中所见先公先王考》中说："夒必为殷先祖之最显赫者，以声类求之，盖即帝喾也。"①

王国维接着通过《帝王世纪》中"帝喾生而神异，自言其名曰夋（俊）"等文献记载进一步考证，认为帝喾（高祖夒）也就是《山海经》中的帝俊。帝俊是古代东方民族传说中的天帝，他的妻子羲和是太阳女神，为帝俊生下十个太阳儿子（结果被后裔射下九个）。帝俊之"俊"又可写为"夋"，这个字在甲骨文中为一只鸟的形象，帝俊部族与少昊部族一样均是以鸟为图腾的东方民族。商朝甲骨文中未记载黄帝，而以高祖夒为始祖，据商人祭祖诗《诗经·商颂·玄鸟》曰"天命玄鸟，降而生商"，《诗经·商颂·长发》曰"有娀方将，帝立子生商"，也就是天帝命玄鸟让有娀氏之女生子成立商国，同样也不承认自己是黄帝之后，认为自己的祖先是鸟所生。王国维认为帝俊就是商人的上帝，也就是高祖夒，是他命玄鸟生商。

商朝崇拜鸟，而鸟也是东夷族的图腾。同时东夷族所崇拜的帝俊就是商人的上帝，并且商人流行的人殉人祭之风也源于东夷，与华夏不同，许多学者认为这是商人出自东夷族的证据，商人始祖高祖夒后来演

---

① 王国维：《观堂集林·卷九》，中华书局1959年版，第409—450页。

变成为五帝之一帝喾，是东夷文化融入华夏文明后相结合的产物。

## 第五节　有关炎黄部落传说的猜想

> 学者多称五帝，尚矣。然尚书独载尧以来；而百家言黄帝，其文不雅驯，荐绅先生难言之。孔子所传宰予问五帝德及帝系姓，儒者或不传。余尝西至空桐，北过涿鹿，东渐於海，南浮江淮矣，至长老皆各往往称黄帝、尧、舜之处，风教固殊焉，总之不离古文者近是。予观春秋、国语，其发明五帝德、帝系姓章矣，顾弟弗深考，其所表见皆不虚。
>
> ——[西汉] 司马迁，《史记·五帝本纪》

在本章所展现的这段历史时期中，我们详细讲解了两河流域与尼罗河流域有关统一与集权方面的内容。印度河流域由于文字尚未破译，故而无法证明当时印度河流域是否存在统一国家，但有些考古学者从印度河流域城市使用的标准尺寸砖块推测，当时可能也已实现了某种程度上的统一。而中国传说中最早与统一相关的战争，也发生在这一时期，那么黄帝统一天下的传说是否有一定的可信度呢？

黄帝是中国传说中上古各部落的统一者，古埃及文明、两河文明也都有与统一相关的人物，比如古埃及文明的纳尔迈（美尼斯）、两河文明的萨尔贡。这两大文明都经历了由分散的城邦国家（古埃及诺姆）到统一的

黄帝

领土国家的发展过程,只不过古埃及以纳尔迈统一上下埃及为文明的起点,而两河文明则是在进入文明时代千年之后才实现统一。至于黄帝统一天下的传说,则发生在远早于文明时代之前的史前部落时代,黄帝统一的是各个部落,而非各个城邦。

当然,古埃及文明的纳尔迈、两河文明的萨尔贡都是已被考古证实的真实人物,黄帝作为仍有待考证的传说人物,更类似于苏美尔传说中的第一位统一者——基什之王伊塔那。伊塔那建立了《苏美尔王表》中大洪水之后的第一个王朝,使"基什之王"成为苏美尔城邦霸主的专用称号。但所谓的基什第一王朝,不过是以基什城邦为首的城邦联盟,而不是像阿卡德王国那样统一的领土国家,从伊塔那的传说,我们可以看到两河文明从分散的城邦国家到统一的城邦联盟再到统一的领土国家的演变进程。

而中国文明从上古三代开始,便以某种程度统一形式的国家类型出现,不像古埃及文明或两河文明那样经历了由分散的城邦时代到统一的领土国家的发展过程。当然有许多学者认为中国的上古三代都不能算是真正意义上的统一国家,比如易中天先生就在《易中天中华史:国家》一卷中写道:"准确地说,夏是'部落国家',商是'部落国家联盟',周是'半独立国家联盟'。夏商周,可以叫'三代',不能叫'三朝'。事实上,夏商周都不是统一国家,也不是领土国家,甚至不是完全形成的国家。"①

然而不管夏商周算不算统一的领土国家,可以肯定的是,他们完全不同于两河流域最初产生的城邦国家,其范围之辽阔甚至超过许多领土国家。目前学术界大多认为,中国历史上最早的朝代是由史前时代的一个大型部落联盟发展而成的,那么又是谁创立了这个部落联盟?这个部

---

① 易中天:《易中天中华史:国家》,浙江文艺出版社2013年版,第6章。

落联盟建立者的事迹会不会也是黄帝传说的由来之一呢？另外从史料上看，在商朝还没有关于炎黄二帝的记载，商朝人的甲骨文中所记载的始祖也不是炎黄，对炎黄的崇拜兴起于东周，炎黄崇拜兴起显然和周朝建立有着直接关系。周朝的国姓就是黄帝的姬姓，而炎帝的姜姓和周王室的姬姓是世代通婚联盟关系，周朝祖先后稷的母亲是姜嫄，周文王的祖母是太姜，周武王的妻子是邑姜，至于周王朝的太师则是姜子牙。从这点看，炎黄部落联盟的传说也可能与上古姬姜两部落联盟的历史背景有关。

## 历史大事件对照表

| 黄淮流域 | 长江流域 | 两河流域 | 尼罗河流域 | 印度河流域 | 黎凡特 | 美洲 |
|---|---|---|---|---|---|---|
| 约公元前2900—前2000年，中原仰韶文化受大汶口文化影响过渡为庙底沟二期文化。公元前2600—前2000年，黄河流域进入龙山文化时期，出现以城镇、尧城为代表的古城。 | 公元前2600—前2300年，长江上游宝墩古城、中游石家河古城、下游良渚古城繁荣一时，长江流域新石器文化进入全盛时代。 | 约公元前2900—前2750年，进入苏美尔早王朝一期，基什第一王朝称霸。约公元前2750年，进入传说中的乌伽王吉尔伽美什统治时代，他开创了乌鲁克第一王朝。公元前2700—前2600年，乌尔击败乌鲁克，建立乌尔第一王朝。约公元前2600年，埃兰第一王朝兴起，击败苏美尔两河流域。公元前2500—前2378年，拉格什称霸苏美尔地区，史称拉格什第一王朝三期时代。约公元前2378年，乌鲁卡基那王在位期间改革，是已知最早有文字记载的社会改革。约公元前2371年，温马王卢伽尔扎吉西在位期间改破拉格什，征服苏美尔各城邦，自立为乌鲁克第三王，取号"乌鲁克之王"。约公元前2334年，萨尔贡统一两河流域，建立阿卡德王国。 | 公元前2890—前2686年，古埃及第二王朝。公元前2686—前2613年，古埃及第三王朝。公元前2613—前2498年，古埃及第四王朝，建成三大金字塔。约公元前2500年，努比亚以尼罗河第三暴布的科尔玛为首都城形成最早王国。公元前2498—前2345年，埃及第五王朝，兴起埃及太阳神崇拜。公元前2345—前2181年，古埃及第六王朝。 | 约公元前2800年，早期哈拉帕文化葛迪阶段，出现有城墙和堡垒的城镇。约公元前2600年，印度河哈拉帕文化进入成熟阶段。约公元前2600年，印哈拉帕文化北部上游摩亨佐-达罗，印度河下游的卡玛为南部下游城佐，印度河流域进入人文明时代。 | 约公元前2800年，黎巴嫩比布鲁斯城建成。约公元前2700年，叙利亚埃勃拉建成王宫，开始埃勃拉第一王朝。约公元前2450年，埃勃拉击败中两河流域马里城和亚述城。 | 约公元前2600年，南美洲安第斯山脉内陆的小北文化发展到顶峰，在秘鲁首都利马北部出现占地约65万平方米的卡劳尔古城，整座城市围绕着环形剧场、主神庙和6座金字塔修造，其中最高的一座金字塔有18米。 |

## 第四章

# 四大河流域文明时代的终结

### （公元前 2300—前 2000 年）

万物之中，文明是最脆弱的，任何高度的文明都经不起它所面临的多重危险的威胁。

——［英］亨利·埃利斯，《观点与评论》

从前面的章节中，我们看到尼罗河文明与两河文明由分散走向统一，再由统一走向扩张，这两大地域文明也随着它们的扩张进一步传播到周边地区。在中国的传说中，中华始祖黄帝也在上一阶段统一了中原各部落，建立了炎黄部落联盟，但由于目前尚未找到对应的考古遗址，所以还无法确定当时黄河流域是否存在一个部落联盟。而在接下来的章节中，黄河流域将出现一座可能与五帝传说相对应的大型城邑。更让人惊奇的是，包括这座大型城邑在内的诸多中国新石器文化聚落都将在一场史籍无记载的大灾难中走向灭亡。与此同时，尼罗河文明、两河文明、印度河文明也先后出现衰退的现象，这将是一场全球文明的大衰退，一些伟大的上古文明也将在这次全球文明的灾难性倒退中淘汰出场。

## 第一节 尧舜禹时期

> 天命禹敷土，随山浚川，乃差地设征，降民监德，乃自作配乡（享）民，成父母。生我王作臣，厥沫（贵）唯德，民好明德，寡顾在天下。用厥邵绍好，益干懿德，康亡不懋。孝友，訏明经齐，好祀无（废）。心好德，婚媾亦唯协。天厘用考，神复用袚禄，永御于宁。遂公曰：民唯克用兹德，亡诲（侮）。
>
> ——［西周］遂公盨大禹治水铭文

### 一、唐尧时代

传说中的五帝时期可明显分为前后两大阶段，前半段是黄帝、少昊、颛顼、帝喾时期，从唐尧开始，进入后半段时期。虽然唐尧在五帝中排行在黄帝之后，但荣登正史的时间还早于黄帝，中国现存最早的史书《尚书》的叙述就是从唐尧开始。

相传尧为帝喾的第四子,《帝王世纪辑存》中载:"帝喾在位七十五年,年一百五岁而崩……子帝挚立。"挚登帝位后,封异母弟放勋在唐(今山西临汾尧都区)为侯,称唐尧。挚在位9年,由于才干平庸,乃至众人不服,天下不安。而他的弟弟尧却广施仁政,选贤任能,各地诸侯、人才纷纷投奔他,不得人心的挚只好在继位9年后将帝位禅让给他的弟弟尧。这也是中国禅让制的开始,不过关于禅让过程古籍却有两种完全不同的说法。

一是《帝王世纪》:"挚自觉不如尧之圣明,乃率群臣造访唐侯而致禅。唐侯自知有天命,乃受帝禅。"

二是《纲目前编》:"挚荒淫无度,诸侯废之,而推尊尧为天子。"

帝尧

尧被后世儒家奉为圣明君主的典范,相传他"其仁如天,其知如神。就之如日,望之如云。富而不骄,贵而不舒"。尧在位期间勤政节约,住简陋茅屋、吃粗茶淡饭,亲自参与耕作。设置谏言之鼓,让天下百姓尽其言;立诽谤之木,让天下百姓攻其错。他还四处寻访,求贤问道,深得人心。

尧的统治中心在山西,据考古发现,正好在传说中的唐尧时期,山西地区成为中国北方龙山文化的中心,在唐尧定都的平阳(今山西临汾)一带出现了一座华北地区前所未有的超级大城——山西省临汾市襄汾县的陶寺古城。

陶寺古城因被认为可能是帝尧时期的都城，而又被称为尧都。早期陶寺（公元前2300—前2100年）小城面积约56万平方米，在约公元前2100年的陶寺文化中期，在早期的小城外围又修了面积为270万平方米的外城，并在外城东南角修筑了一个10万平方米的小城，使得陶寺古城成为面积达280万平方米的大城市。

陶寺扁壶残片上的朱书文字
遗憾的是发现的数量甚少，仅在个别陶片上见到，且多残碎不可识。因此陶寺文字仍存在较大争议。

虽然陶寺古城的面积略小于良渚古城（290万平方米），但良渚城墙属于堤坝型的水城，防洪的作用大于防御，而陶寺古城与后来的中国城墙一样，是纯粹用于防御性质的土城。陶寺古城现残存的城墙宽4.2米，高1.5米，由夯土筑成，城内的街道宽敞平整，两旁挖有排水沟渠，城市居住区面积达100多万平方米，人口估计有1.4万人，分平民区和贵族区，平民房屋类型为半地穴建筑，贵族区则有地面建筑，并设有地下仓库和水井。

城中最重要的部分为宫殿区，在这里发现了300平方米的建筑基址和1万多平方米的大型夯土基址，上有9个大柱坑，柱洞直径达40—80厘米，表明其建筑规模之大。在基址上发现了带有刻花蓝彩装饰的白灰墙皮和中国目前最早的板瓦——陶板瓦，在宫殿北部的出口设有通向宫外的木板桥，桥墩由夯土筑成，是中国最早的桥墩遗迹。

陶寺的贵族墓葬区以一个王级大墓为中心，周边围绕着妻妾和大臣的中型墓，墓中发现了精美的玉器、漆器、彩陶和铸造的红铜制品等大量随葬品，是黄河流域史前最繁华的墓葬，足以和长江流域的良渚反山墓地媲美。目前对陶寺贵族墓葬遗体的DNA检测显示，其Y染色体单倍型是 O3-M122，和现代汉族的主体部分相同，从基因上证明陶寺文化是华夏文明的重要源头。

在陶寺大城角落上的一座小城之中，有一面积 1400 平方米的半圆形夯土台，从圆心到外边共分三层夯筑，第三层上共立着 11 根夯土柱。考古人员认为这是中国最早的天文观象台遗址，站在台心的陶寺城祭司通过夯土柱之间的缝隙来观测天体的运动。据《尚书·尧典》记载："（唐尧）乃命羲和，钦若昊天，历象日月星辰，敬授人时。"羲和是神话中的太阳女神，在尧时代则是掌管天文的世家，分别是羲仲、羲叔及和仲、和叔两对兄弟，他们被尧派往东、南、西、北四方，观察星象，制定历法。先秦古籍《竹书纪年》第 1 卷追记黄帝、颛顼、帝喾三帝之史事，有明确的在位年数，但却没有对应的干支年名。而从第 2 卷帝尧元年即公元前 2145 年开始，便有了明确的干支纪年。陶寺古城的天文观象台遗址正好反映了帝尧时期天文历法上取得的巨大成就。

## 二、舜禹时代

《通鉴外纪·帝尧》载："尧辟位二十八年，凡在位百年而崩，舜即天子位。"舜帝是五帝中的最后一位，他也是一位和尧齐名的仁君，两人合称尧天舜日，被后世的儒家当作仁君义主的代名词。在《史记》中，舜是黄帝的第八代孙，而尧是黄帝的第四代孙，尧是舜的"堂高叔祖"，后来作为舜的继承人的禹则和尧同为黄帝第四代孙，是舜的"伯叔高祖父"，舜辈分和尧禹差了这么多，可见舜家族这一支繁衍之快。也有学者论证舜并非黄帝后代，而是东夷有虞氏部落的始祖虞幕的后裔，本名姚重华，《孟子·离娄下》就称："舜生于诸冯，迁于负夏，卒于鸣条，东夷之人也。"

舜以孝而闻名，二十四孝中第一孝"孝感动天"就是讲舜的孝道。尧得知舜的德行后，因知自己的儿子丹朱不肖，不足以授天下，便将长女娥皇、次女女英嫁给舜,令舜摄行天子之政。

不过也有古籍记载,所谓尧舜间的禅让其实是一场政变而已,是舜囚禁了尧且放逐了其子丹朱,不让他们见面,再以禅让之名,行夺权之实,登上帝位。如《竹书纪年》记载:"舜囚尧于平阳,取之帝位。"《括地志》引:"昔尧德衰,为舜所囚也,舜囚尧,复偃塞丹朱,使不与父相见也。"这就与后代世袭王朝如王莽代西汉、曹魏代东汉、西晋代曹魏时所实行的禅让制相同,都是朝中权臣威逼皇帝退位,为避免"谋朝篡位"的非议而上演的把戏。

舜在位时,黄河洪水泛滥,舜命令有崇氏部落的首领鲧治理洪水,鲧根据五行相克、水来土掩的法则,采用土堵水的方法,治水九年无果,水反而越淹越高,被舜处以死刑。传说鲧死后尸体三年不腐烂,人们用吴刀剖开了他的腹部,从里面走出的就是未来平定洪水的英雄大禹。

在《史记》中,大禹是鲧的儿子,和尧同为黄帝四代孙,而根据更

二十四孝中的第一孝"孝感动天"
讲述的就是舜的孝道。

古老的文献，如出土的楚简《子羔》记载，大禹是其母感天而生，不是鲧的后代，和黄帝也没有关系。而且有关大禹的文献其年代还早于黄帝和尧舜。大禹治水的事迹最早在西周初年的金文上就有记载，铭文开篇即言："天命禹敷土，随（堕）山，浚川……"记叙了大禹受上天之命，治理洪水，他采用疏导河流的方法，平定了水患，让躲避洪水而逃到丘陵山岗之上的民众得以下山，重新定居在平原上。

相传大禹在治理洪水期间，洛阳西洛宁县洛河中浮出神龟，其甲壳上有奇异图像，其图被称为"洛书"或"龟书"。洛书是中华文明的重要图腾，洛书结构是戴九履一，左三右七，二四为肩，六八为足，以五居中，五方白圈皆阳数，四隅黑点为阴数，体现了天地之数中阳奇和阴偶相配合的法则。大禹时期的洛书和伏羲时期的河图合称河图洛书，这两幅神秘图是河洛文化和阴阳五行术数之源。《汉书·孔安国传》载："天与禹洛出书。神龟负文而出，列于背，有数至于九。禹遂因而第之，以成九类常道。"大禹根据洛书治水成功，又依此定九章大法，并划天下为九州，据《尚书·禹贡》记载，其所划分的九州范围，依次是：

冀州，位于黄河壶口与渤海之间，主要为山西、河北两省，也涉及

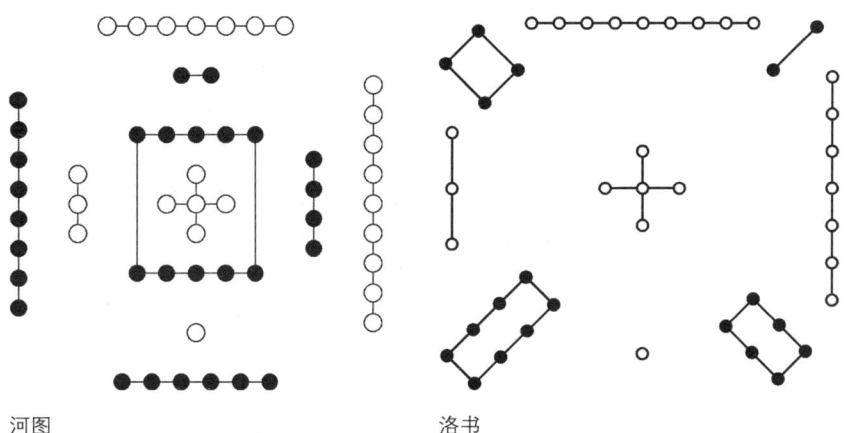

河图　　　　　　　　洛书

河南，地为白壤。

兖州，位于黄河与济水之间，涉及河北、河南、山东，地为黑壤。

青州，位于渤海与泰山之间，涉及河北、山东半岛，地为肥沃白壤。

徐州，位于黄海、泰山及淮河之间，涉及山东、江苏、安徽，地为红色黏土。

扬州，位于淮河与黄海之间，涉及江苏、安徽、江西及其以南的地方，地为潮湿泥土。

荆州，位于荆山与衡山之间，涉及湖北、湖南，地为潮湿泥土。

豫州，位于荆山与黄河之间，主体在河南，也涉及山东，土地柔软，下层为肥沃而硬的黑土。

梁州，位于黑水与华山之间，涉及陕西南部、四川、青海、甘肃，

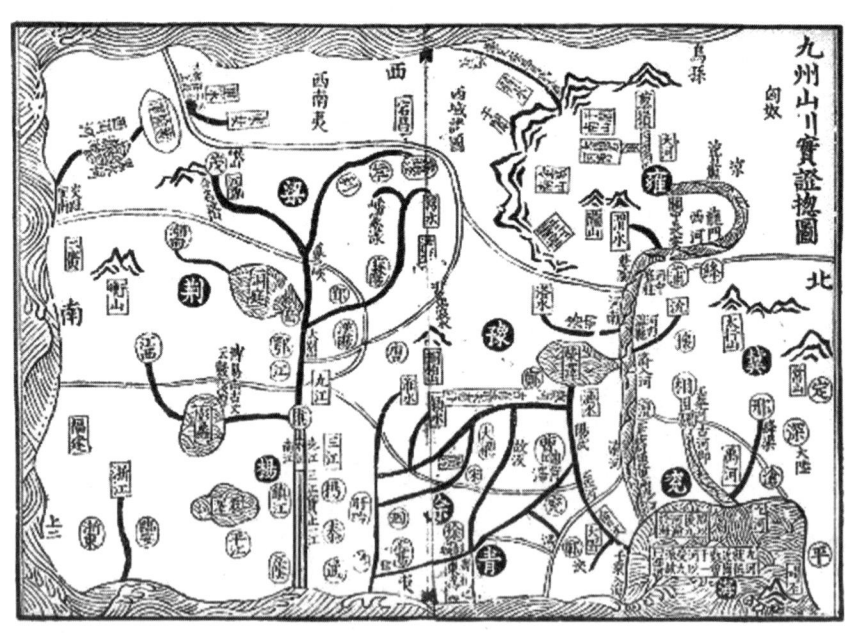

《禹贡山川地理图》之《九州山川实证总图》
作于南宋淳熙四年（1177年），描绘大禹治水成功后分天下为九州（图上方指向西方）。

地为黑色松散的土。

雍州,位于黑水与西河(山西陕西省界)之间,涉及陕西北部、内蒙古、宁夏、甘肃、青海,地为最上等的黄壤土。

禹治水定九州的丰功伟绩为他赢得了百姓的敬重,世人尊称其为大禹,意为伟大的禹。正是大禹把泛滥的黄河水引入了大海,才有了黄河文明形成的生存基础。由于黄河洪水常年泛滥,而北方耐旱的粟、黍等农作物对灌溉并无严格要求,因而早期农耕者一般选择远离黄河的区域发展旱作农业,导致黄河流域的灌溉农业迟迟发展不起来。龙山文化的中心早期在山东,后期在山西,都不在黄河流域的中心区域。大禹治水的成功标志着华夏先民从此掌握了治理黄河水患的能力,黄河流域的灌溉优势开始显现。河洛地区是传说中大禹发现洛书、划定九州的地方,这里也是黄河流域的中心区域,是最早被称为中国、中原、中土、中州、天下之中的地方,同时也是大禹部族夏后氏的活动区域,大禹治水的成功带来中原河洛文化的兴起,以后河洛地区逐渐取代山西等地,成为华夏文化的中心。

《通鉴外纪·帝舜》载:"(帝舜)在位三十三载,命禹摄行天子事。禹摄政十七年,舜在位五十载。"在舜晚年,对中原地区的最大的威胁已经从黄河流域的洪水变为长江流域的三苗部落。三苗部落可能是现代苗族的祖先,主要活动范围在洞庭湖和鄱阳湖之间,很多学者认为长江中游石家河文化可能是三苗部落创造的文化。《韩非子·五蠹》称:"当舜之时,有苗不服,禹将伐之。舜曰:'不可,上德不厚而行武,非道也。'乃修教三年,执干戚舞,有苗乃服。"舜对三苗采取了文教感化的策略,让苗民更易其俗,以归中华,但是三苗却并未就此平定,《淮南子·修务训》记载舜最终因"南征三苗,道死苍梧",连尸骨都没能运回,殁葬于苍梧之野。"苍梧"被认为在今湖南的九嶷山,传说舜的两位妻子娥皇、女英一路奔丧到九嶷山,因舜之死而抱竹痛哭,泪水落在竹子上形成斑点,成为九嶷山斑痕点点的"湘妃竹",这就是"湘妃斑竹"的典故。二妃后来跳湘江殉情,于是后人将舜称为湘君,将其二位妻子称为湘夫人。

倡导文教感化的舜逝世后,他的继承人、主张武力镇压的大禹对三苗进行了一场历时 70 天的大战,大败苗师,苗人"子孙为隶,不夷于民",长江中游的石家河文化在约公元前 2000 年突然灭亡就可能与古籍记载的大禹征三苗有关。

### 三、中国史前第一大城

大禹南征三苗就此确立起黄河流域对长江流域以后数千年的政治优势,但这一时期中国境内最大的城址却不在大禹所在的黄河中下游平原地区,而是位于西北河套地区的陕北神木石峁古城。石峁古城是目前中国发现的最大的史前古城,其面积达到 425 万平方米,不仅远在黄河流域的陶寺古城(约 280 万平方米)、长江流域的良渚古城(约 290 万平方米)之上,甚至超越了商朝以前中国所有的古代城址。

与黄河流域的土城和长江流域的水城不同,石峁古城是用更坚固的石头堆砌而成的石城,整个古城由中央皇城台、内城和外城 3 座独立的石构城址组成。位于城市中心的中央皇城台是一座有着四面石墙的台城,台顶面积 8 万多平方米,被认为是贵族居住中心,出土了玉器、壁画等重要文物。皇城台外围的内城面积为 210 余万平方米,主要是平民居住,用于防御的外城面积为 190 余万平方米,现存外城墙厚约 2.5 米,最高处超过 1 米,东门遗址还有"外瓮城""内瓮城""门塾"等加强防御的设施,以及一座已知中国最古老的石城角台。石峁古城往东还分布着数百个依山而建的石城要塞,形成一条坚固的防御链条体系。

有学者提出，石峁古城是黄帝部族居邑。[①]但是这种推测并未得到大部分学者的认同，因为石峁古城不仅时间（公元前2300—前2000年）要比传说中的黄帝时期（约公元前2300年以前）晚，地理位置上更是与黄帝定都的中原地区相差甚远。也有学者提出陕西石峁遗址是《山海经》所记载的域外36国中的"一目国"，因为在石峁遗址就出土了独目玉人头像，表明石峁人的独目崇拜，这种说法相对合理，不过仍需进一步考证。

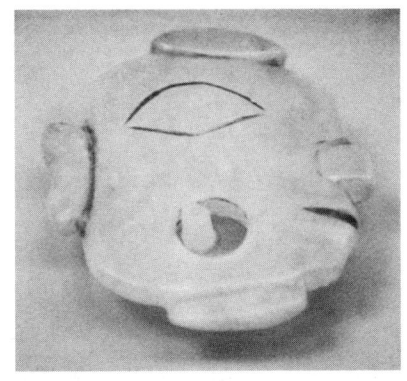

石峁遗址的独目玉人头像

由于中国上古文明石材建筑较为缺乏，而以石峁古城为代表的西北地区石头城与中西亚地区的石城有一定相似之处，因此也有学者认为石峁人是从中亚迁徙而来的外族。不过从石峁城内出土的居民头骨可知，石峁居民无疑都是东亚的黄种人，但在石峁古城发现的石雕人像中倒是有不少是高鼻深目的形象，表明当时白种人确实来到了中国。

## 四、印欧人东迁与青铜之路

虽然今日的东亚人种基本都是黄种人，但在上古时期此地却有为数不少的白种人，在商朝殷墟祭祀坑中发现了大量白种人遗骨，西周宫殿和墓葬遗址中发现了高鼻深目的白种人头像，山东临淄东周墓葬中也出土了白种人的骨骸。三国时吴国君主孙权外貌特征是碧眼紫髯，曹操的儿子曹彰号称"黄须儿"，晋明帝司马绍金发黄须，表明他们可能有白种人的基因。

---

[①] 沈长云：《石峁古城是黄帝部族居邑》，《光明日报》（国学版）2013年3月25日，第15版。

在中国西北地区游牧民族中白种人比率则更高，如鲜卑部落中有些被称为"黄头鲜卑奴""黄须鲜卑奴"或"鲜卑白奴"。五胡中羯族的外貌为高鼻、深目、多须的白种人特征。唐朝北方民族室韦诸部中有"黄头室韦"，又称"黄头部"。回纥中也有"黄头回纥"。在回纥西北的黠戛斯人更是"人皆长大，赤发、皙面、绿瞳，以黑发为不祥"①。五代十国时期沙陀族先后在中原建立后唐、后晋、后汉、北汉四个政权，沙陀本名处月，为西突厥之白种别部，其相貌"深目虬须"。宋朝时期女真诸部中有一支为"黄头女真"，外貌特征为"髭发皆黄，目睛多绿"。

新疆地区是上古中国白种人比率最高的地区，无论是考古，还是古文献记载，都有大量白色人种存在。如《汉书·西域传》颜师古注："乌孙于西域诸戎其形最异。今之胡人青眼，赤须，状类猕猴者，本其种也。"《魏书·西域传》则称："自高昌以西，诸国人等深目高鼻。"就是今日的新疆当地民族也有明显黄白混血的特征，这是历史上来自东方的汉人、匈奴人、突厥人、回鹘人、蒙古人等黄种人多次西征迁移与他们混血的结果。不仅是外貌，在新疆地区发现的上古文字——吐火罗文——也属于和欧洲人一样的印欧语系文字，直到北朝时期，因整个新疆都被来

唐代胡人俑大多是高鼻、深目、多须的白种人形象

---

① 《新唐书·卷二百一十七下·回纥下》。

自东部讲突厥语的民族征服，印欧语才逐渐被突厥语所替代。

根据物种演化原理，地理隔离造成了物种的分群，在黄种人生活的东亚与白种人生活的西亚欧洲之间隔着大面积的雪域高山、沙漠戈壁和温带草原，亚洲内陆的温带草原远不如非洲的热带草原物种丰富，原始人只靠打猎和采集野果，是较难跨越此地的，因此分布在欧亚大草原东、西两端的现代人类因数万年的分离，形成黄种人与白种人两大不同人种。直到畜牧业出现，尤其是马和骆驼被成功驯化后，从东亚到欧洲之间的草原之路就此变得畅通。

考古证明，生活在东欧地区的印欧人最早驯化了马匹，早在约公元前3500年中国仰韶文化时期，位于东欧的一部分印欧游牧民就开始走出欧洲，向东迁移到亚洲的南西伯利亚和中亚地区，形成以米奴辛斯克盆地为中心的阿凡纳谢沃文化（约公元前3500—前2500年），其分布西起乌拉尔，南到中亚内陆草原，东至叶尼塞河沿岸与蒙古西部，北达西伯利亚森林南界，是南西伯利亚最早的牧业和青铜文化。

在阿凡纳谢沃文化时期双峰骆驼已被驯化，这让印欧人得以向南深入中亚内陆等干旱的温带沙漠地带，在中国新疆境内也发现了阿凡纳谢沃文化遗址。北京大学考古文博学院张弛教授称："现今中国版图内最早的青铜时代文化也是阿凡纳切沃文化带来的，年代接近公元前3000年，此时中原地区是仰韶文化中晚期之交。"① 大体在阿凡纳谢沃人进入新疆后，与新疆相邻的甘肃马家窑文化的聚落中开始出现青铜器，目前中国已知最早的青铜器就是发现于甘肃省东乡林家马家窑文化遗址的青铜刀，其碳-14测定年代为约公元前2740年，但因马家窑文化出土的青铜器只有零星几件，并且没有发现冶炼设施，无法确定是冶炼得来，还是通过与阿凡纳谢沃青铜文化的居民贸易所得，也有学者认为，这些

---

① 张弛：《龙山—二里头——中国史前文化格局的改变与青铜时代全球化的形成》，《文物》2017年第6期。

青铜器的年代并非马家窑文化，而是约公元前2000—前1900年齐家文化时期的产物，因此马家窑文化仍被定义为新石器文化而非青铜文化。

约公元前2200年，阿凡纳谢沃文化在今中国西北部的阿尔泰山与天山之间的准噶尔盆地之间发展形成克尔木齐文化，该文化北起阿尔泰山南麓的克尔木齐，南至巴里坤草原，以拥有和东欧类似的青铜和车马技术而出名，其墓葬结构、出土骸骨和文物都和阿凡纳谢沃文化为同类型。

约公元前2000年，一部分克尔木齐文化牧民从准噶尔盆地南下，翻越天山山脉到达塔里木盆地，形成了楼兰的小河—古墓沟青铜文化。新疆坟墓中出土的这一时期遗骨多为高目深鼻、白肤金发的纯种印欧人特征。在新疆楼兰曾发现一具约公元前2000年的完好女干尸，为棕发白肤、眼大窝深、高窄鼻梁的白种人形象，被称为楼兰美女，这也是新疆出土的年代最早的一具古尸。后来在楼兰小河遗址又出土了一具约公元前1800年的干尸，被称为"小河公主"，也具有棕黄发、高鼻深目、下巴尖翘等白种女性的特征，在小河公主颈部与胸部还发现了世界上最古老的奶酪。

这些迁移到新疆的印欧人被统称为吐火罗人，因使用在新疆考古发现的吐火罗语文献得名。吐火罗语属于印欧语系，其使用者包括秦汉时期天山山脉的龟兹人和焉耆人、塔里木盆地东部的楼兰人、吐鲁番盆地的车师人、甘肃河西走廊的月氏人等。印欧人进入中国是古代东西方文化的第一次重大交流和碰撞。许多学者认为，东西方在丝绸之路开通之前就已存在一条"青铜之路"，这条"青铜之路"不但为东亚带来了青铜文化，而且也为东亚引入了小麦和大麦等农作物以及牛、马、羊等家畜。从此在中国西北地区形成了我国最早的青铜和畜牧文化中心，并很快从新疆东传到甘肃、青海地区。齐家文化和四坝文化就是其影响下由甘肃、青海地区的本土先民创造的青铜与牧业文化。当然此种说法目前仍有待进一步证实。

在齐家文化早期，青铜器可能只是通过间接贸易等流通方式从吐火罗人游牧的巴里坤草原传入甘青地区，故而出土数量较少，当时进行贸易的产品不只有青铜，在齐家文化遗址中还出土了大量来自新疆的和田玉。齐家文化后期开始出现炼铜坩埚、铜矛和中国最早的铜镜，标志着当地已经

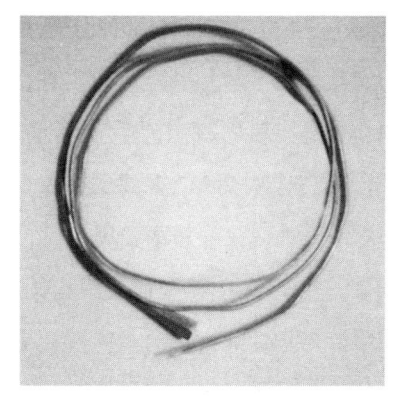

齐家文化的金环

掌握青铜冶炼术，进入青铜时代。除青铜外，在齐家文化发现的用黄金制作的鼻饮杯和金环等金器是中国已知最早的黄金制品，农作物小麦、牛羊等牲畜也在齐家文化遗址中出现，从此在西北兴起了以养羊著称的羌人。

"羌"就是牧羊人的意思（甲骨文上羊下人），羌人是与华夏族最亲密的民族，也是华夏族的重要组成部分，如炎帝、蚩尤的姜姓就多认为与羌族有血胤关系，炎帝和蚩尤都以黄牛为图腾，而黄牛直到青铜时代才在中国西北地区大量出现，"据今约4000年的甘肃大何庄遗址、秦魏家遗址齐家文化层中出土的黄牛骨骼是典型代表"①。《太平御览》引《世本·作篇》说蚩尤"以金作兵器"，蚩尤是中国传说中金属冶炼技术的发明者，而齐家文化正是由汉羌先民创造的我国最早的规模性生产和使用青铜器的史前文化，由此可见，齐家文化可能与炎帝和蚩尤的传说有关联。

在齐家文化之后，羌戎民族创造了四坝文化（公元前1900—前1400年），与较早的齐家文化比较，四坝文化出现了马车技术和与印欧

---

① 吕鹏：《试论中国家养黄牛的起源》，载河南文物考古研究所编著《动物考古》第1辑，文物出版社2010年版。

人一样的竖穴墓，冶铜业更加成熟，青铜器物开始大量使用，其出土的砷青铜从工艺上可明显看出来自西亚的影响，在四坝出土的一件分铸的四羊铜权杖的杖首是我国目前发现的最早的分铸铜器。从四坝文化开始，羌人对印欧吐火罗文化展开反击，四坝文化一直向西扩张到印欧吐火罗人地盘——新疆哈密盆地，并和他们发生融合，形成"天山北路文化"。在该文化类型遗址中出土了源自中亚、与印欧人工艺相同的铜刀、铜锥、青铜短剑、铜斧、权杖头、日晒土坯、实木车轮①等；同时也出土了与四坝文化类似的彩陶，显示出东西两股文化的融合。不过在匈奴兴起以前，印欧语系的吐火罗月氏人仍称霸甘肃河西走廊，不仅对羌人占有绝对优势，就连匈奴王冒顿都曾在月氏当过人质，冒顿的父亲"头曼"的名字源于吐火罗语中"万户长"（tumane），可见月氏势力之强，今甘肃的武威、张掖、敦煌、祁连等地名都与吐火罗月氏语有关。

西北青铜牧业文化传入内蒙古后，形成内蒙古朱开沟、夏家店下层青铜文化。其中的夏家店下层文化是分布在从内蒙古到燕山山地的一支早期青铜文化，不仅与石峁古城地理位置相近，在时间上也有重叠，而且与石峁石城群一样，夏家店也有数十座石城。有研究认为，石峁古城是位于农牧交界线上的边贸城市，石峁的巨大城防体系是为了保证贸易的安全，石峁人通过贸易学会了青铜冶炼术，在石峁古城的皇城台发现的3件铜器和4件制作铜器的石范，为揭示中国早期冶铸技术的发展与传播提供了重要实物资料，"石峁遗址所处的河套地区是北方草原和中原的中介地带，这就为早期冶金术从阿勒泰地区（位于新疆维吾尔自治区最北部）经外蒙古南下到河套地区，再向南进入中原的传播路线提供了关键性的支持证据"。②

---

① 其中在新疆哈密五堡墓地遗址中出土的实木车轮是中国目前已发现的最早的车轮。
② 李政：《陕西神木石峁遗址国际学术研讨会探讨早期石城和文明化进程》，中国社会科学网，http // ex.cssn.cn/kgx/kgdt/201608/t20160824_3174924.shtml。

出于未知的原因,庞大的石峁古城在约公元前 2000 年被废弃,在石峁古城被废弃百年后,黄河流域最大的陶寺古城也遭到入侵者残忍的破坏,陶寺遗址城墙被摧毁,陵墓被盗掘,宫殿和房屋都成了废墟,遗址中发现了万人坑,许多人遭到集体残杀,有的被肢解,有的被砍头,有的人的面骨甚至被切割下来,其中一女子的阴道部位更是被插入一根牛角,整座城市呈现一片凄惨的死亡景象。

考古学家韩建业先生通过对陶寺晚期的类型学分析,发现陶寺中期以后,河套地区的老虎山文化对陶寺文化产生了强烈影响,并且构成了陶寺晚期阶段的标志性因素。而陕北的石峁古城则被认为与同处河套地区的老虎山文化密切相关。也有学者提出陶寺文化为石峁所代表的老虎山文化歼灭,并受其奴役。①

陶寺文化的覆灭只是龙山文化崩溃的一个缩影,在这一时期,原本繁荣的龙山文化各城镇几乎全遭毁灭,此地人口数量陷入低谷。在山东,龙山文化被青铜时代的岳石文化所取代,原本的城镇都消失了,遗址数量不到先前的四分之一,晋陕地区的各大遗址也都纷纷解体。很明显,西北青铜牧业文化的入侵是造成黄河流域新石器文化衰亡的重要原因。

有考古学家指出"龙山晚期—二里头文化时期乃中国新石器时代传统文化核心区史上最黑暗的时段"②。从龙山晚期开始,中国传统新石器时代核心区域基本都呈现衰败的景象,不过在河南中西部的郑洛地区,在原有龙山文化聚落的基础上,形成了一个中等规模的新砦城址。新砦古城是当时中原地区唯一的城镇,拥有内外三重城壕,总面积为 100 万平方米,规模虽远不能与山西陶寺古城的 280 万平方米相比,但其重要

---

① 何驽:《中国史前奴隶社会考古标识的认识》,《南方文物》2017 年第 2 期。
② 张弛:《龙山—二里头——中国史前文化格局的改变与青铜时代全球化的形成》,《文物》2017 年第 6 期。

性在于证明了龙山文化并未全部因外来文化的入侵而灭亡,而是在中原地区延续下来,所以这一时期又被称为新砦文化时期(公元前1850—前1700年)。新砦文化传承古老龙山文化的火种,并在与西北青铜文化的互动中,演化出青铜时代的二里头文化,形成了随后中原地区青铜时代文明的新格局。而新砦—二里头文化的年代与地理位置正好与夏王朝对应,一直被认为是夏王朝时期的考古文化,对证明华夏文明起源有重要意义。

## 第二节　埃及古王国与苏美尔文明的终结

> 尊重贵族,不要削减贵族的财产。贵族显赫者才是真正的显赫,拥有众多谋士的国王才能强大,拥有众多贵族的国王才算富有。
> 
> ——[古埃及]《对美里卡拉王的教谕》

### 一、埃及古王国的崩溃

中原龙山文化的衰亡不是一场孤立事件,因为在这个时期,上古各大河流域文明走向衰败。其中埃及古王国的崩溃始于一位长寿的国王,第六王朝第四位国王麦然拉年仅16岁便驾崩了,继任的是他的异母弟——刚满6岁的佩皮二世。和英年早逝的麦然拉相反,佩皮二世出奇地长寿,活了100岁,在位长达94年。埃及历史中每遇到一位长寿的国王,在其晚年就易发生动乱。佩皮二世年轻的时候还发动了对努比亚和蓬特地区的远征,到了老年却因年老智衰而无法应对复杂的政局,只能将中央权力更多地下放给地方,导致埃及中央集权逐渐衰落。早在第五王朝时期,官僚土地免税和神庙特许权致使中央收入减少,地方贵族日益强大,到了第六王朝各地方州长已成为世袭的官僚阶级,进而逐渐威胁到埃及的中央王权。

在长寿的佩皮二世死前,他所定下的太子就一个个先他而去,侥幸活到他死后得以继位的麦然拉二世在登基时也已经老病垂危,朝不保夕,根本无力治理一个已经动荡不安的国家。各路权贵开始阴谋策划夺取王位,麦然拉二世在位仅一年即死于谋害,紧随其后继位的西普塔一世很快也暴毙而亡。此时再也找不到佩皮二世合法的男性继承人了,所以佩皮二世的女儿尼托克丽丝继承王位,成为人类历史目前已被考古证实的首位女王。

据记载,尼托克丽丝是一位高贵美丽、皮肤白皙的女子,她嫁给哥哥麦然拉二世为王后。麦然拉二世被谋杀后,尼托克丽丝强忍悲痛,假意迎合阴谋权贵的需求。在取得他们信任后,尼托克丽丝邀请这些权贵到自己精心营建的地下宫殿参加宴会,然后借故悄然离开,打开秘密布置的水道闸门,将尼罗河水灌入地宫,淹死了里面所有的人,她则逃到一间密室中,从此再无记载。尼托克丽丝是埃及第六王朝最后一位国王,埃及历史上第一段黄金盛世——古王国时代——就此谢幕。其后的第七王朝开始了埃及自统一以来的第一次大分裂,埃及从此进入了混乱

古埃及"第一中间期"的壁画艺术

第一中间期的古埃及王室石灰门

无序的"第一中间期"(公元前2270—前2060年)。

"第一中间期"的特征是地方政权的分裂和中央王权的快速更替。埃及第七王朝只留下"70王统治70天"这句话,其他已不得而知,说明王位更替的混乱。其后的第八王朝情况也只留下"第八王朝由孟菲斯的27王组成"等片段文字,连国王名字都难以考证。这一时期孟斐斯依然是埃及的首都,但是王朝的势力也仅仅限于该州和周边地区,各地方州长纷纷独立,割据一方,相互征战不休。

比战乱割据更可怕的是天灾。在古王国末期,因天气干旱,尼罗河水位下降,粮食减产,进而爆发了古埃及历史上最严重的大饥荒,年代从约公元前2180年到约前2150年,而饥荒肆虐年代则从约公元前2150年到约前2000年,总共长达180年之久,根据铭文记载:"尼罗河流空了,河床变成了沙滩,人们可以徒步而过,找不到可以行船的水,全部上埃及都是垂死的饥饿,于是人们不得不去吃他们的孩子。"

虽然发生了旱灾,但是政府对百姓的剥削却一点儿没减少:"土地缩小了,但是官员还是那么多。粮食颗粒无收,税却很重;只有很少的谷物,但斗量却很大。"忍无可忍的埃及贫民发动了埃及历史上第一次大起义。这一时期的《伊浦味陈辞》《聂费尔列胡预言》等文献都对起义造成的翻天覆地的情况做了描述:"人们拿起了武器,大地倒转了……没有武器的人变成占有武器者,国王被暴徒废黜,金字塔所掩盖的已经变成了空虚,起义者使王室的谷物成为公有的财产。那本来贫穷的人,现在已变成财富的所有者;那本是奴隶的人,现在却变成奴隶的占有者;从前住不起茅屋的人,现在住进了大房子;从前连一片面包也没有的人,现在变成了一个大仓库的主人。大地倒转了,贵族陷于悲哀,而庶人则感到喜悦,穷人发了财,仆人们在欢乐。"

埃及王室和贵族都受到了起义者的巨大冲击,唯有太阳神殿因人们的崇拜而依然保留雄厚的经济实力。约公元前2160年,第八王朝的贵族麦利布拉-阿赫伊托一世以残暴的手段夺得了王位,并将首都从孟菲斯迁移到太阳神的崇拜中心——赫利奥波利斯,建立第九王朝。麦利布拉-阿赫伊托一世通过残暴的军事手段使上下埃及的大部分地区都承认了他的王权地位,据记载,这个过程给全埃及人民都造成了灾难。靠暴力建立的政权终究难以持久,他一过世,各州对其的效忠就瞬间崩塌了,埃及再次陷入混乱的局面。

约公元前2130年,古埃及第九王朝被第十王朝取代,其首都依然在太阳神拉崇拜中心赫利奥波利斯。而南部上埃及底比斯城(今埃及南部的卢克索)因提夫家族在三年前(约公元前2133年)就已从第九王朝取得独立地位,在崇拜风神阿蒙的主城底比斯建立第十一王朝,并获得上埃及各州的效忠,与北方第十王朝分庭抗礼,埃及再次进入上下埃及对峙的南北朝时代。

所谓"国家不幸诗家幸",埃及第一中间期君主专制的衰落将人们从对国王崇拜中解脱出来,这一时期的文化作品比古王国更平民化、世俗化。埃及百姓效仿官员贵族留下墓碑棺文,这在古王国时期是只有贵族才有的特权。由于思想的解放,教谕文学在这一时期也得到发展,其中以《对美里卡拉王的教谕》较为有名。这是埃及第十王朝第三位国王瓦赫卡拉-阿赫伊托三世教育自己继承人的作品,他告诫继承者美里卡拉王千万不能得罪贵族,反映出这一时期王权旁落、贵族得势的现象。这也是现存最早的国王以遗嘱方式对其继承者进行告诫的文书。

## 二、拉格什之神——古地亚

在埃及古王国崩溃的同时,两河流域历史上第一个大一统王朝阿卡德王国也走向了末路。苏美尔史诗《阿卡德的诅咒》记述了阿卡德由盛转衰的过程,史诗开篇描述了阿卡德王国繁荣昌盛的盛世景象,阿卡德的居民过着富足、和平的生活。世界的绝大部分地区都在它的统治之下,将自己的物产运到这里。不可一世的阿卡德王纳拉姆辛自封为"阿卡德强大的神",并开始不把阿卡德地区真正的神恩利尔放在眼里,派人洗劫了尼普尔的恩利尔神庙,毁掉了它的圣林。诸神之王恩利尔盛怒之下从底格里斯河以东的扎格罗斯山脉中部山上放出的无法无天的民族——库提人——入侵两河流域,直到"他们像蝗虫一样遍布大地"。接着,恩利尔又将瘟疫、饥荒及死亡传遍整个两河流域。

除去史诗的神话内容,库提人的入侵与严重的饥荒瘟疫都是使阿卡德王国急剧衰落的真实事件,而此时埃兰阿万第二王朝在国王基塔统治下日益强大,纳拉姆辛不得不同他签订条约,承认阿万城对埃兰的霸权,以共同对付库提人,但是阿卡德还是保持对埃兰苏萨城的控制权。

纳拉姆辛死后,阿卡德再次陷入内乱,埃兰人、库提人都乘机入侵两河流域。纳拉姆辛的儿子沙尔卡里沙瑞通过东征西伐一定程度上抵抗了外族的入侵,他还用计囚禁了库提人的酋长萨尔拉格,成功维护了帝国的中心区域,但鞭长莫及的边远城邦都开始纷纷独立。在沙尔卡里沙瑞统治的第25年,他被宫廷政变推翻,阿卡德王国陷入无政府状态,出现了四位国王统治三年的情况,乃至《苏美尔王表》记载:"(到底)谁是国王?谁又不是国王?"

苏美尔各邦也都成功摆脱了阿卡德人的宗主权，其中史诗之城乌鲁克击败阿卡德，称霸南部苏美尔，并被尼普尔神庙授予全国的王权，建立乌鲁克第四王朝。阿卡德势力只剩下本城和周边地区，约在公元前2191年，从扎格罗斯山脉来的库提人成功攻占阿卡德城，将该城夷为平地，阿卡德王国灭亡。随后库提人又击败乌鲁克第四王朝，占领尼普尔，建立库提王朝，成为两河流域的临时主人。

库提人统治巴比伦尼亚达91年之久，共历21王，苏美尔人称他们是远比阿卡德人更野蛮的统治者，是不懂法律和宗教的"蛮族"。库提人的统治是极为松散的，在此期间，埃兰多次入侵两河流域，埃兰王库提克-因舒什那克一世占领了大约60个地区和城市，其中包括库提人的土地，他自称"天下四方之王"，并让斯马什基国王"拥抱其双足"。

库提人内外无力，让苏美尔城邦得以复兴。约公元前2164年，拉格什在乌尔巴巴的带领下走向兴盛，约公元前2144年乌尔巴巴死后，其王位由他的女婿古地亚继承。古地亚通过贿赂从库提王朝取得独立的自治权，他在位时期大力发展农业和修建灌溉渠道，扩大与外界的贸易，从小亚细亚和埃及运来金银宝石，从黎巴嫩换来雪松木，从埃塞俄比亚获取石榴石，从阿曼运来铜，从巴林岛运来木材，从苏萨雇来工匠。从印度河到埃及，从波斯湾到地中海，到处都是拉格什的贸易商队。古地亚效仿"阿卡德强

拉格什的古地亚坐像

大的神"纳拉姆辛自称为"拉格什之神",但和掠夺神庙的纳拉姆辛不同,古地亚是一个虔诚的统治者,他用贸易获取苏美尔缺少的原材料和奢侈品,为拉格什主神宁吉尔苏神修筑了华丽的庙宇和巨像。史载他在吉尔苏城至少兴建或重建了15座神庙,此外他还分别为拉格什、乌尔、尼普尔、乌鲁克等城修建了神庙,并向神庙赠送大量土地和财物,在各处神庙内为自己树立玄武岩雕像,其中最常见的"古地亚坐像"造型真实稳健,肌肉发达,在坐像的下半部刻有关于他业绩的文字。

在古地亚的统治下,拉格什成为两河流域的经济、政治中心。拉格什城邦控制面积大约为16万公顷,包括17座大城和8座小城,下属已知村落的名字就有40多个,从北部的尼普尔到南方的乌尔和埃利都都承认拉格什的宗主权,史称"拉格什第二王朝"。古地亚还成功侵入埃兰地区的安善城,不过他却始终未能推翻蛮族库提人的统治,拉格什不仅依然要向库提国王普祖儿-苏恩(约公元前2130—前2124年在位)纳贡,在拉格什城邦内还驻有一名库提总督。

### 三、苏美尔复兴

古地亚死后,约公元前2120年,乌鲁克的一名叫作乌图赫加尔的渔夫起兵自立为乌鲁克王,掀起苏美尔人的独立浪潮。乌图赫加尔先占领重要城市乌尔,并命令他的弟弟乌尔纳姆(一说是女婿)为乌尔总督,以这两座城市为根据地开始了驱逐北方库提人的民族大业。英勇善战的乌图赫加尔仅用了4年时间便于公元前2116年将库提人逐出美索不达米亚南部,还活捉了库提人的首领梯里根。乌图赫加尔自称"天下四方之王",乌鲁克再次成为两河霸主,史称"乌鲁克第五王朝"。

春风得意的乌图赫加尔可能忘记了他培养的野心家——他的弟弟乌尔总督乌尔纳姆。在乌图赫加尔和库提人决一死战的同时,乌尔纳姆却在乌尔城偷偷发展力量,他在乌尔城兴建起高大的城墙和宏伟的堡垒,建立起属于自己的势力。约公元前2112年,在位8年的乌图赫加尔在视察一座水坝时突然溺水而亡,有人认为这可能是乌尔纳姆设计制造的意外。随后,乌尔纳姆在乌尔起兵,推翻乌鲁克第五王朝,夺取苏美尔王权,建立乌尔第三王朝。接着乌尔纳姆继续率军先后征服各城邦,约公元前2110年,乌尔最大的对手、拉格什第二王朝的末代国王纳马哈尼被乌尔纳姆打败,其他城邦望风而降,乌尔纳姆继萨尔贡之后,重新统一了两河流域南部,

现存世界上第一部成文法典——《乌尔纳姆法典》

自称"苏美尔和阿卡德之王""天下四方之王",建立了第一个苏美尔人统一王朝。乌尔纳姆也因此被称为苏美尔人的复兴者,乌尔第三王朝又被称为"苏美尔复兴"。

乌尔纳姆无意恢复苏美尔的城邦政治,他效仿阿卡德人建立起至高无上的专制王权。在过去,苏美尔王权观念中强调统治者是服侍神祇、保护城邦的强者,乌尔纳姆学习阿卡德人的王权神化观念,自封为神,并编造自己的身世,和众神确立亲缘关系。乌尔王还在王位登基之日和扮演伊南娜女神的高级女祭司举行"圣婚"仪式,国王通过两性关系满足女神需求后,接受伊南娜授予的王权徽章和对其统治的祝福,证明他是天神的宠人,其王权来自神的授予。

和同为君权神授的埃及君主专制不同,在埃及,国王的言行即神意,他的话就是法律,而两河流域崇尚法治,制定法典。乌尔纳姆最大

的政绩就是颁布了现存世界上第一部成文法典《乌尔纳姆法典》,法典的序言中说:"天神安和众神之王恩利尔选择了他(乌尔纳姆)统治世人,依照神的旨意确立社会的正义和秩序,在太阳神和正义之神乌图的帮助下,制定法律。"法典在婚姻、家庭、财产、经济等日常生活方面都有较详细的阐述,可以深入了解到苏美尔生活的各方面,如法典第 1 条规定:"推撞自由民之女,致堕其身内之物者,应赔偿银十舍客勒。"① 第 9 条规定:"倘牛伤害栏中之牛,则应以牛还牛。"

乌尔纳姆过世后,其子舒尔吉继位,其统治时期对内建立休息站,改善公共交通,推行中央集权制;对外扩张乌尔帝国的疆域,多次发动了对埃兰、亚述、叙利亚和小亚细亚的远征,征服了周边包括马里等众多城邦,将势力范围扩张到黎巴嫩的比布鲁斯,并掠夺来无数的资源和奴隶。据记载:"舒尔吉将满载黄金的驴车赶回苏美尔,在尼普尔进贡中心每天都可收到上万头牲口。"舒尔吉不仅注重武力征服,也借助联姻来改善对外关系,他先后将两个女儿嫁给埃兰两个城邦的国王,以便间接操纵两城内政。

在舒尔吉统治的第 20 年,他效仿阿卡德纳拉姆辛自封为神的做法,自称"神舒尔吉",并追封其父乌尔纳姆为神。他在各地修建自己的神庙和塑像神化自己,要求人民像贡奉最高神一样一周两次向他的塑像进贡。舒尔吉企图通过打压其他神庙势力来排挤其他神灵,让世人从他神崇拜转为崇拜自己,结果最终在一场政变中,他与王后吉米·宁丽拉同时被杀。他的两个儿子阿马尔·辛和(约公元前 2045—前 2037 年在位)和舒辛(约公元前 2036—前 2028 年在位)先后成为国王,继续神化自己的政策,自称为"给全国民众以生命之神",在对东北地区的战争中也取得辉煌的胜利,击败西马奴姆、胡赫奴瑞、扎波沙里等新兴的

---

① 一舍客勒约为 8.33 g 银子。

城邦，掠夺来大量的奴隶。

君权的神化和军事上的胜利让两河流域中央集权制进一步强化，国王权力达到历史上的顶点。全国被分为大约40个地方行政单位，原本的各城邦首领成为从属于中央的地方官员，全都由国王任免调遣。在经济上，全国粮、油、盐、铜和羊毛等重要商品价格都由国家统一规定。和埃及一样，苏美尔王室经济开始空前强大，连神庙财产也多为王室所吞并。王室占有全国五分之三的土地与约三分之一的奴隶，全国各地都是王室的庄园，每个庄园中都有成百上千的奴隶，形成前所未有的奴隶经济。据统计，单是王室奴隶数量就占全国人口总数的15%左右，这还没算上神庙和私人奴隶的数量。除了奴隶经济外，雇佣劳动力也普遍增多，在乌尔等10个城市，王室与寺庙共雇用了21000名劳动者，苏美尔社会经济进入历史上前所未有的繁荣时期。

### 四、最后的盛世

在乌尔城内发现的数千份商业契约反映了其贸易的发达，根据这些商业契约可知，白银已成为通用的货币，市场上日常流通的货物大多以白银折算，政府税收以白银形式上缴，就连法院判决的赔款也用白银支付。而在以往的乌鲁克文化时期，苏美尔人用于充当货币的物品是大麦。与大麦等实物货币相比，白银等金属货币质地均匀，坚固耐磨，可以任意分割，分割后又可再熔化，恢复原形，既便于流通，也适合于保存。大麦等实物货币在本质上仍然是以物易物，而白银等贵金属货币并非实用必需品，金属货币制度的建立标志着人们开始更注重货币本身的流通与储存价值，而非实用价值，是人类货币史上的革命。

原本在苏美尔民间流行的神话故事和英雄传说也在乌尔第三王朝时期被整理出来，苏美尔最著名的九大史诗都在这一时期编订成书。除神话和史诗外，苏美尔还留下了人类社会最早的谚语、预言、格言和

乌尔王后的服饰

寓言故事等。谚语与格言有反映生活态度和方法的,如"有钱人可能很快乐,但一无所有之人可能高枕无忧";有体现统治者利益的,如"人民没有国王犹如羊群没有牧人,人群没有头领犹如河水没有管理者";还有些格言体现鱼和熊掌不可兼得的思想,如"如果他要面包,便没有盐;如果他要盐,便没有面包"。

苏美尔寓言故事通过将自然物拟人化进行人类社会各方面的讽刺,以说明某个道理,代表作品有《狐狸的故事》《牛与马》《骑驴的故事》《冬与夏的争论》《铜与银的争论》和《锄与犁的争论》等。苏美尔人的寓言故事很多都被后来古希腊《伊索寓言》中的故事借鉴。

作为苏美尔统一王国的首都,乌尔城当时人口数量达到约65000人,是当时世界上人口最多的国际化城市,城内不仅有苏美尔人,还有闪米特人、埃兰人等各族人民,据《圣经》《古兰经》记载,犹太人与阿拉伯人共同的始祖、一神教的创立者亚伯拉罕(阿拉伯语:易卜拉欣)就出生于乌尔城。乌尔第三王朝的建立者乌尔纳姆在这座苏美尔之都大兴土木,所留下的最重要的遗迹就是乌尔城内庄严宏伟的大塔庙。

乌尔塔庙是一座用砖坯砌成的3层台阶建筑,一层堆在另一层上,一层比一层小,每层台阶各有100级,涂以不同的颜色。最底层基底面积长64米,宽46米,高9.75米,台阶上涂着黑色的沥青,象征冥界;第二层基底为37米长33米宽,台阶涂以红色,象征人间;第三层台阶

乌尔塔庙遗址

为青色,象征天堂。3层台阶之上便是乌尔的守护神——月神南纳——的神庙,为白色,象征着光明。建筑内部采用了圆柱、拱廊等建筑形式,结构复杂,宏伟壮丽,在神庙墙壁还刻有大量神话动物浮雕,有狮首鹰身、鹿头牛身等由不同动物的不同部分组合起来的怪兽。在乌尔塔庙的各层土台上还设有衙署、商场、仓库等,形成一个城市公共中心。这座神塔至今仍威严矗立着,是苏美尔建筑中现存保存最为完好的一座,只是3层台阶之上的建筑群已经不复存在,各层颜色也早已褪去。

在埃兰也发现了与两河流域乌尔神庙处于同一时期、类型相似的金字塔神庙——基洛夫特金字塔神庙,共用400多万块泥砖建成,其时间大约为公元前2200年,体现了埃兰文明和苏美尔文明之间的互相影响。苏美尔人是埃兰人的文明导师,但令他们想不到的是,学生埃兰人会成为苏美尔文明的掘墓人。

### 五、苏美尔文明的灭亡

乌尔第三王朝将苏美尔文明推向历史的全盛时代,但这只不过是苏美尔文明的回光返照。数千年来,苏美尔人居住的两河流域南部三角洲地区因长期灌溉将河水中的盐分带入土壤,经过当地干旱气候长期蒸发,土壤中的盐分过多积累,土地盐碱化问题不断加剧,粮食产量大幅度下降。根据出土文献可知，当时农作物的产量下降了一半，但是需要的种子数量却增加了一倍多，苏美尔地区的人口也因此锐减。这让周边本来就人口众多的闪米特部落对苏美尔人的人数优势更加明显，当时苏美尔的祭司预言道："来自草原的人会进入城市，并将城里的人赶走。"果然不久之后，来自叙利亚草原的阿摩利人便开始侵入乌尔第三王朝。

阿摩利人和阿卡德人同属闪米特人，却不同宗，和阿卡德人不同，阿摩利人并不生活在两河流域，而是生活在两河流域以西、现在叙利亚和巴勒斯坦的"阿摩利人的山脉"。一场突发的旱灾让这些阿摩利人走出山区向东进入两河流域。据记载，这些阿摩利人"不知五谷、房屋和城市为何物"，他们和印欧人一样同属游牧民族，不同的是，他们没有马匹，而是通过驴和单峰驼来支撑起热带干旱地区的放牧生活，和所有古代游牧民族一样，他们掠夺成性，四处侵占苏美尔人的土地，给乌尔第三王朝带来了重大打击。

乌尔国王舒辛在位期间，在国界西部构筑"阿摩利长城"，防止这些游牧民族进入王国。这座长城由彼此相连的城墙和堡垒组成，总长达273公里，从东边底格里斯河一直延续到今巴格达西北的幼发拉底河沿岸。长城在一定程度上抵御住了敌人的入侵，但到舒辛儿子伊比辛（公元前2028—前2004年在位）统治时期，西部阿摩利人乘乌尔军队在东方与埃兰作战时，成功越过长城防线。约公元前2025年，一支阿摩利人队伍在其首领纳普拉努姆的带领下攻占苏美尔人的太阳神之城拉尔萨，建立了拉尔萨王国。长城缺口打开后，阿摩利人如潮水一般涌入两河流域，侵占原苏美尔城市，建立属于自己的城邦，他们通过学习同为闪米特语系的阿卡德语并吸收他们的文化，与阿卡德人融合，成为推翻乌尔王朝的主要力量。

外敌的入侵不但没让苏美尔各城邦团结起来，反而引发了内部异族的叛乱，阿卡德人纷纷乘此机会独立。约公元前2022年，乌尔王伊比辛派阿卡德将军伊什比-厄拉到伊辛购买谷物，他就在那里建都并宣布独立，并通过外交手段控制了宗教中心尼普尔，宣称尼普尔的众神之王恩利尔已放弃了乌尔，将王权交给他，自称"卢伽尔"和"世界四方之王"，开创了伊辛第一王朝。

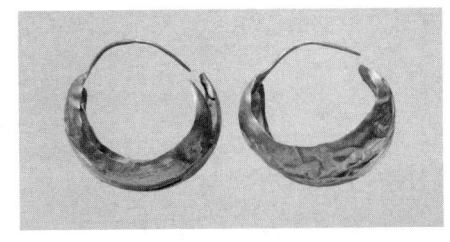

乌尔遗址出土的金耳环、金叶项链

这座城市的叛乱给衰落的乌尔第三王朝沉重的打击，全国各地的城邦逐渐脱离王国宣布独立，乌尔王伊比辛的统治范围只剩下乌尔城周边地区，但是他的霉运还没到头。乘两河流域大乱的时机，苏美尔人的世仇埃兰人也想趁火打劫一番。埃兰西马什王朝国王库特兰特姆提联合长期被苏美尔人欺压的东方各异族发动了对乌尔规模庞大的远征，于约公元前2006年攻入乌尔城，乌尔惨遭屠城，城市被洗劫一空。乌尔末代国王伊比辛被用锁链绑缚送往埃兰西马什王朝的首都安善城，从此再无消息。出土的《乌尔悲歌》记载了这段末日景象："他像一只鸟离开了自己的巢，像一个陌生人再也回不到他的故国。在乌尔的大街小巷，以及曾经挤满舞蹈者的广场，都堆满了高高的尸体，仍由乌鸦啄食。城市已化为废墟，你不再是它的主人。你的人民被外敌杀戮，你也不再是他们的国王。你的家已被洗劫一空，乌尔圣地如今只有悲风在回响！"

乌尔第三王朝只经历了5代105年（公元前2111—前2006年）就此画上了句号。这也是苏美尔人最后的王朝，它的灭亡宣告了苏美尔人从此退出两河文明的舞台。此后的两河流域南部重新回到了城邦林立、群雄割据的分裂状态，只不过从原来的苏美尔人的城邦时代变成了闪米特人的城邦时代。苏美尔地区各城邦因土地盐碱化日益严重，昔日繁荣的城镇绝大部分走向荒芜，沦为沙漠中的土丘，从约公元前2100至前1700年，苏美尔地区人口减少了近五分之三，再也没能恢复往日的辉煌。在两河南方三角洲农业衰落的同时，北方平原与高地因为水利技术的进步，在原本难修水利的丘陵地带也建起了大规模灌溉网络，农业生产力开始超过南方，两河流域的人口开始向北迁移。此后一个时期，两河流域的活动主角变成以苏美尔以北的阿摩利人和阿卡德人为代表的闪米特民族。古老的苏美尔人在数百年的异族统治下逐渐被闪米特人同化，阿卡德语成为两河流域的通用语言。虽然苏美尔语依然在宗教仪式、文学创作、学术研究中使用，但是随着楔形文字被字母文字取代，苏美尔文明最终完全被后世遗忘。在后来流传下的文献中也找不到关于苏美尔人的记载，以至于在1922—1934年考古发现苏美尔文明遗址之前，人们普遍以为巴比伦才是两河流域最早的文明。

## 第三节 结　语

在本章中我们看到最古老的苏美尔文明竟然也成了上古各大文明中最早灭亡的一个，这与延续至今的中华文明形成鲜明的对照，那么到底是什么原因导致了中华文明与苏美尔文明的不同的命运呢？古埃及文明会复兴吗？印度河文明的命运又会如何呢？上古各大文明又为何会在这一时期同时走向衰败？这是本卷最后要讨论的问题。

与其他大河流域的古文明相比，两河流域文明的最大特点就是它的开放性，这是两河流域的地理位置决定的，两河流域位于西亚的地理中心，拥有便利的水运条件，是西亚唯一以低地平原为主的地区，而西亚又处在南亚的印度与北非的埃及之间，因此自古以来两河流域就是西亚、北非、南亚之间的贸易枢纽。生活在两河流域的居民擅长贸易，两河文明通过贸易为主导的方式，将自己的文明传播到四方。然而两河流域便于贸易交流的地理条件，同样也便于外族入侵，两河流域平原四周高地的蛮族是两河流域居民最主要的贸易对象，他们一方面吸收两河流域的文明成果，一方面又随时准备侵占富饶又无险可守的两河平原，在以后的历史中，两河流域的主人换了一批又一批，直到阿拉伯人的到来。

对比四面受敌的两河流域，埃及四周的地理环境要相对安全得多，它东面是沙漠和红海，西面是利比亚沙漠，南面是努比亚沙漠和飞流湍急的尼罗河大瀑布，北面的三角洲地区是缺乏天然港湾的海岸，在缺乏骑乘工具的步兵时代，这些自然屏障足以保障埃及不易遭到外敌入侵，古埃及文明因而要远比两河流域的苏美尔文明更持久。因此这一时期的古埃及虽然陷入内乱中，却并没有出现严重的外患，古埃及人被外族征服要等到战车与骑兵革命之后。

至于中国，地理上的安全性在古代世界更是无与伦比，正如历史学家斯塔夫里阿诺斯所说："中国在其有史以来的大部分时间里，四面一直被有效地切断。它的西南面和西面，乃世界上最高的山脉；东面，是直到近代方能逾越的太平洋；北面和西北面，则为沙漠和大草原，它们起着很大的保护作用。"①

可以说无论是东面的大洋，还是西面与西南面的高山峻岭都给中国文明提供了最安全的保障，而唯一能对中原地区造成军事威胁的北方沙漠草原地区又根本无法形成具有一定人口规模的部族，直到今天蒙古共和国依然是世界上人口密度最低的国家，而中原腹地自古以来就是世界上人口最稠密的地区之一，人数稀少的北方游牧民族虽有时也能征服中

---

① ［美］斯塔夫里阿诺斯：《全球通史：1500年以后的世界》，吴象婴、梁赤民译，上海社会科学院出版社1999年版，第67页。

原腹地，但因其人口上的绝对劣势，最终也只能融入中原文明。相比之下，两河流域的苏美尔人对比周边的闪米特人，在人数上则毫无优势可言，面对如潮水一般涌入苏美尔地区的闪米特民族，苏美尔人最终避免不了被闪米特人同化的命运。

印度的地理环境与中国有一定的相似之处，但其安全性却远不能与中国相比，世界上最高大雄伟的喜马拉雅山，以及喀喇昆仑山脉、世界屋脊青藏高原、帕米尔高原将东亚的中国与南亚、西亚诸文明隔开。兴都库什山脉与苏莱曼山脉则将南亚的印度次大陆与西亚隔开，苏莱曼山脉平均海拔仅1800—2100米，根本不能与平均海拔6000米以上的喜马拉雅山脉、喀喇昆仑山脉相提并论。兴都库什山脉虽然平均海拔达到约5000米，但在地形上也要比喀喇昆仑山脉、喜马拉雅山脉平缓许多。兴都库什山脉西部的低矮山岭自古以来便是西亚与南亚的天然通道，"兴都库什"一词在当地语言中就有"杀死印度人"和"印度杀

喜马拉雅山脉
这些高山峻岭给中华文明提供了最安全的地理保障。

开伯尔山口
它是从中西亚地区直通印度河谷的捷径。

手"的意思,因为这里有着直通印度的入口。位于兴都库什山脉与苏莱曼山脉的山谷之间的喀布尔河谷盆地是今阿富汗首都喀布尔的所在地,这里是世界上人口稠密之地,仅喀布尔市人口就达约500万人,比蒙古共和国人口总和(2019年约320万人)还多。喀布尔河是印度河西岸的主要支流,沿河顺流而下,就能抵达印度河平原,在喀布尔河谷与印度河平原之间的开伯尔山口最狭窄之处有约600米宽,处于低地平原的印度河流域居民很难突破这个山口占领高地的喀布尔河谷,但居高临下、顺流而下的中亚、阿富汗的入侵者却能轻易从这个山口进入印度河平原。

约公元前1900年,在华夏大地龙山文化没落后,印度河流域文明也开始走向衰亡,原本兴盛的城市逐个沦为废墟,约公元前1750年,印度河文明的中心摩亨佐·达罗城与哈拉帕都被遗弃,印度河文明就此终结。印度河文明衰落的原因有洪水说①、气候变化说②等，但这个文明及其后续文化被彻底摧毁的直接原因则是遭到从开伯尔山口进入印度的外族的入侵。

印度河文明在中国又常被称为"古印度文明"，但实际上这种说法会造成较大的误解。因为在传统历史教学中，所谓古印度列国时代、古印度孔雀王朝、佛教起源于古印度中所指的"古印度"都与印度河文明没有任何关系。将印度河文明等同于古印度文明，会与"佛教起源于古印度"等诸多传统说法冲突，乃至误以为孔雀王朝的阿育王、佛祖释迦牟尼是印度河文明时期的人物。

虽然"古印度"一词在国内也常指地理概念，即古代印度次大陆地区，但并不适合将印度河文明视为古印度文明的开端，因为印度历史上存在过一段古代印度文明时期，即从恒河文明兴起到穆斯林征服印度之间的历史时期。孔雀王朝的阿育王、佛祖释迦牟尼都是古代印度文明时期里的人物。古代印度文明时期以恒河文明兴起，而非以印度河文明为开端，因为"恒河文明"与"印度河文明"不仅不是同个民族创造，也没有继承关系，在恒河文明形成之前，印度河文明已经灭亡约千年，在这约千年时间里，整个印度次大陆完全倒退回文明之前的史前社会。从恒河文明开始，印度才有了一段连续不间断的文明，即古代印度文明时期。印度也一直将恒河视为圣河与母亲河，至于时间更久远的印度河文明，直到1921年与1922年，在巴基斯坦的旁遮普邦与信德邦分别发现哈拉帕与摩亨佐·达罗两座城市遗址后，才被世人所认知。在此之前，

---

① 考古证明：印度河文明的城市屡次遭到印度河洪水毁灭性的破坏，考古学家据印度河文明中心城市摩亨佐·达罗一层又一层的淤泥判断，这座城市起码先后被淹没过5次，但是每次重建的新城市却总是造得跟原来的一模一样。
② 在约公元前1900年后，由于季风不断向东迁移，印度河流域降雨量锐减，沙漠化现象越来越严重，迫使当地居民向东迁移到降雨量较多的恒河流域继续发展农业。据考古发现，印度河文明灭亡的同时，恒河盆地的村落数量从218个剧增到853个。恒河文明兴起的另一个重要原因是适应当地热带季风气候的水稻传入，在这一时期，印度中部的卢塔尔发现了约公元前1700年的稻谷，印度河流域相对于恒河流域已经不再拥有农业的优势。

人们普遍都认为印度次大陆最早的文明是由从开伯尔山口进入印度的雅利安人带来的。

总之，在公元前 2200—前 1750 年期间，原本蓬勃发展的四大河流域古文明都经历了灾难性的剧变，很明显全球性气候突变是这场全球性灾难的导火索，在埃及古王国末期留下了因干旱导致大饥荒的记载，一场突发的旱灾让原本生活在叙利亚和巴勒斯坦山区的阿摩利人走出山区大举入侵两河流域，印度河文明走向衰败的起因也被认为与气候变得干旱有关。埃及古王国、阿卡德王国、苏美尔文明、印度河文明及中国上古时代发达的新石器文化都成为这场全球性剧变的牺牲品。但是有毁灭，也会有新生，各大地域文明也从此进入全新的历史时期。在两河流域兴起的巴比伦文明使巴比伦尼亚成为两河流域南部的永久地名，尼罗河流域的古埃及将步入历史上最强盛的新王国时期，印度河流域的外来入侵者成为以后印度文明的创造者，黄河流域形成的二里头青铜文化则标志着中原大地新石器时代的终结与青铜时代的开始。中国的青铜时代指上古的夏商周三代，夏商周时期的中国将与埃及新王朝、巴比伦王朝一起上演上古文明后半段的辉煌历史。也正是在接下来的历史时期中，中国的黄河文明与长江文明将实现进一步融合与发展，而两河文明与尼罗河文明也将迎来历史上的第一次碰撞，西亚与北非的各文明将会因一系列历史事件联系在一起。

**历史大事件对照表**

| 东亚大陆 | 两河流域 | 古埃及 | 中北亚 | 不列颠 |
|---|---|---|---|---|
| 公元前2300—前1900年，今山西域内的陶寺古城是龙山文化时期黄河流域规模最大的城址。<br><br>公元前2300—前2000年，长江流域的良渚古城、石家河古城被废弃。<br><br>公元前2300—前2000年留存的今陕北神木地区的石峁古城是已知中国规模最大的史前城址。 | 约公元前2230年，阿卡德国王沙尔卡里沙瑞被宫廷政变推翻。<br><br>约公元前2193年，库提人灭阿卡德，建立库提王朝。<br><br>约公元前2150年，古地亚成为拉格什国王，建立拉格什第二王朝。<br><br>约公元前2120年，乌图赫加尔继任乌鲁克国王，将库提人逐出两河流域，建立乌鲁克第五王朝。<br><br>约公元前2113年，乌尔纳姆击败乌鲁克，重新统一两河流域南部，建立乌尔第三王朝，在位期间颁布现存世界第一部法典《乌尔纳姆法典》。<br><br>约公元前2025年，阿摩利人首领纳普拉努姆侵入苏美尔地区建立拉尔萨王国。<br><br>约公元前2017年，来自马里的阿卡德人将军伊什比-厄拉反叛乌尔，在苏美尔建立伊辛第一王朝。<br><br>约公元前2006年，埃兰西马什王朝攻占乌尔，将其夷为平地，乌尔第三王朝灭亡。 | 公元前2278—前2184年，古埃及国王佩皮二世在位，是世界历史上在位时间最长的君主。<br><br>公元前2181—前2040年，古埃及古王国时代结束，埃及进入第一中间时期（第七王朝到第十王朝），统一王国瓦解，国家陷入混乱。<br><br>约公元前2130年，古埃及第九王朝被第十王朝取代。 | 公元前2300—前1400年，在西西伯利亚和中亚草原地带的安德罗诺沃文化是由印欧游牧民创造的青铜与马文化。 | 约公元前2300年，英格兰索尔兹伯里巨石阵主体工程完成。 |

248

# 主要参考文献

## 一、专著

- [春秋]左丘明:《国语》,上海古籍出版社2015年版。
- [汉]司马迁:《史记》,中华书局2011年版。
- [汉]班固:《汉书》,中华书局2007年版。
- 王世舜译注:《尚书》,中华书局2011年版。
- 中国社会科学院考古研究所编著:《21世纪中国考古学与世界考古学》,中国社会科学出版社2002年版。
- 世界上古史纲编写组:《世界上古史纲》,人民出版社1979年版。
- 联合国教科文组织编:《非洲通史》,中国对外翻译出版公司1984年版。
- 王国维:《观堂集林》,中华书局1959年版。
- 白寿彝主编:《中国通史》,上海人民出版社1994年版。
- 吕思勉:《中国通史》,华东师范大学出版社1992年版。
- 钱穆:《国史大纲》,商务印书馆1996年版。
- 柏杨:《中国人史纲》,同心出版社2006年版。
- 朱庭光主编:《外国历史大事集》,中国社会科学院出版社2017年版。
- 靳文翰等主编:《世界历史词典》,上海辞书出版社1985年版。
- 张殿吉主编:《外国历史大事典》,河北教育出版社1989年版。
- 吴于廑、齐世荣主编:《世界史:古代史编》,高等教育出版社2011年版。

- 周一良、吴于廑主编：《世界通史》，人民出版社1962年版。
- 史仲文、胡晓林主编：《世界全史：百卷本》，中国国际广播出版社1996年版。
- 史仲文、胡晓林主编：《中国全史：百卷本》，中国书籍出版社2011年版。
- 朱绍侯、齐涛、王育济编：《中国古代史》，福建人民出版社2010年版。
- 刘文鹏主编：《古代西亚北非文明》，中国社会科学出版社1999年版。
- 刘文鹏：《古代埃及史》，商务印书馆2000年版。
- 吴宇虹、杨勇、吕冰编：《世界消失的民族》，山东画报出版社2009年版。
- 吴宇虹等：《古代两河流域楔形文字经典举要》，黑龙江人民出版社2006年版。
- 拱玉书：《日出东方：苏美尔文明探秘》，云南人民出版社2002年版。
- 拱玉书：《西亚考古史》，文物出版社2002年版。
- 刘建、朱明忠、葛维钧著：《印度文明》，中国社会科学出版社2004年版。
- 林太：《印度通史》，上海社会科学院出版社2012年版。
- 王海利：《埃及通史》，上海社会科学院出版社2014年版。
- 崔连仲主编：《世界军事后勤史资料选编》，金盾出版社1990年版。
- 徐帮学、谢开慧：《失落的文明探索》，内蒙古人民出版社2009年版。
- 朱伯雄主编：《世界经典雕塑建筑鉴赏辞典》，中国青年出版社2004年版。
- 朱伯雄主编：《世界美术史》，山东美术出版社2006年版。
- 杨飞主编：《中国建筑》，中国文史出版社，光明日报出版社2004年版。
- 杨飞主编：《中国文物》，中国文史出版社，光明日报出版社2004年版。
- 陕西省考古研究院：《发现石峁古城》，文物出版社2016年版。
- 赵乐生译：《吉尔伽美什：巴比伦史诗与神话》，译林出版社1999年版。
- 满志敏：《中国历史时期气候变化研究》，山东教育出版社2009年版。
- 中国基督教协会译：《圣经》，中国基督教协会1996年版。
- 易中天：《易中天中华史：国家》，浙江文艺出版社2013年版。
- 兰勇：《中国历史地理学》，高等教育出版社2002年版。
- 韩建业：《中国西北地区先秦时期的自然环境与文化发展》，文物出版社2008年版。
- 河南文物考古研究所编著：《动物考古》，文物出版社2010年版。
- ［古希腊］希罗多德：《历史》，陕西师范大学出版社2008年版。
- ［美］斯塔夫里阿诺斯：《全球通史：1500年以前的世界》，上海社会科学院出版社1999年版。
- ［美］斯塔夫里阿诺斯：《全球通史：1500年以后的世界》，上海社会科学院出版社1999年版。

- ［美］埃尔顿·丹尼尔：《伊朗史》，东方出版中心 2010 年版。
- ［英］韦尔斯：《全球通史》，民主与建设出版社 2016 年版。
- ［美］海斯、穆恩、韦兰：《全球通史》，红旗出版社 2015 年版。
- ［英］乔治·威尔斯、［美］卡尔顿·海斯：《全球通史》，中国友谊出版公司 2016 年版。
- ［美］杰里·本特利：《新全球史》，北京大学出版社 2007 年版。
- ［印］K.M. 潘尼迦：《印度简史》，新世界出版社 2014 年版。
- ［法］勒内格鲁塞：《草原帝国》，商务印书馆 2007 年版。
- ［美］查尔斯·辛格：《技术史（Ⅰ—Ⅶ）》，上海科技教育出版社 2004 年版。
- ［以色列］尤瓦尔·赫拉利：《人类简史：从动物到上帝》，中信出版社 2014 年版。
- ［美］贾雷德·戴蒙德：《崩溃：社会如何选择成败兴亡》，上海译文出版社，2011 年。
- ［美］贾雷德·戴蒙德：《枪炮、病菌与钢铁：人类社会的命运》，上海译文出版社 2006 年版。
- ［巴基斯坦］A.H. 丹尼：《中亚文明史》（第一卷），中国对外翻译出版公司 2002 年版。
- ［美］罗伯特·路威：《文明与野蛮》，生活·读书·新知三联书店 1984 年版。
- ［美］亨德里克·房龙：《人类的故事》，生活·读书·新知三联书店 1988 年版。
- ［美］克莱默：《文明摇篮》，中国言实出版社 2004 年版。
- ［美］斯宾塞·韦尔斯：《出非洲记：人类祖先的迁徙史诗》，东方出版社 2004 版。
- ［英］理查德·利基：《人类的起源》，上海科学技术出版社 1997 年版。
- ［英］阿诺德·汤因比：《人类与大地母亲：一部叙事体世界历史》，上海人民出版社 2001 年版。
- ［英］阿诺德·汤因比：《历史研究》，上海人民出版社 2000 年版。
- ［法］费尔南·布罗代尔：《地中海考古：史前史与古代史》，社会科学文献出版社 2005 年版。
- ［英］布莱恩·赛克斯：《夏娃的七个女儿》，上海科学技术出版社 2005 年版。
- ［英］麦格雷戈：《大英博物馆世界简史》（精装版），新星出版社 2014 年版。
- ［英］理查德·奥弗里：《泰晤士世界历史》，新世纪出版社 2011 年。

## 二、报刊论文

- 柯越海、宿兵等：《Y 染色体遗传学证据支持现代中国人起源于非洲》，《科学通报》2001 年第 5 期。
- 刘昌玉：《古老商路沟通中亚与西亚》，《中国社会科学报》2016 年 1 月 25 日。

第 4 版。
- 潜伟、孙淑云、韩汝玢：《古代砷铜研究综述》，《文物保护与考古科学》2000 年第 2 期。
- 张弛：《龙山—二里头——中国史前文化格局的改变与青铜时代全球化的形成》，《文物》2017 年第 6 期。
- 刘学堂、李文瑛：《史前"青铜之路"与中原文明》，《新疆师范大学学报（哲学社会科学版）》2014 年第 2 期。
- 何驽：《中国史前奴隶社会考古标识的认识》，《南方文物》2017 年第 2 期。
- 沈长云：《石峁古城是黄帝部族居邑》，《光明日报》（国学版）2013 年 3 月 25 日，第 15 版。

# 全球史下看中国

天涯社区头条推荐　百万点击人气佳作

## 中华文明何以长盛不衰？
## 从全球视野审视中华文明

这是一部部以中国历史为主线的全球史，中国历史及中国与世界的联系与对比，是它们的重点内容；全球史也将对照中国历史各时期进行划分。在这里，被分割的世界历史将被重新拼合。

### 全球史下看中国：从人类演化到四大河文明

作者：翁启宇

**用考古打通历史与神话，重建神话传说时代的人类历史**

人类的演化、文明的出现、国家的形成、王朝的建立……探寻史前人类的发展之路，解读人类文明的最初形态

### 全球史下看中国：从大河文明到地缘文明

作者：翁启宇

**在毁灭与新生中冲破地域束缚 于交流和竞逐间重塑文明格局**

传奇的夏商周，宏伟的古埃及，繁华的巴比伦，新兴的海洋文明、山地文明……追踪人类文明相遇的足迹，再现上古世界的波澜壮阔

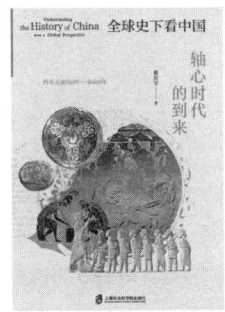

### 全球史下看中国：轴心时代的到来

作者：翁启宇

**从青铜到铁器的战争史诗 从神话到哲理的思想觉醒**

诸侯逐鹿、城邦并立、帝国崛起、百家争鸣，铜与铁的碰撞、君主与共和的交锋……揭开古典文明的历史画卷，展现轴心时代的辉煌篇章